ラタンワークの暮らし小物とアクセサリー

ノスタルジックな籐編み

ami girl
朝倉あすか

文化出版局

CONTENTS

INTRODUCTION

人の手から作り出される温もりのあるモノに囲まれて、子どものころから育ちました。
それは、手芸店をしていた祖母や手仕事が好きな母のおかげだと思います。

自分で作った編みぐるみの女の子に持たせる小さな籐編みのバッグを
作ったことで、籐編みのアクセサリーをたくさん作るようになりました。
この本に掲載している『かごバッグのブローチ』の原型です。

籐という素材を使って、カタチにとらわれず「何を作ろう？」と、
ワクワクする気持ちを、この本をきっかけに感じていただけたらとってもうれしいです。

日々使うモノ、眺めるモノ、身につけるモノ、
籐素材の作品は、どれもなんだか愛おしくて懐かしい……。
それが、自分の手で作り出したものならなおさらです。

そして、経年劣化をともに楽しみながら、長く大切に使っていただけたらと思います。

今日からあなたも籐仕事、始めてみませんか？

ami girl
朝倉あすか

ランプシェード

十字組みのトップ部分を丸くカットして、照明器具のコードやシーリングを通す穴を作るランプシェード。大きな縁編みがシェード部分になる懐かしいデザインです。

01 HOW TO MAKE PAGE 50

I'M STILL SLEEPY...

プレースマット

特殊な組み方のたて芯が花心、
縁が花びらのような形のマット。
器の下に敷いたり、鍋敷きや壁飾りなど、
さまざまな使い方を楽しむことができます。

02 HOW TO MAKE PAGE 51

03
04

HOW TO MAKE PAGE 49

フォトフレーム

欧米の伝統的な結びの手法で作る
フォトフレーム。
4本の籐をそろえてリング状に編み上げ、
お気に入りの写真やポストカードを差し込んで飾ります。

L

S

かごバッグ

シンプルな丸かごに三角形の布を2枚縫いつけたあずま袋風のバッグ。布の色や柄の組合せ方によっていろんな雰囲気が楽しめます。

05 HOW TO MAKE PAGE 44,65

06
07

HOW TO MAKE PAGE 52

バングル・リング

欧米の結びの手法で
三つ編みを輪に編み上げた
バングルとリング。
コーヒー染めの細めの籐で編む、
ナチュラルアクセサリーです。

麦わら帽子・かごバッグのブローチ

麦わら帽子は平ら、かごは立体に編み上げたブローチ。リボンの色を替えたり、小さな植物やドライフラワーをプラスしてもかわいい。

08

HOW TO MAKE PAGE 52

09, 10

HOW TO MAKE PAGE 53

蝶々のブローチ

8の字形の羽の片方を籐編みで
埋めたブローチ。
扱いやすい細い籐を使うので、
触覚の長さ、羽の大きさや形の
アレンジも簡単です。

11 HOW TO MAKE PAGE 79

フードカバー

2本どりのたて芯を途中で1本どりにし、
少しずつドーム形に
整えながら編み上げます。
ドームよりひと回り大きな円形
トレーをセットで作ってもすてきです。

WHO'S COMING TO THE PARTY?

12 HOW TO MAKE PAGE 54

鍋敷き

十字組みから円形に編むプレーンな形は、
コースターやマットなど幅広い用途に使えるアイテム。
たて芯の長さのアレンジで
サイズ違いも手軽に作ることができます。

13 HOW TO MAKE PAGE 40

フルーツかご

4本一組みの十字組みから底を
編み始め、スカラップのような
縁編みでかごの側面を
仕上げる伝統的な編み方。
縁の広げ方は好みで調節を。

14

HOW TO MAKE PAGE 56

カップホルダー

底を編んでたて芯を垂直に立て、
側面を透し模様で
編み上げるだけ。
サイズはカップに合わせて調節を。
持ち手をつけてもかわいい。

15 HOW TO MAKE PAGE 57

ブレスレット

水引の結びの一つ、あわじ結びの
手法で編むブレスレット。
スエード風合革のテープと
ウッドビーズを組み合わせて
仕上げました。

16 HOW TO MAKE PAGE 58

17 HOW TO MAKE PAGE 59

耳飾り

あわじ結びのバリエーションで仕上げる繊細な耳飾り。
17は横方向に3回、
18は縦方向に2回
あわじ結びを繰り返して編み上げます。

18 HOW TO MAKE PAGE 59

マイボトルホルダー

水筒やペットボトルが
すっぽり入るふたつきホルダーは、
本体の底側とふたの編み方を
同じ模様編みにしたデザイン。
革の持ち手が長い
ショルダー型にしてもおしゃれです。

19 HOW TO MAKE PAGE 60

DON'T BLAME ME IT RAINS.

手さげバッグ

底と持ち手部分が籐編みのバッグ。
底側にふっくらギャザーを寄せた袋布に、
籐編みの持ち手と
浅くて丸い底かごを縫いつけました。

20 HOW TO MAKE PAGE 62

IT FEELS NICE, ISN'T IT ?

フェザーリーフ
バレッタ

あわじ結びの応用テクニックで
編むバレッタ。細い籐を3本そろえ、
左右に籐をからませながら
羽根のような形に編み上げます。

21 HOW TO MAKE PAGE 64

首飾り

レースのような籐のラインが美しい首飾り。
抱きあわじ結びを繰り返しながら、
4本の籐の引きかげんを片側だけ
1本ごとに少しずつ変えて編んでいきます。

22 HOW TO MAKE PAGE 75

蝶結び・リボン・三角の耳飾り

結ぶ、編む、折り曲げる手法で
仕上がる耳飾り。
ビーズの種類や大きさは
お好みでアレンジを。
籐編みが初めてでも作ることができます。

23|24|25 HOW TO MAKE PAGE 66,67

バレッタ

あわじ結びを3回繰り返して完成させるバレッタ。繊細な曲線は、3本の籐をきれいにそろえながら編むことで表現しています。

26 HOW TO MAKE PAGE 42

27 HOW TO MAKE PAGE 66

リボンのバレッタ

5本どりの籐で編んだ細長い三つ編みをリボンの形にまとめました。好みの色の藤で作りましょう。

WHAT I LIKE DOING BEST IS NOTHING.

花のブローチ・耳飾り

欧米の結びの手法で編むブローチ。
水引の梅結びの手法を使った耳飾り。
どちらもビーズの花心がアクセントです。
ペア使いもおすすめ。

28
29
HOW TO MAKE PAGE 72

髪飾り

3種の水引結びの手法で編んだ
花と葉のパーツを
組み合わせた大きめの髪飾り。
細い籐ならではの繊細な
表情を楽しむことができます。

30 HOW TO MAKE PAGE 68

クラッチバッグ

長方形の持ちやすいサイズのかごに、
フェイクレザーの
大きなリボンをつけました。
好みの布で作ったカバー布や
バッグイン巾着を組み合わせても。

31 HOW TO MAKE PAGE 69

脚つき小物入れ

浅めの小さなかごに、
高さの異なる脚を編み足しました。
脚のカーブは、編みながら
少しずつ広げたりすぼめて
好みの形に成形していきます。

32

HOW TO MAKE PAGE 74

脚つきプレート

大きなプレートに脚をつけた
コンポートスタイル。
安定感のある脚なので、重みのある
ガラスドームや果物を
たくさん乗せることもできます。

33 HOW TO MAKE PAGE 45,70

34 HOW TO MAKE PAGE 71

横長小物入れ

手編み道具やアクセサリーなど、
細々したものが入る
楕円形の浅いかご。
35の針山を収めると
裁縫セット入れになります。

針山

浅いかごに、かぎ針編みの
モチーフでくるんだ
ピンクッションを入れました。
ピンクッションは
好みの布で作っても。

35 HOW TO MAKE PAGE 73

手鏡

懐かしい形の持ち手つき手鏡。
楕円組みから編み始め、
花のような縁止めで仕上げます。
ミラーの形に合わせてアレンジを。

36 HOW TO MAKE PAGE 76

カチューシャ

籐の三つ編みブレードを
カチューシャ台に
固定すれば出来上がります。
平らに引きそろえた籐で、
三つ編みをきれいに編みましょう。

37 HOW TO MAKE PAGE 77

花びんカバー

ふくらみのある本体に
持ち手と注ぎ口をつけた、
ピッチャー形の小物。
花びんを入れて花を飾ったり、
ドライハーブを入れて。

38 HOW TO MAKE PAGE 46,78

I'M JUST CHILLING.

HOW TO MAKE

骨組みとなる籐をたて糸（たて芯）に、よこ糸（編み芯）
となる籐で織物のように面を埋めながら成形していく籐編み。
本書では一般的な籐編みの技法の他に、水引結びに代表される結びの
技法も籐編みの仲間として、アクセサリー作りに活用しています。
使用した籐（丸芯）のことや準備、基本的な技法をを知って、
籐編みを楽しみましょう。

［本書で用いる、籐（丸芯）の用途別名称］

- 骨格となる丸芯……………………………たて芯
- 編むための丸芯……………………………編み芯
- たて芯の本数を増やす際の丸芯………足し芯
- 持ち手の土台となる丸芯………………持ち手芯
- 持ち手に巻きつける丸芯………………巻き芯

上記以外は、例外を除き丸芯

籐（丸芯）について

籐は東南アジアを中心とした熱帯雨林に自生するヤシ科のつる性植物です。しなやかで軽く、加工がしやすいため、古くから家具やかご類などとして親しまれてきました。本書では、表皮を取り除いた「丸芯」を使っています。一般的には写真のように束で売られていることが多く、専門店や手芸店、通販などで購入することができます。

また、作品により表皮を取り除いた「丸芯」、茶色に染めた丸芯「茶染め（茶染丸芯）」、購入した丸芯をコーヒーで染めた「コーヒー染め」の3種類の色の丸芯を使い分けています。

本書で使用する籐（丸芯）

〔実物大〕

1. 太さ3㎜
鍋敷き、ランプシェードやフードカバー、バッグなど、
丈夫に仕上げたい作品や太さを生かした作品に使用。
〈鍋敷き・ランプシェード・かごバッグ・フードカバー・手さげバッグなど〉

2. 太さ2.5㎜
横長小物入れや花びんカバーの編み芯に使用。
小ぶりのかごや1より繊細に仕上げたいものに。

3. 太さ2㎜
手鏡、脚つき小物入れなどの雑貨やかご類、
バングルやバレッタなど結びの手法のアクセサリーに幅広く使用。
〈手鏡・針山・脚つき小物入れ・クラッチバッグ・蝶々のブローチ・バレッタなど〉

4. 太さ1.5㎜
カップホルダー、マイボトルホルダーの編み芯に使用。

5. 太さ1.25㎜
結びの手法で作るアクセサリーなど、小さくて繊細な作品に多用する。
〈リング・ブローチ・ブレスレット・耳飾り・バレッタ・首飾り・髪飾りなど〉

6. 太さ1㎜
5よりさらに繊細に仕上げる、あわじ結びの耳飾りやブローチなどに使用。

使う前の準備

束には長さが不ぞろいの丸芯が束ねられています。束をほどいたら必要量より少し多めに取り分け、指定の長さに切り分けます。籐は湿らせることで柔らかく編みやすくなるため、使う前に水に5～10分くらい浸します。しなやかに曲がるようになったら準備完了です。天然素材のため同じ太さでも硬さにばらつきがあり、中には折れやすい丸芯があります。湿らせてもしなりがない場合は、予備の丸芯を使うようにしましょう。丸芯は編んでいるときも乾燥を防ぐために霧吹きで湿らせながら作業を進めるため、作業台や床には防水シートを敷いておくとよいでしょう。

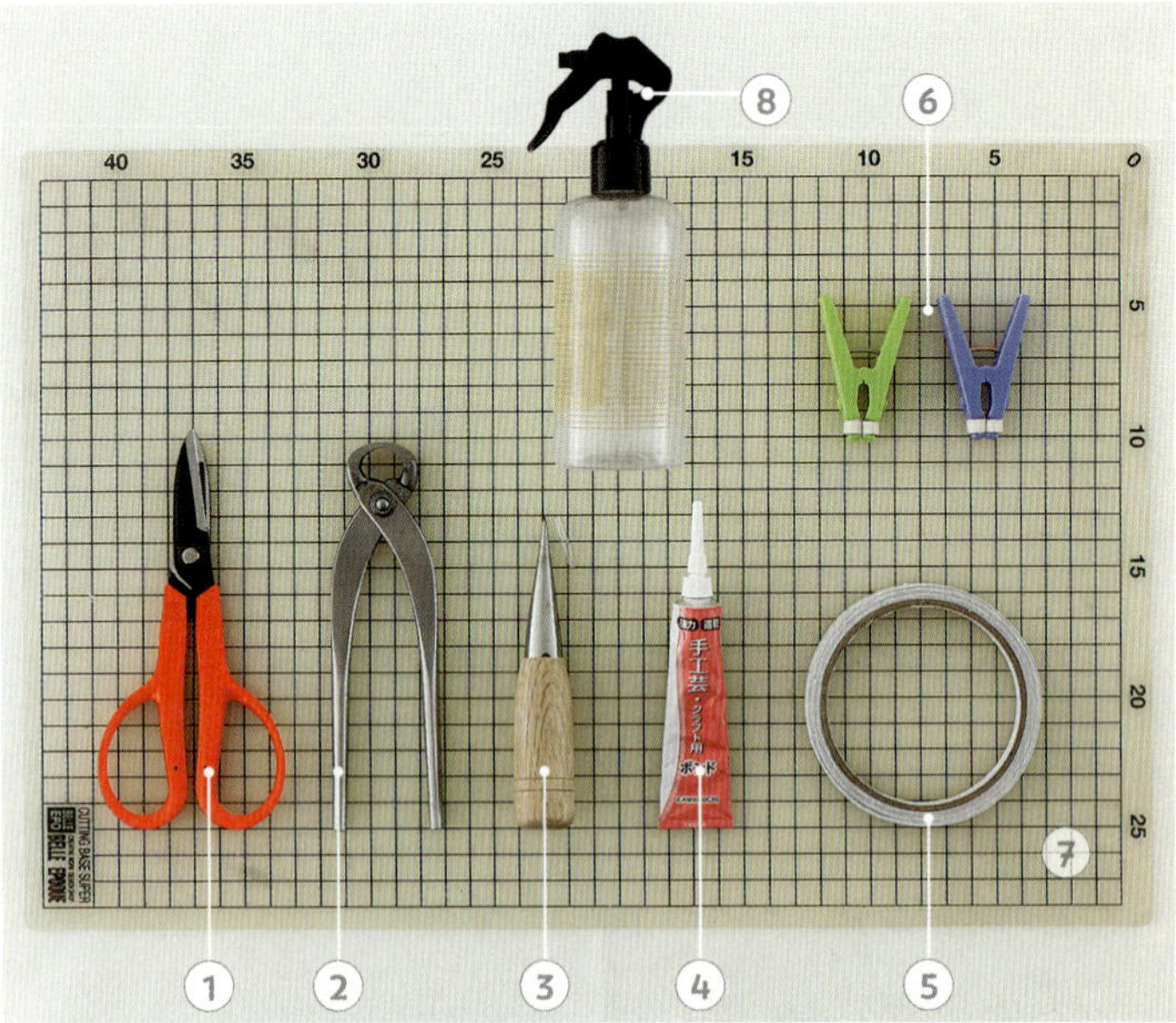

用意する道具

籐編みは少ない道具で始めることができます。写真のほか、必要に応じて使いやすい道具を用意しましょう。

1．はさみ
丸芯を切るときに使う。編み地の際やすきまに入れても使いやすい、刃先が細くてよく切れるものを選ぶ。

2．エンマ
丸芯に折りぐせをつける道具。たて芯を挟んで芯を左右に倒したり、直角に立ち上げるときに使う。

3．目打ち
持ち手や脚をつけたり足し芯を加える際に、たて芯の横に差し込んですきまを作るときに使う。

4．手工芸・クラフト用ボンド
乾いても透明なクラフト用の速乾性水性ボンド。籐のほか、ビーズやアクセサリー金具の接着に使う。

5．両面テープ
籐と異素材を組み合わせたアクセサリー作りで、布を巻きつけてとめるときなどに使う。

6．クリップ（または洗濯ばさみ）
製作途中の丸芯を仮どめするときに使う。挟んだクリップの跡が残らないタイプがおすすめ。

7．方眼入りカッティングボード
材料をカットするほか、丸芯の長さをはかったり、製作途中で寸法を確認するときに使う。作品を持ったままはかることができるので便利。

8．霧吹き
製作途中で乾燥した丸芯を水で湿らせるときに使う。

そのほか、定規、たらい、防水シートなどを用意する。

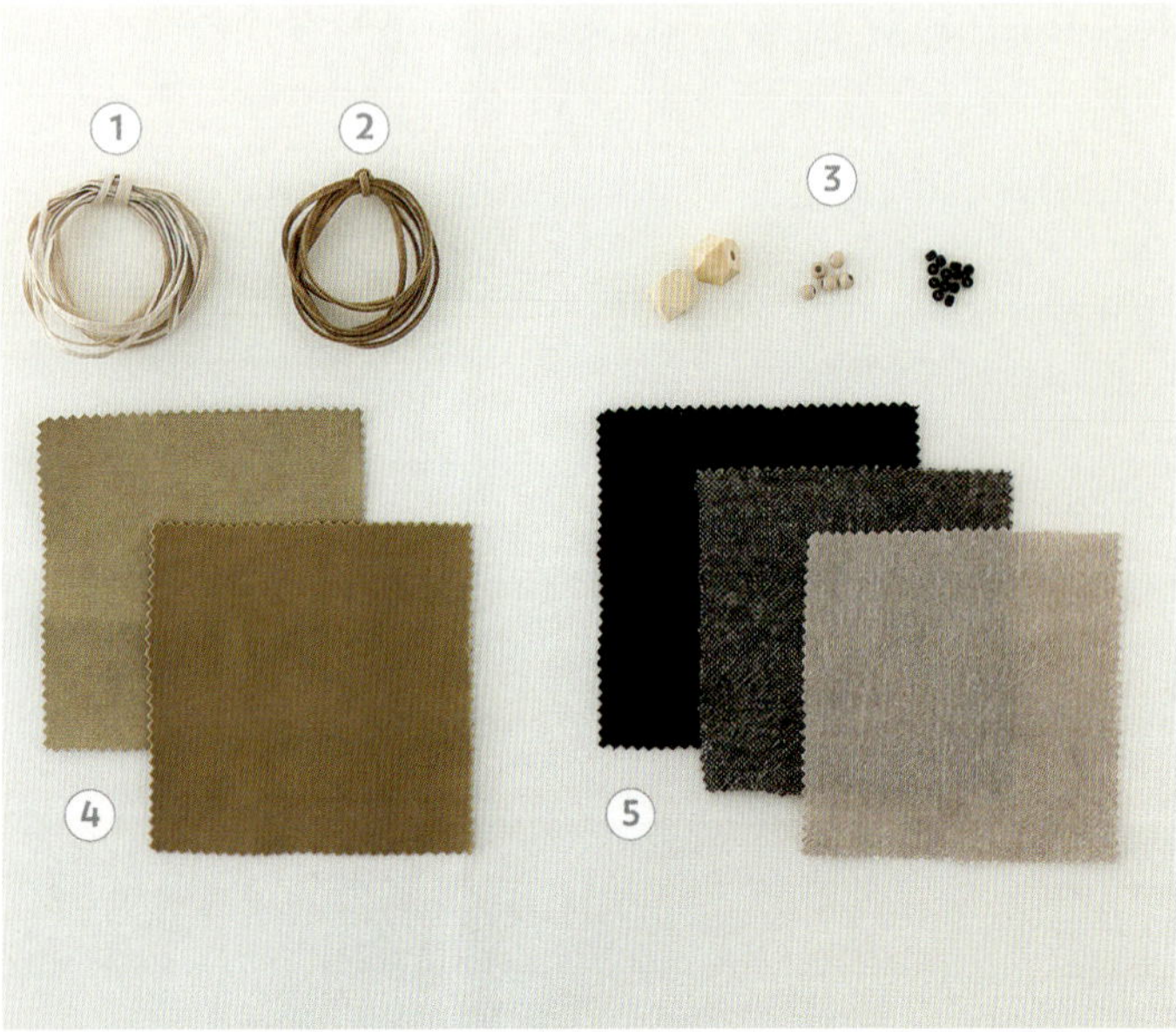

籐以外の材料

丸芯で編んだかごやアクセサリーにプラスする材料の一部です。写真のほか、アクセサリー金具や本革の持ち手などを使います。

1．テープヤーン
麻のような風合いに仕上げたクラフトヤーン。かごバッグのブローチに使用。

2．スエード風テープ
スエードのような風合いで色落ちしないテープ。ブレスレットに使用。

3．ウッドビーズ
ブレスレットのテープ止め、花のブローチや耳飾りの花心などに。白木の丸ビーズは染色ペンで着色して使用している。

4．フェイクレザー
レザー風の素材をブローチやクラッチバッグに使用。

5．布
ナチュラルな麻や綿麻素材をバッグの袋布に使っている。

コーヒー染めの方法

丸芯（または籐編み作品）は、インスタントコーヒーで染めることができます。

籐によって染まり方が違うので、紹介する方法を参考に煮込む時間などを調節しましょう。

1

火にかけられる容器に作品が浸る程度の水、インスタントコーヒー、食塩をひとつまみ用意する。

2

鍋を火にかけてお湯を沸かす。お湯にインスタントコーヒーを入れて、コーヒーの10倍程度の濃さのコーヒー液を作る。

3

2に塩を入れる。お湯1リットルに大さじ1杯程度が目安。

4

完成した作品または丸芯を**3**に入れて、コーヒー液に浸す。

＊金具などをつける前の状態で染める。

5

鍋を火にかけ、作品が浮き上がらないように重しや箸で押さえて、泡立たない程度の火加減で10分ほど煮る。

＊煮込みすぎると乾燥に時間がかかるので、長時間煮込まないようにする。

6

鍋を火から下ろしてコーヒー液に浸したまま20分ほどおき、作品または丸芯を取り出してよく乾かす。

＊コーヒー液から浮き上がらないように、重しなどをする。

染める前

→

染めた直後

→

乾かして完成

染色したばかりだと濃く見えるが、乾燥すると色が落ち着く。

LESSON

13

PHOTO PAGE 13

鍋敷き

材料

丸芯［茶染め］

たて芯（太さ3mm）……40cm8本

編み芯（太さ3mm）……50g

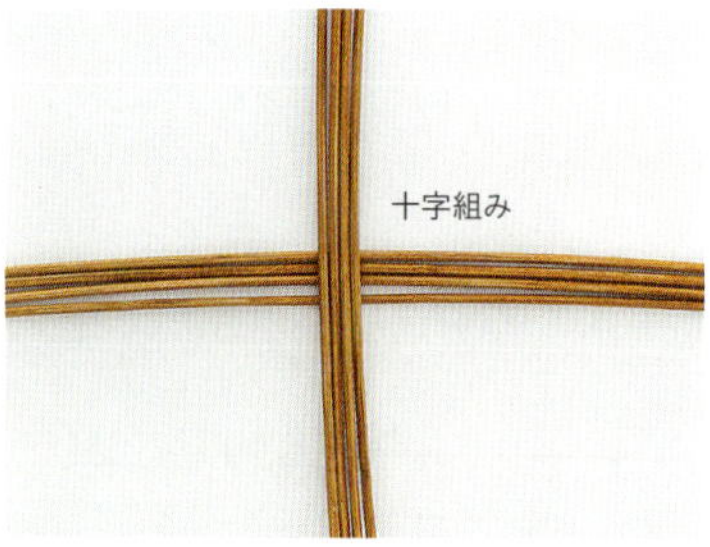

1

指定の長さに切り分けたたて芯を4本ずつに分け、中心を十字に重ね合わせる。

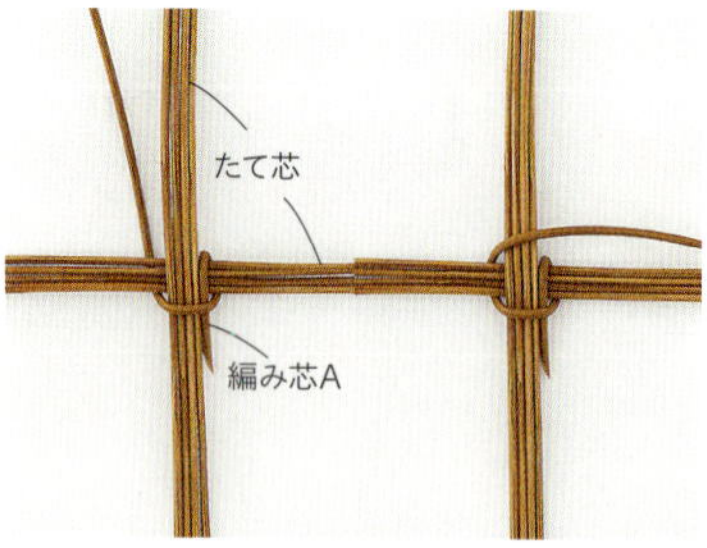

2

上下のたて芯の右手前から上に編み芯Aをかける。左右のたて芯の下、上下のたて芯の上、と上下交互に編み芯をくぐらせながら、編始めに戻る（1周め）。

＊たて芯と編み芯の間にすきまができないように、引き締めながら編む。

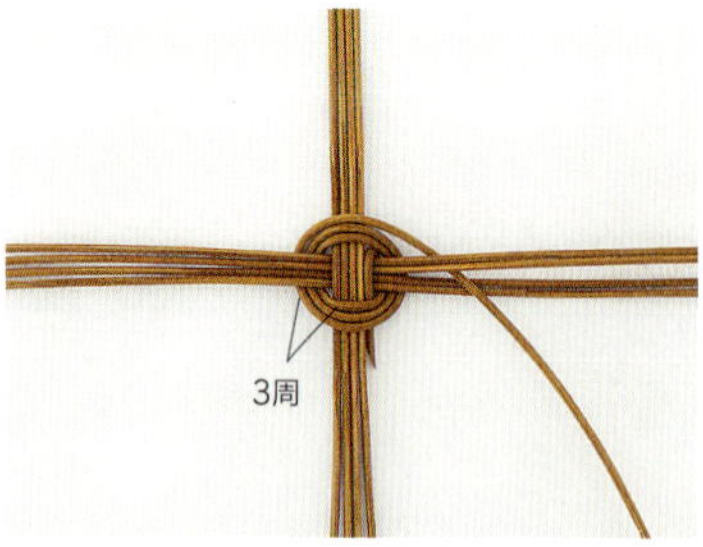

3

2を3周編み、2本ずつに分けたたて芯の間に編み芯Aを通す（4周め）。

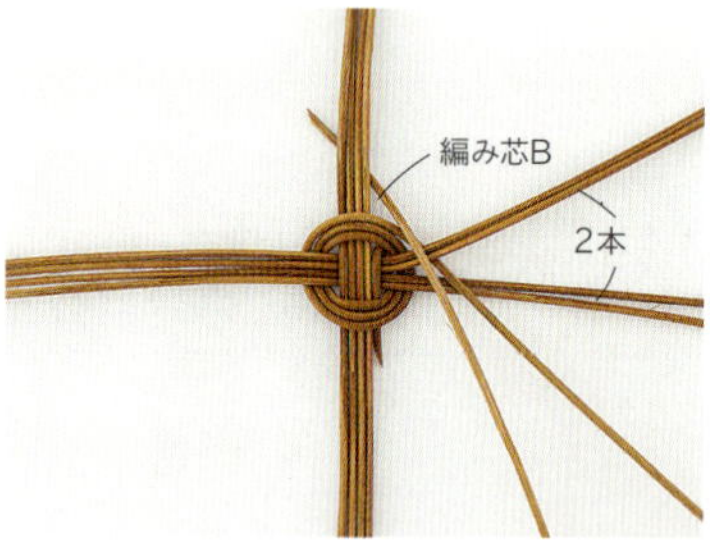

4

編始めのたて芯の上に、編み芯Aと交差するように新しい編み芯Bを差し入れる。

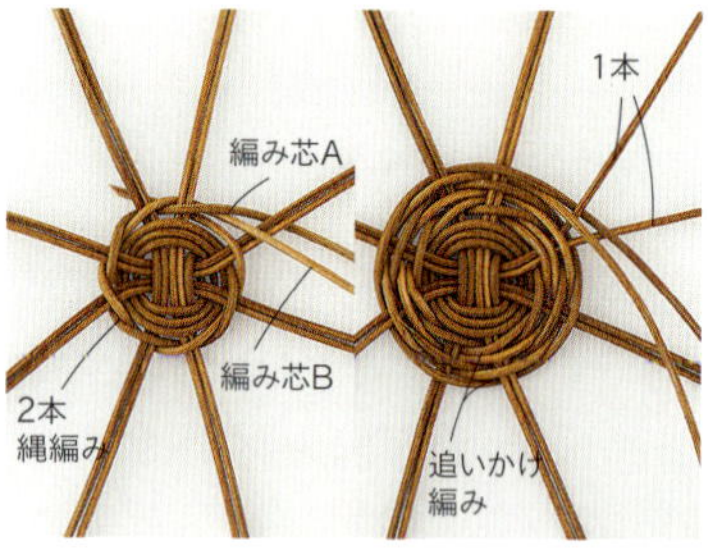

5

編み芯A、Bでたて芯を2本ずつすくいながら2本縄編みを1周編む。続けて追いかけ編みで3周編んだら、たて芯を1本ずつに分けて追いかけ編みを続ける（2本縄編み、追いかけ編み**P.48**参照）。

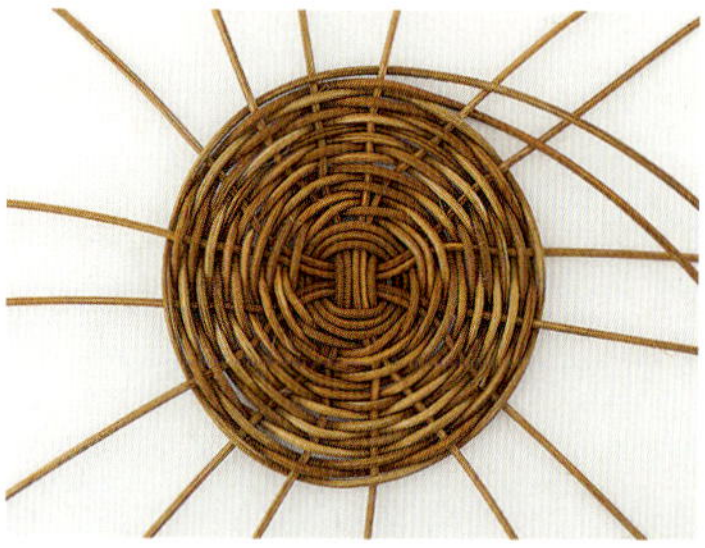

6

追いかけ編み部分が5cmになるまで編んだら、編終り。

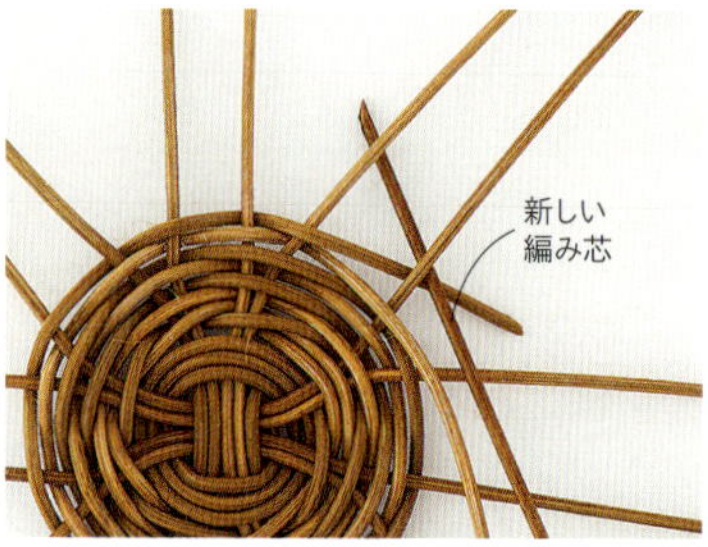

POINT

編み芯のつなぎ方

籐は天然素材のため、長さ、太さ、染まりぐあいが均一ではありません。編み芯の残りが少なくなったら、たて芯の後ろで編み芯が交差するように新しい編み芯を差し入れ、続きを新しい編み芯で編んでいきます。編みにくい場合は、編み地に2本の編み芯をクリップでとめるとよいでしょう。

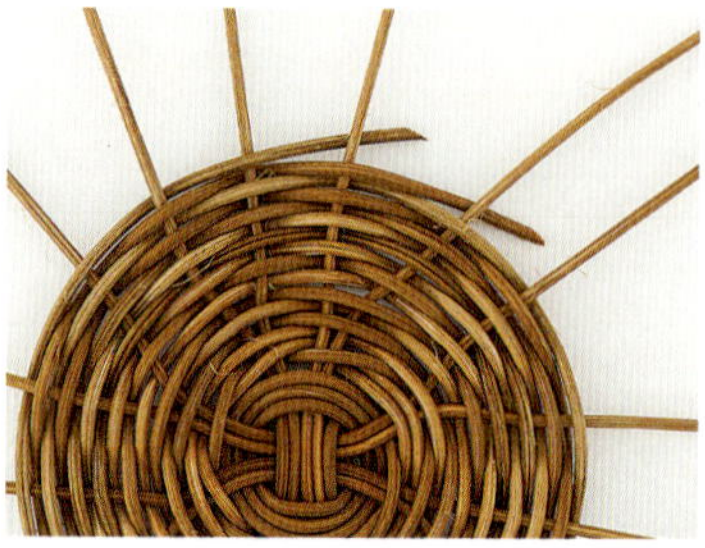

7

2本の編み芯を、それぞれ編始めのたて芯の右横で斜めにカットする。

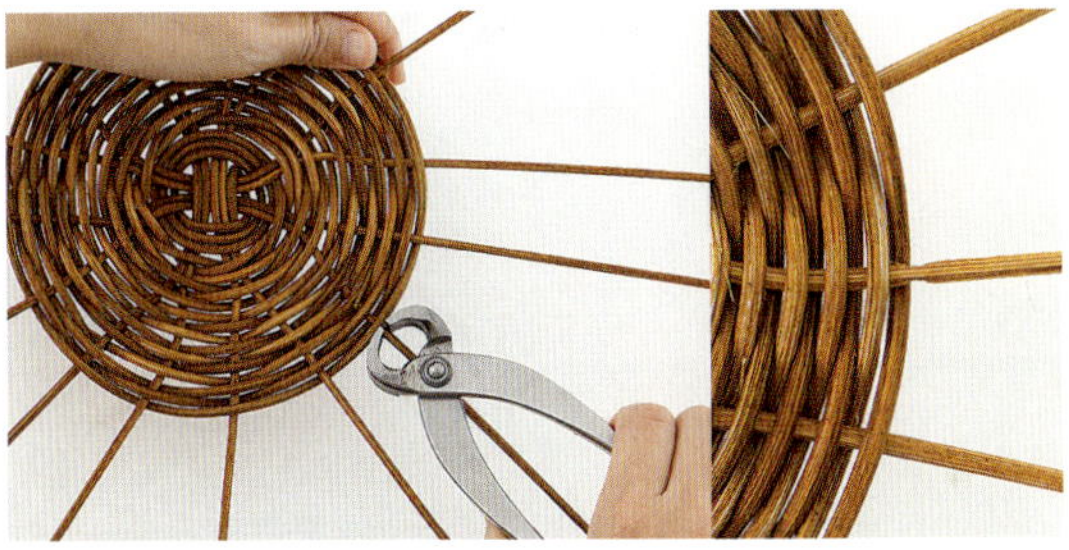

8

縁止めの前に編み地の際でたて芯の左右をエンマで挟み、16本すべてに曲げぐせをつける。

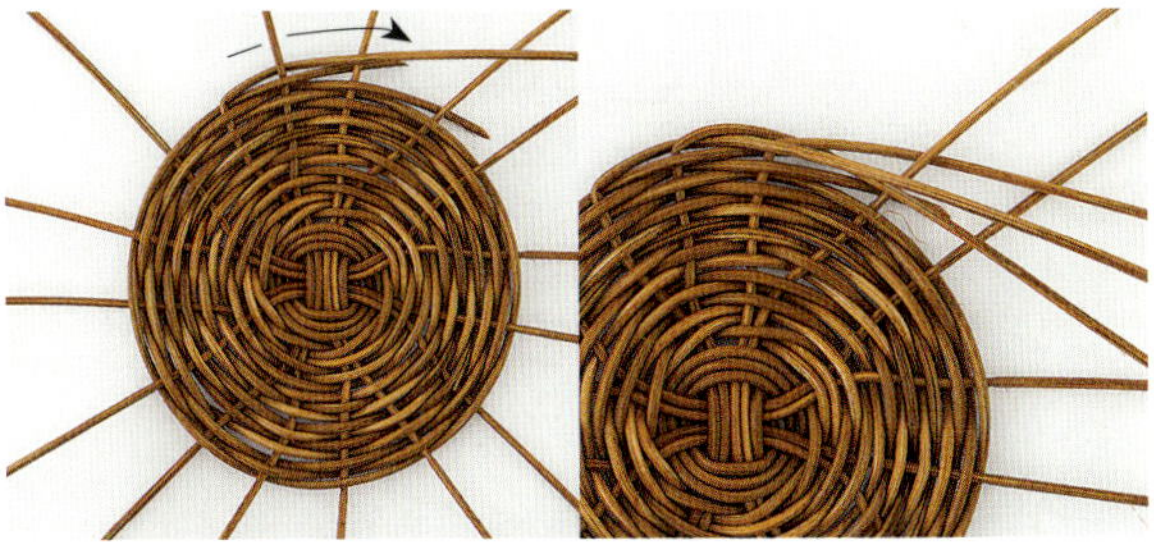

9

縁止めで縁を始末する。エンマで挟んだところでたて芯を倒すように曲げ、右隣のたて芯の下を通って、次のたて芯の上（編み地側）に引き出す。

10

9と同じ要領で、最後から1本手前までのたて芯を始末したところ。

11

最後のたて芯を最初のたて芯の山の裏から手前に引き出し、縁止めの1周めが終了。

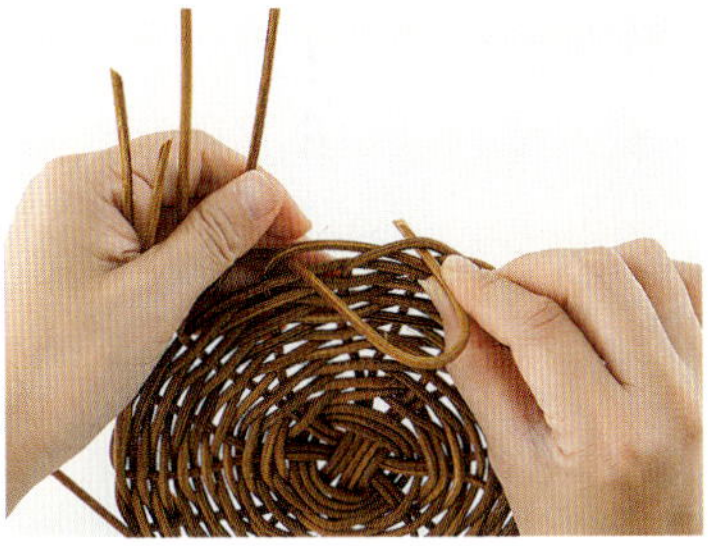

12

縁止めの2周めは、たて芯を右隣の山の中に手前から差し込んでいく。

13

最後のたて芯を、**12**の止め始めの次の山の中に入れて、縁止めの終了。

14

裏側に出ているたて芯を、編み地の際で斜めにカットする（縁止めA **P.47**参照）。

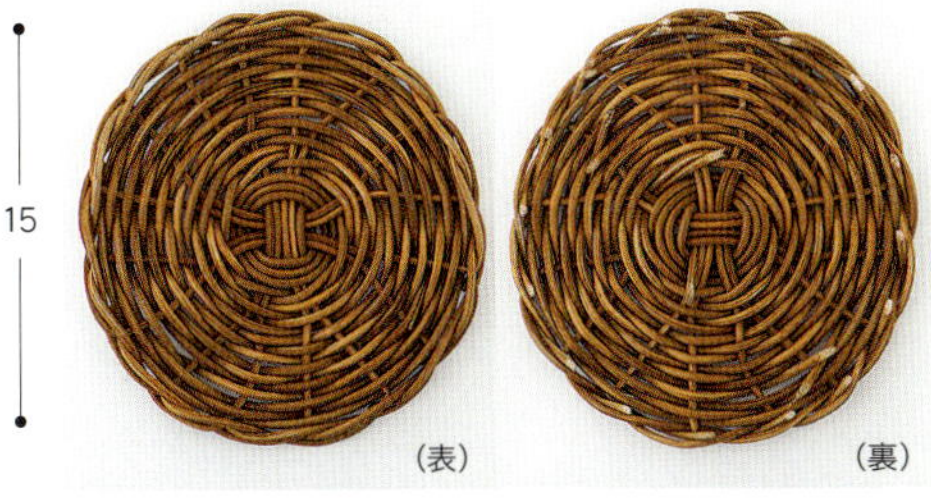

15

編上り。

26 PHOTO PAGE 24

バレッタ

材料

丸芯［コーヒー染め］

（太さ3㎜）……120㎝3本、30㎝

バレッタ金具（長さ9㎝／シルバー）……1個

手芸用ボンド

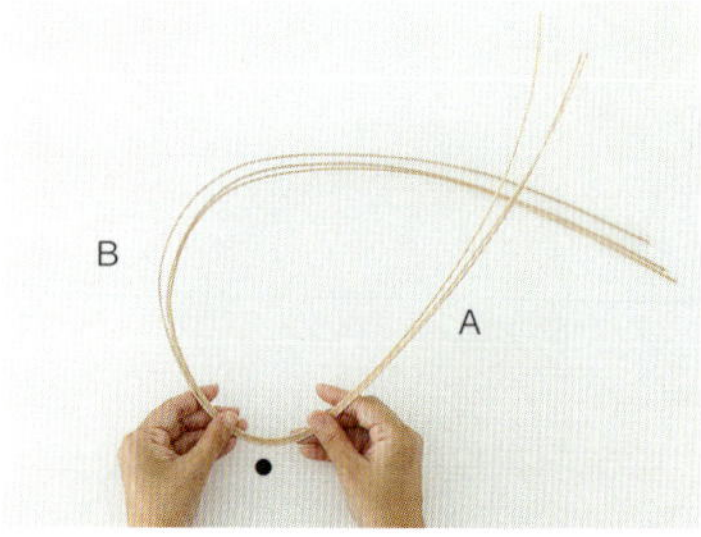

1

3本の丸芯を引きそろえ、中心（●）を決める。

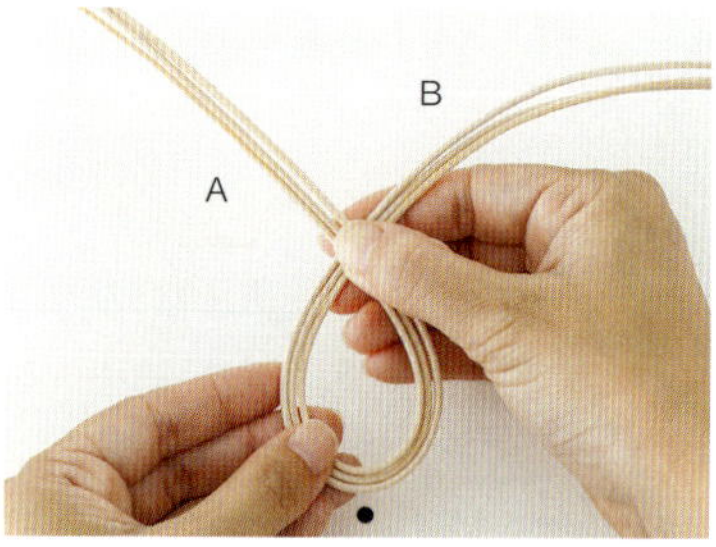

2

Aが上にくるように、しずく形の輪を作り、交差した合わせ目を指で押さえる。

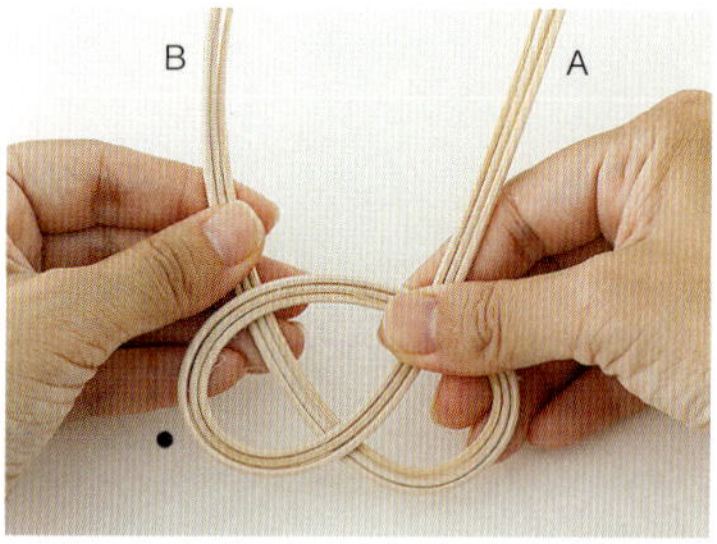

3

Bでもう1つ輪を作り、2で作った輪の下に重ねる。

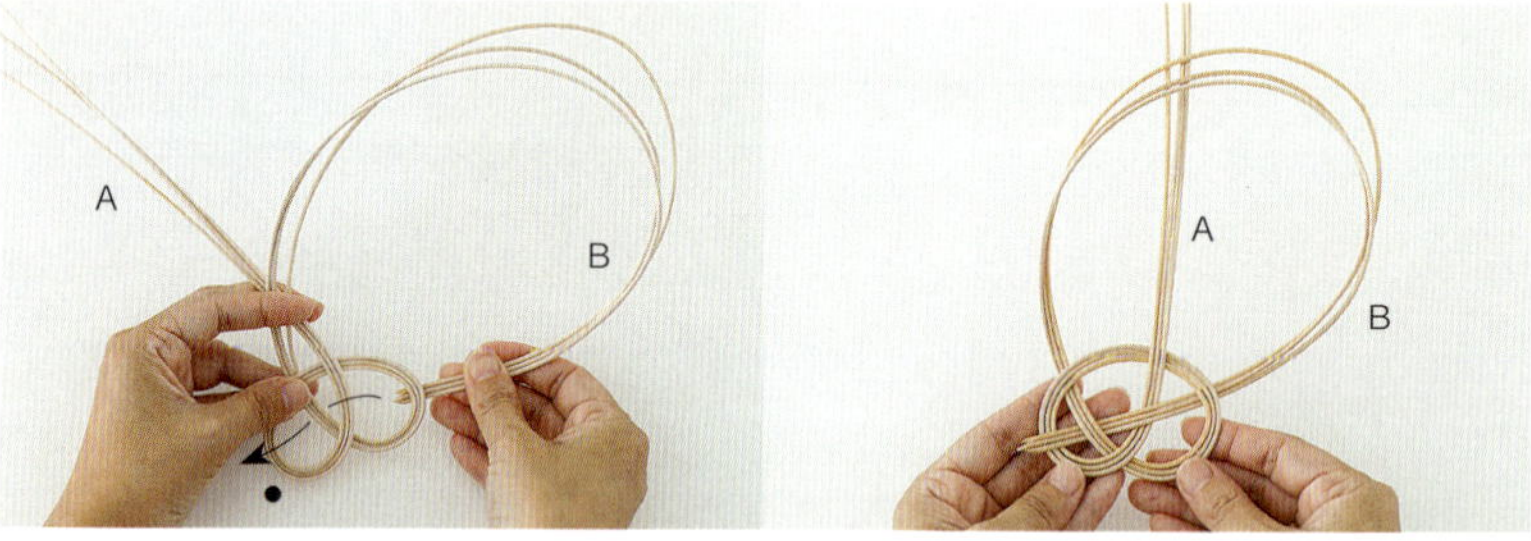

4

BをAの上、3の輪の下をくぐらせて引き出し、Aの上、Bの下に交互に通して、2の輪の中から引き出す。

＊輪の内径と外径で長さが変わってくるため、丸芯は1本ずつ引っ張って3本をきれいにそろえていく。

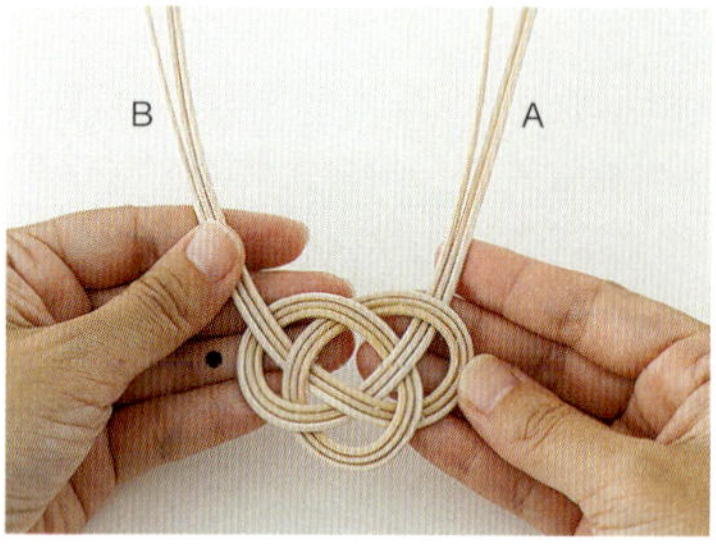

5

A、Bの6本を均等に引いて形を整えると、1つめのあわじ結びの完成。

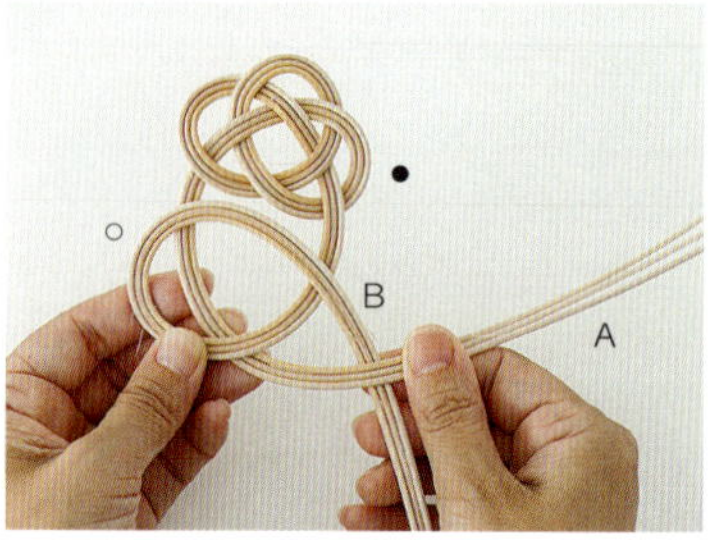

6

Bでしずく形の輪を作ってAの上に重ね、AとBを交差させる。

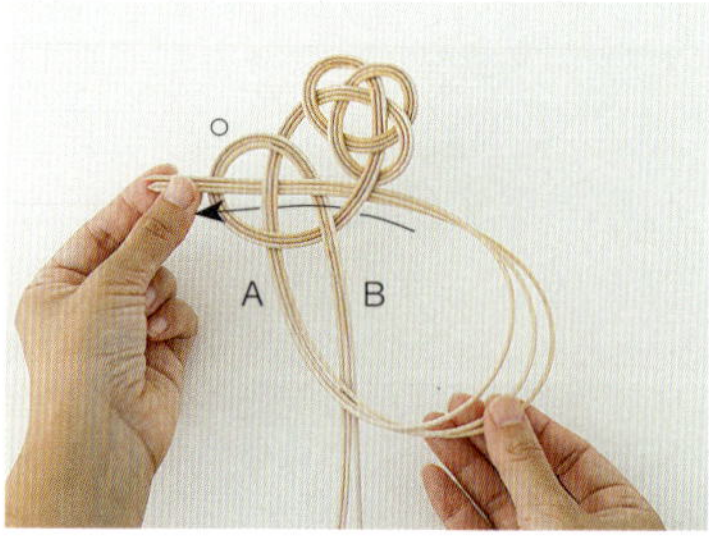

7

6の交点を指で押さえ、写真を参照してAの端を上下交互にくぐらせて6の輪の中に引き出す。

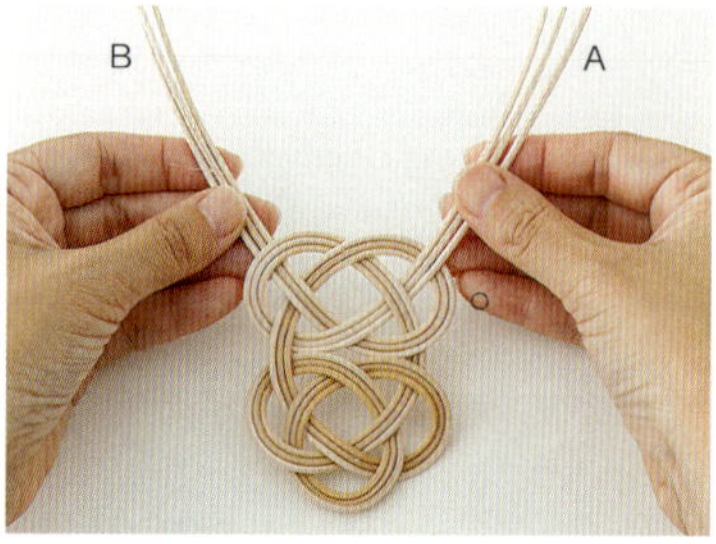

8

A、Bの6本を均等に引いて形を整えると、2つめのあわじ結びが完成。

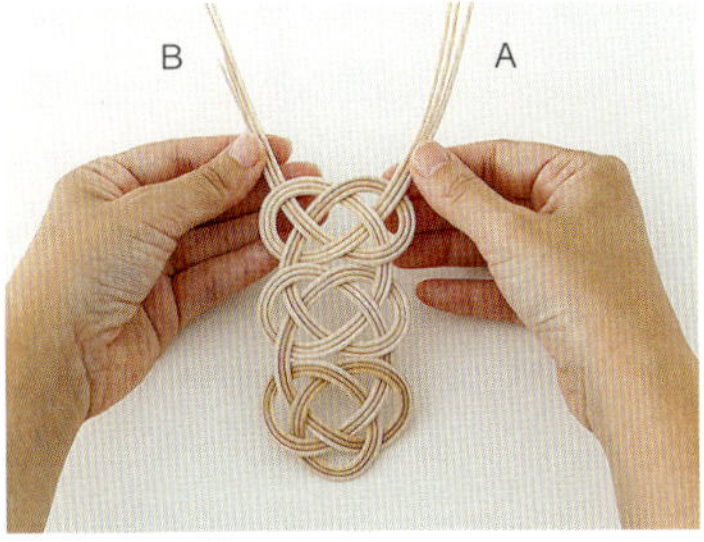

9

6 ～ 8と同じ要領で、3つめのあわじ結びをする。

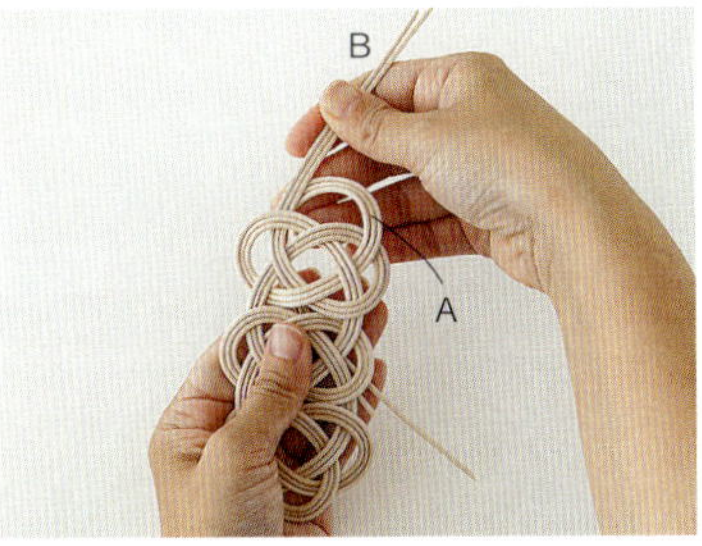

10

Aでしずく形の輪を作って端を裏側に回し、Bに重ねて指で押さえる。

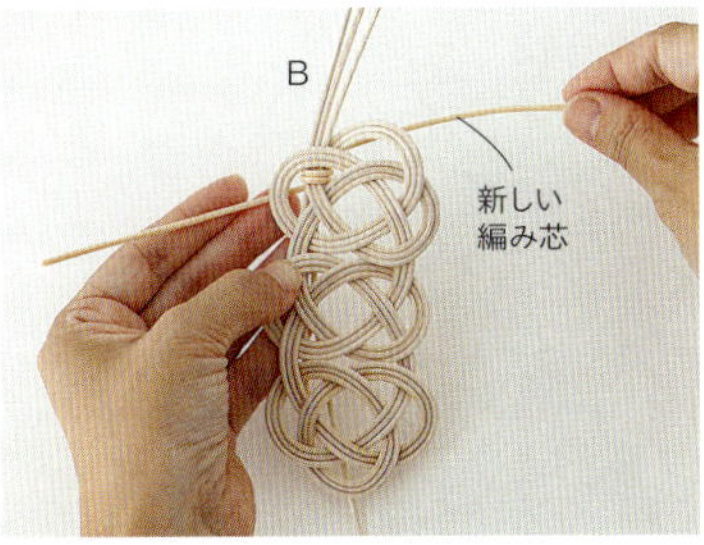

11

10のA、Bの合わせ目に新しい編み芯（30cm）を2回巻きつける。

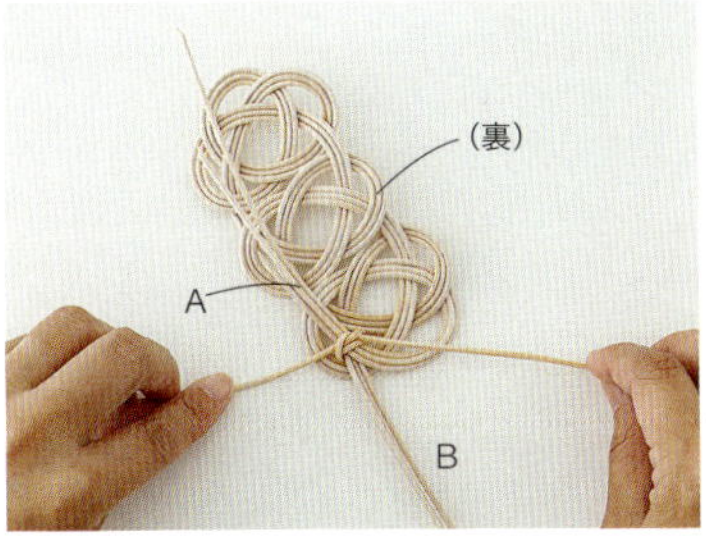

12

裏側でひと結びして、しっかり引き締め、結び目をボンドで固定する。

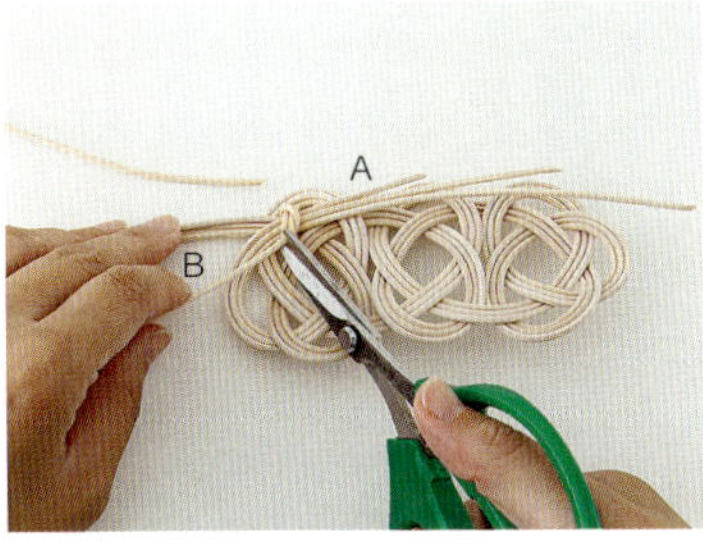

13

編み芯を結び目の際でカットする。

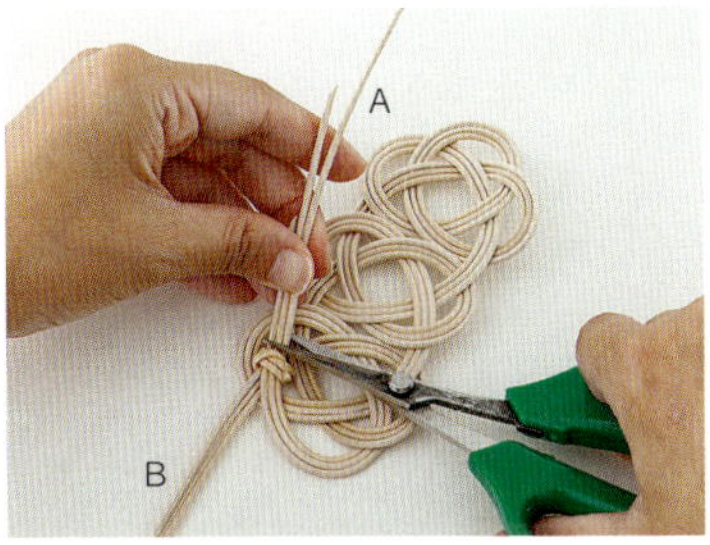

14

結び目の際で、Aを3本そろえてカットする。

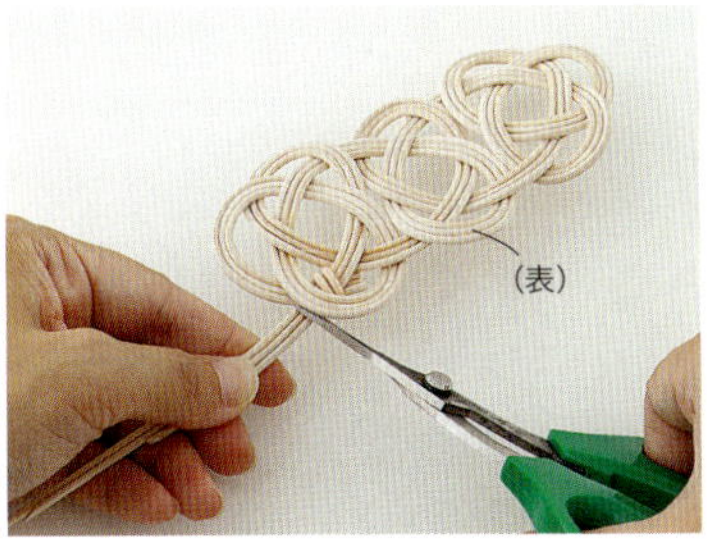

15

表側から結び目の際で、Bを3本そろえてカットする。

16

あわじ結びを縦に3つつなげたバレッタの編上り。

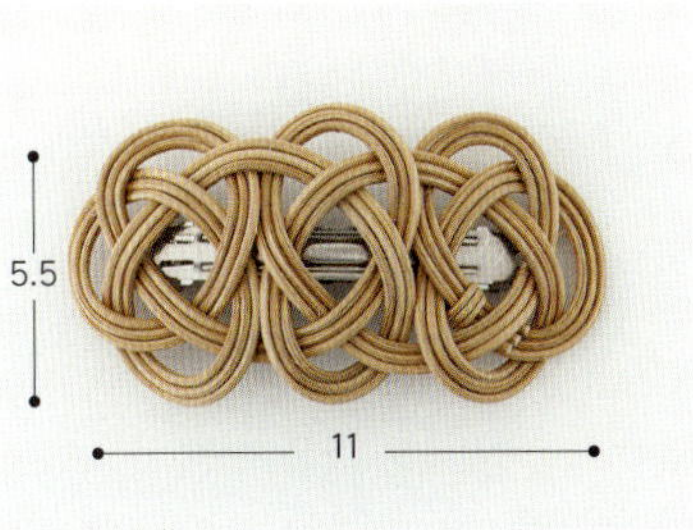

17

コーヒーで染めてよく乾燥させてから、裏面にバレッタ金具を手芸用ボンドでつける（P.39参照）。

POINT LESSON

直角に側面を立ち上げる方法

05

PHOTO PAGE 8
HOW TO MAKE PAGE 65

かごバッグ

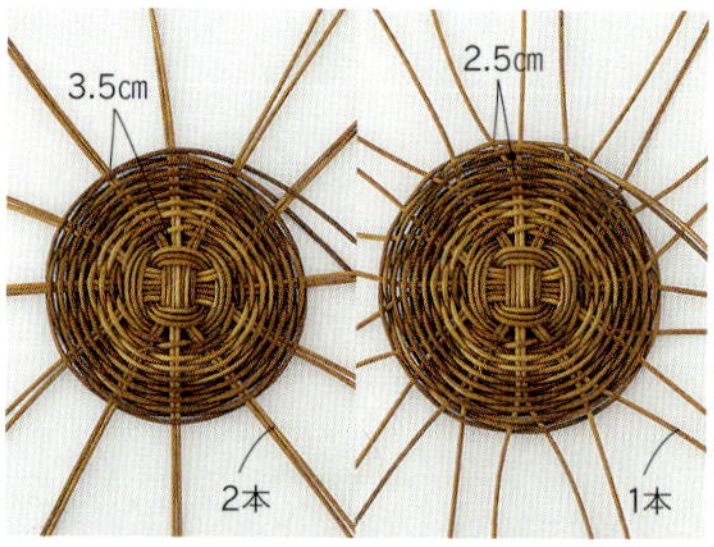

1

たて芯6本ずつを十字組みにし、P.65を参照して編み始め、たて芯を2本ずつにして2本縄編みを1段、追いかけ編みを3.5cm（P.48参照）。たて芯を1本ずつに分けて2.5cmまで追いかけ編みで編む。

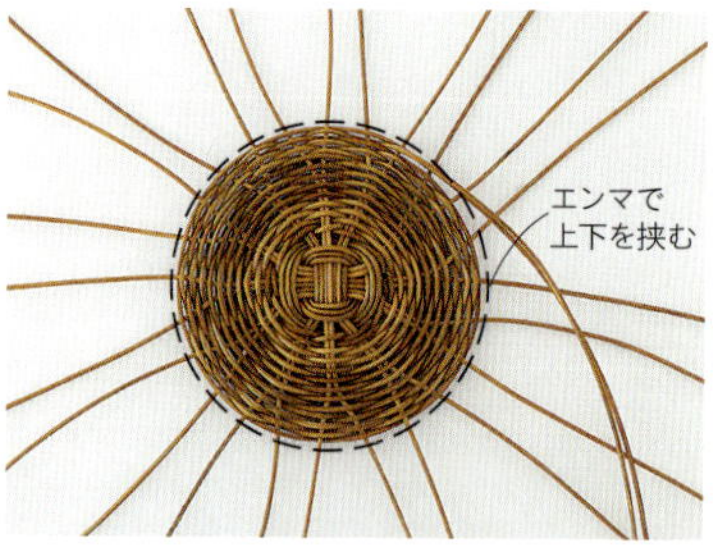

2

編み地の際でたて芯の上下をエンマで挟んで曲げくせをつけ、たて芯を直角に立ち上げる。

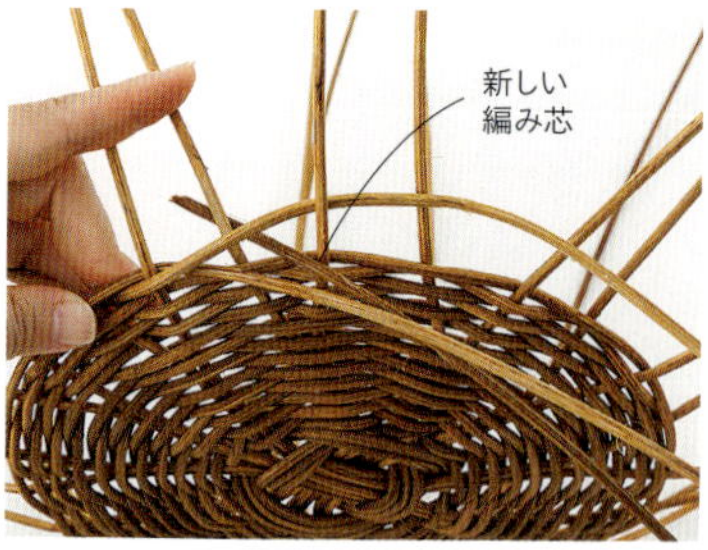

3

編始めの編み芯と交差するように、新しい編み芯を1本差し入れて、編み芯を3本に増やす。

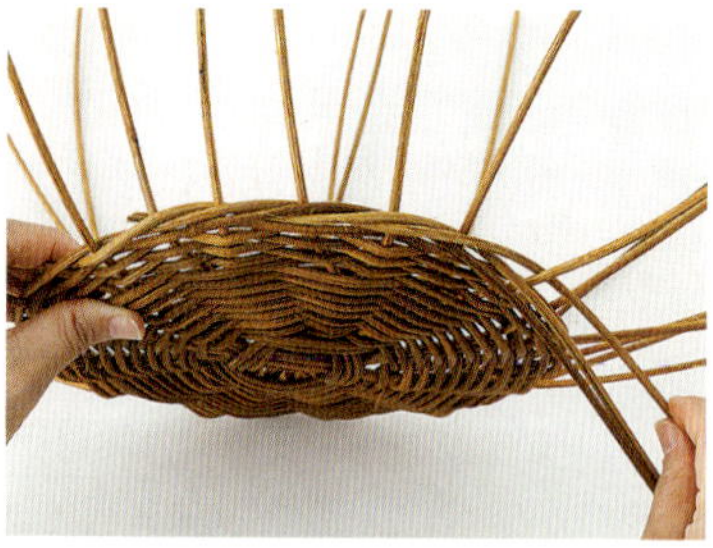

4

側面を3本縄編み（P.48参照）で編んでいく。たて芯の角度が広がったり、すぼまったりしないように注意する。

5

3本縄編みを3段編んだところ。

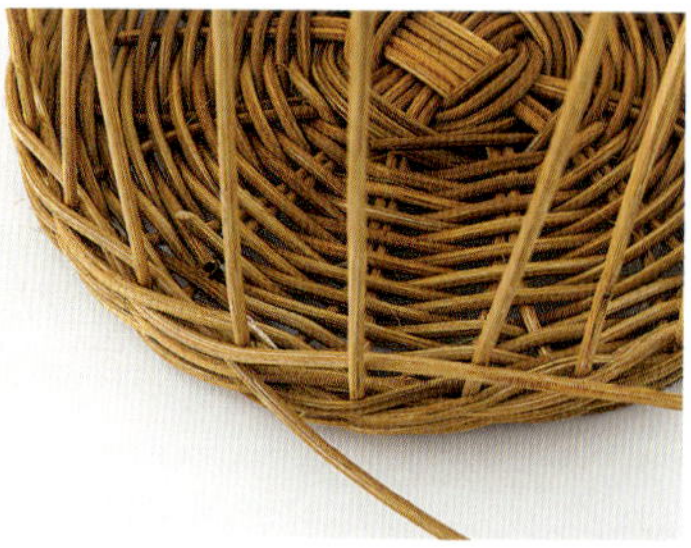

6

たて芯の内側で編み芯1本の端を斜めに切り、編み芯を2本に減らす。

7

側面が垂直になるように形を整えながら、高さが8cmになるまで追いかけ編みで編み、編み芯をカットする。

8

縁止めAで縁を始末する（P.47参照）。

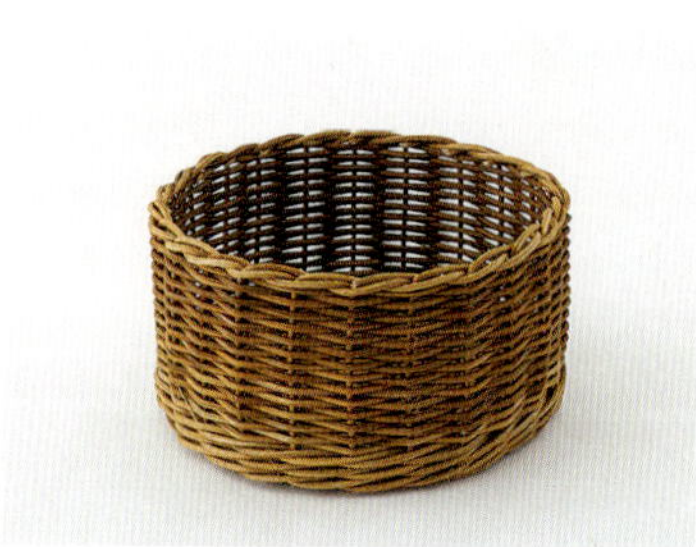

9

たて芯の端を2cm残して斜めに切り、かごの内側に出ているつなぎ目を始末する。底を平らに、側面を垂直に形を整えて完成。

縁の止め方・脚のつけ方

脚つきプレート

33 PHOTO PAGE 29
HOW TO MAKE PAGE 70

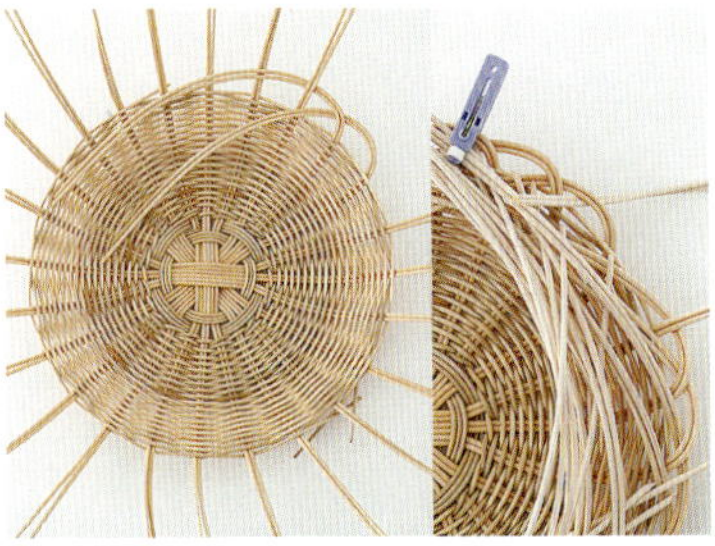

1

縁止めの1周めは、2本ずつのたて芯を持ち、左隣のたて芯1組みの後ろ側を通して手前に出す。最後のたて芯は、最初の山の後ろ側から手前に出す。

2

2周めは、手前に出した2本ずつのたて芯を左隣の山に通す。

3

最後のたて芯1組みは1の左隣の山に通す。

4

3周めは、たて芯を1本ずつに分けながら、左隣2本のたて芯を飛ばして次のたて芯の下に倒して縁の下に押し入れる。

5

終りから2本前のたて芯を最初のたて芯の山に入れ、最後の1本をその左の山に入れて縁止めの終了。

6

後ろ側で余分なたて芯を斜めにカットする（縁止めB P.47参照）。

7

プレートの後ろ中心から約7cmのたて芯の右隣に、目打ちですきまをあける。先を斜めにカットした脚用たて芯をすきまに差し込み、プレートのたて芯にそって編み目の間に3cmほど通す。

8

プレートのたて芯にそって、24本の脚用たて芯を差し終わったところ。

9

脚用たて芯に二つ折りにした編み芯の輪部分を通し、2本縄編みを編み始める（P.48参照）。

10

脚用たて芯を立ち上げながら、2本縄編みで1周編んでいく。

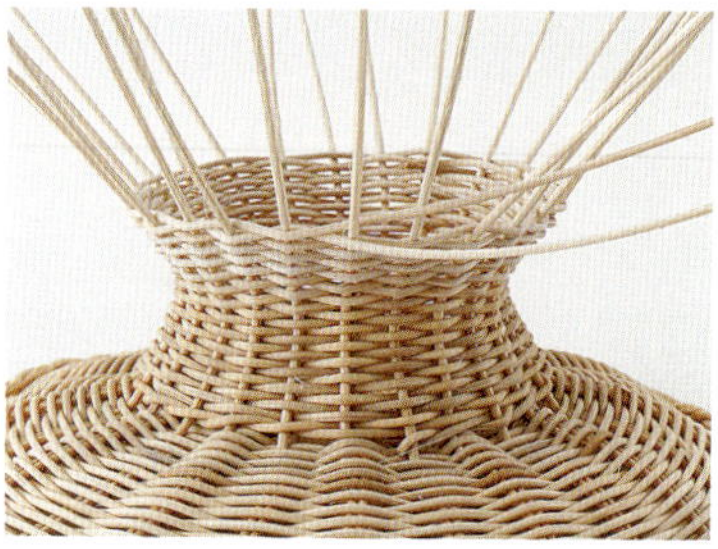

11

脚用たて芯を内側に細めながら4cm追いかけ編みを編み、直径11cmにする。続いて、脚用たて芯を外側に押し広げながら約3cm追いかけ編みを編み、直径16cmにする（追いかけ編み**P.48**参照）。

12

たて芯の後ろで、編終りの編み芯2本を斜めにカットする。縁の始末をして編上り（縁の止め方は**P.71**）。

持ち手のつけ方

38

PHOTO PAGE 34
HOW TO MAKE PAGE 78

花びんカバー

1

注ぎ口の反対側の追いかけ編みのたて芯にそって目打ちを差し込んで、すきまをあける（口側と底側）。持ち手芯2本をそろえて持ち、片端を口側の編み目のたて芯にそって3cm差し込む。

2

もう一方の端を底側の編み目のたて芯にそって3cmほど差し込む。

3

底側の持ち手の左下の編み目の間に巻き芯を差し込み、口側まで巻きつける。

4

持ち手のつけ根から内側に巻き芯を差し込んで、表に出して持ち手に巻きつけながら底側に戻る。

5

底側の追いかけ編みに巻き芯を差し込んで表に出し、**3**、**4**をもう一度繰り返す。最後に内側に通して端を斜めにカットする。

6

出来上り。

縁の止め方

本書で用いる、主な縁の止め方3種類をまとめました。
止めていく方向は、右回り、左回りのどちらにもアレンジできます。

縁止めA

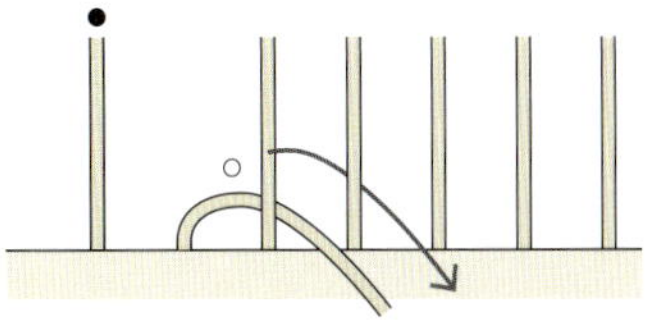

1 たて芯を持ち、右隣のたて芯の
後ろを通して手前（外側）に出す。

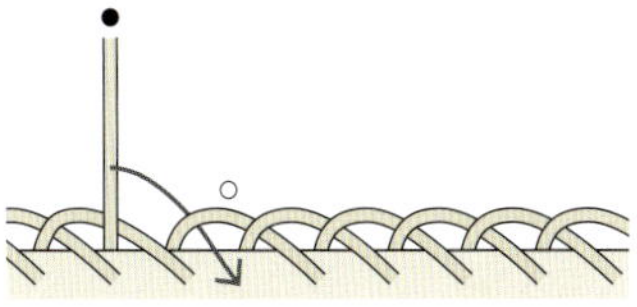

2 最後のたて芯（●）は
最初のたて芯（○）の山に通して、
1周めが終了。

3 2周めは手前に出したたて芯を、
右隣のたて芯の山に通す。

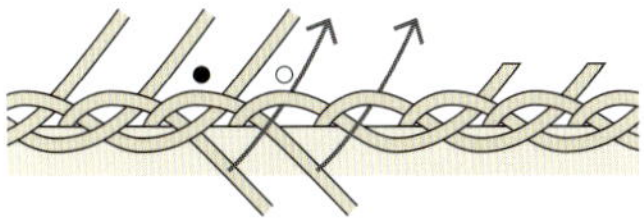

4 最後のたて芯を
最初のたて芯の次の山に通し、
余分なたて芯をすべてカットする。

縁止めB

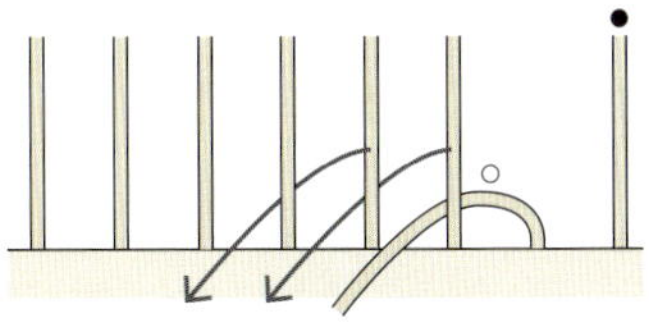

1 縁止めAの1、2の要領で
1周めを左回りに編む。

2 2周めは手前に出したたて芯を、
左隣のたて芯の山に通す。

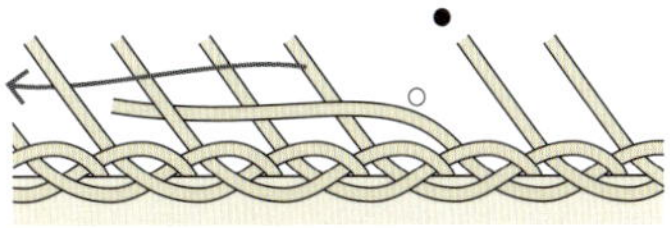

3 3周めは左隣2本の
たて芯を飛ばして、
次のたて芯の後ろに倒していく。

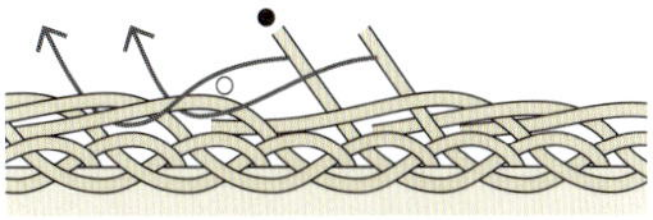

4 終りから2本前のたて芯を
最初のたて芯の山に通し、
最後の1本をその左の山に入れ、
余分なたて芯をすべてカットする。

縁止めC

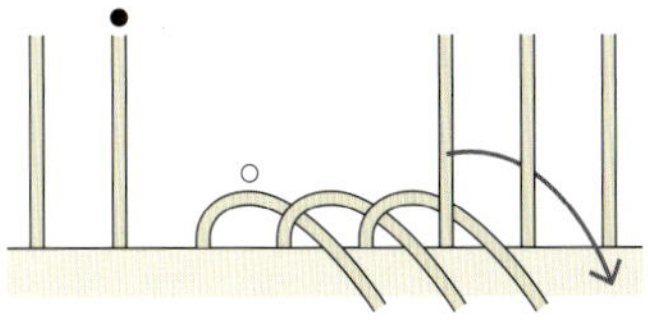

1 1周めを縁止めAの1、2の要領で編む。

2 2周めは手前に出したたて芯を、
右隣に2本飛ばしたたて芯の山に通す。

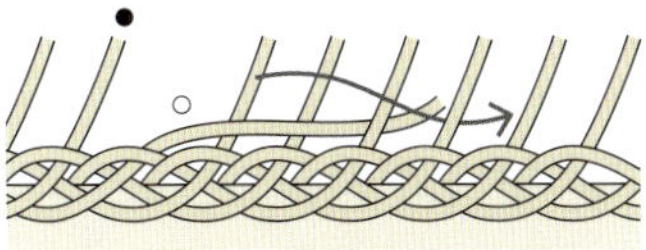

3 3周めはたて芯を右隣に2本飛ばして、
次のたて芯の後ろに倒し、
縁の下に押し入れていく。

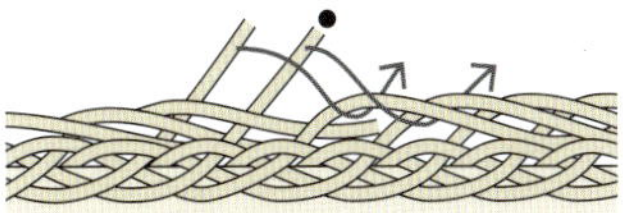

4 終りから2本前を
最初のたて芯の山に入れ、
最後の1本をその右の山に入れ、
余分なたて芯をすべてカットする。

BASICS

基本の組み方と編み方

本書で用いる主な組み方と編み方をまとめました。

［たて芯の組み方］

かご作りの作り始めには、たて芯を組む作業が欠かせません。
交差する部分のたて芯が平らにきれいに並んで、ゆるまないように
編み芯をほどよく引き締めて巻きつけるようにしましょう。
さまざまな組み方のうち、本書ではベーシックな3種を使いました。

十字組み（じゅうじぐみ）

たて芯を十字に重ねて組む方法。たて芯が少ない、丸い形を作る場合に用いる基本的な組み方。

米字組み（べいじぐみ）

十字に組んだ2組みのたて芯を交差して組む方法。たて芯の本数が多い作品に用いる。

楕円組み（だえんぐみ）

楕円形の場合の組み方。楕円の長軸方向にたて芯を置き、短軸方向にたて芯を等間隔に交差する。

［編み方］

たて芯の骨格に編み芯を上下交互に通して編んでいく籐編み。

丸芯を選ぶときには、硬めの丸芯をたて芯に、柔らかくてしなやかな丸芯を編み芯に使いましょう。

また、編むときには、たて芯がゆがまず、間隔が均等になるように気をつけます。

本書では3つの基本的な編み方を使いました。

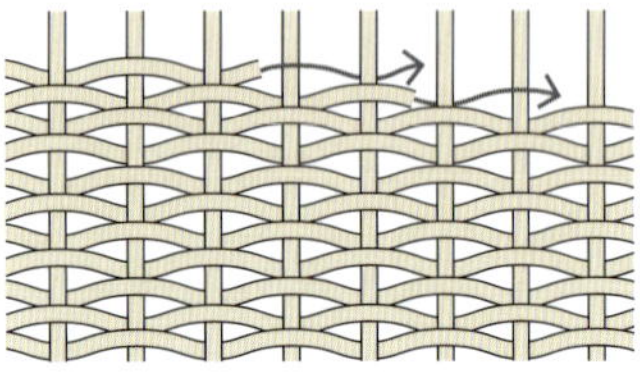

追いかけ編み

たて芯に編み芯を上下交互にくぐらせる基本的な編み方の一種。2本の編み芯で、くぐらせるたて芯を1本ずらして追いかけるように2本の編み芯で編んでいく。本書では1本の編み芯を二つ折りにして輪部分をたて芯に通して編み芯を2本にする場合、2本の編み芯で編む場合がある。

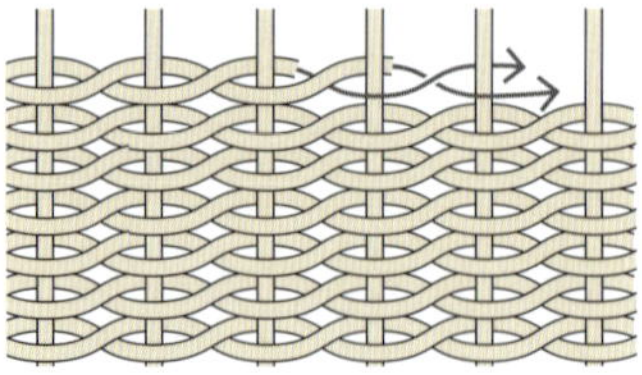

2本縄編み

2本の編み芯をたて芯ごとに交差させながら編む方法。2本の編み芯で編む場合と、1本の編み芯を二つ折りにして輪部分をたて芯に通して編み芯を2本にして編む場合がある。たて芯を固定することができるため、底からの立上り、模様編みの最後に組み合わせたりして用いる。

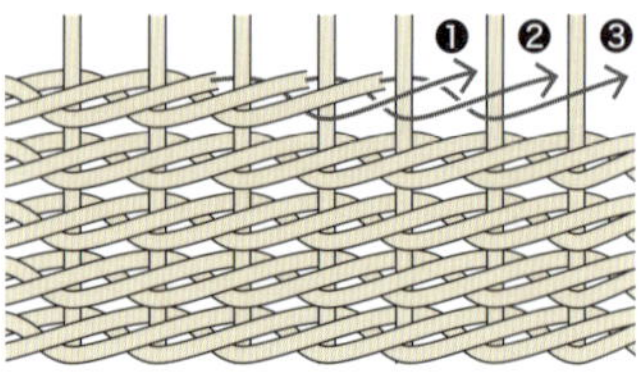

3本縄編み

3本の編み芯を1本ずつたて糸と交差させながら縄状に編む方法。編始めは、3本の編み芯を1本ずつずらして3本のたて芯の間に挟み、手前からたて芯2本を飛ばして、次のたて芯の裏にくぐらせて手前に出す。2本縄編みよりも、さらにしっかりした編み上がりになる。

03|04 PHOTO PAGE 7

フォトフレーム L・S

材料

丸芯［コーヒー染め］（太さ2㎜）

L：150㎝4本

S：100㎝4本

共通

手芸用ボンド

編み方

L・S（共通）

1. 丸芯を4本1組みにして図のように結び、両端を矢印の方向に上げる。

2. ❶、❷の順に左右に引っ張る。

3. 編み端Aを矢印のとおりに通す。

4. 出来上りのサイズに形を整え、編み端A、Bを重ね、余分をカットしてボンドで貼る。

1.

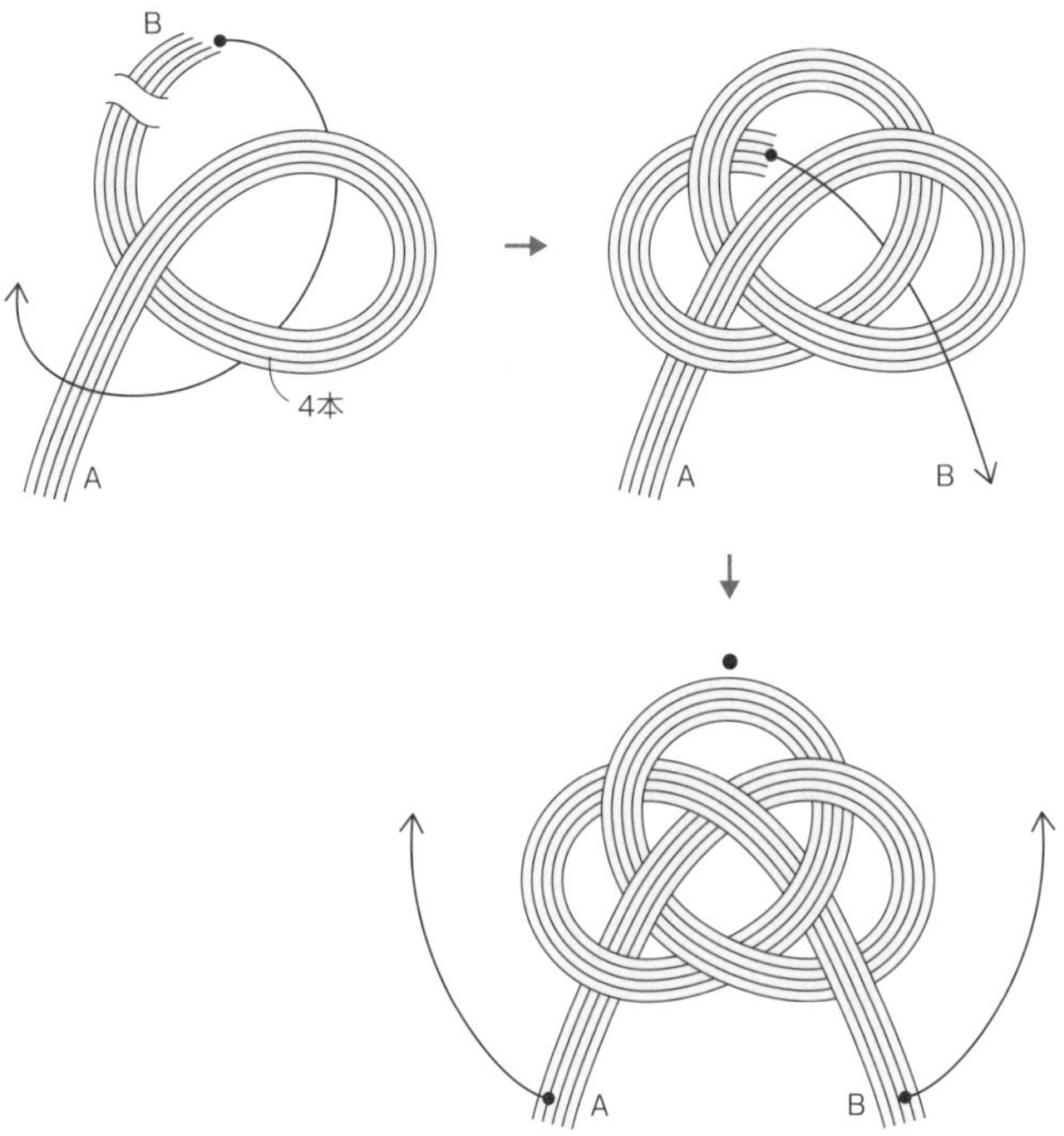

2.

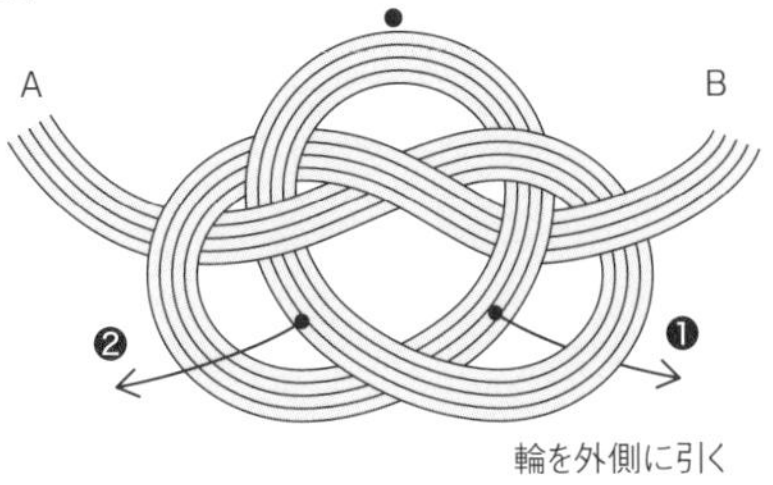

3.

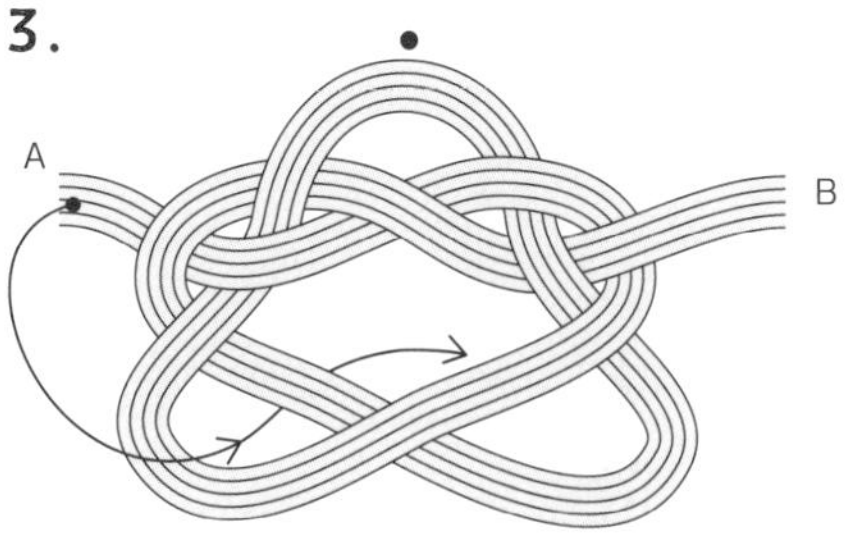

L

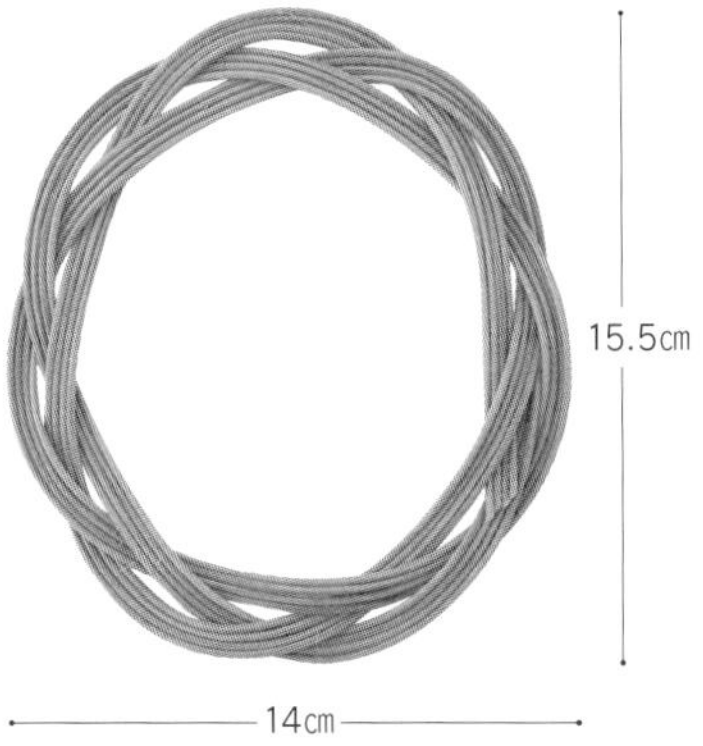

S

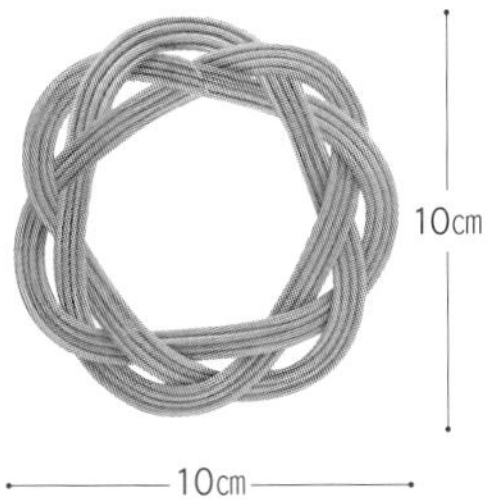

4.

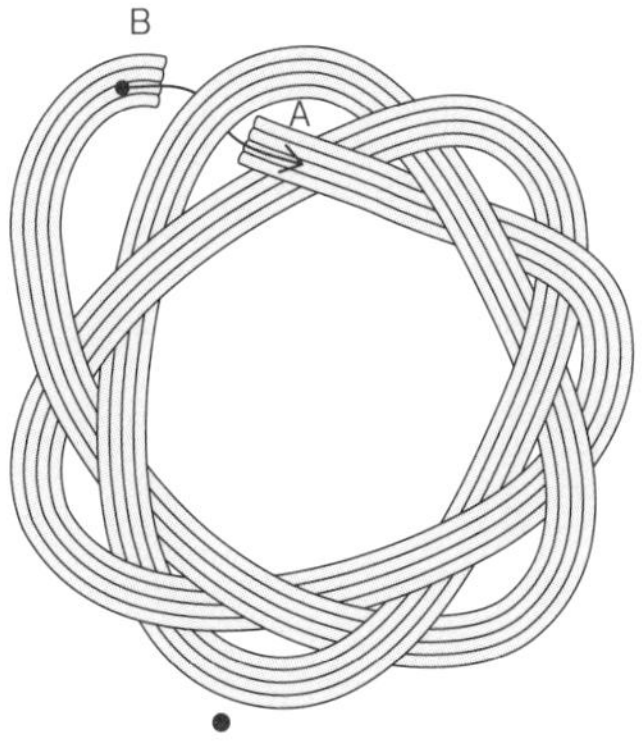

01 PHOTO PAGE 5

ランプシェード

材料

丸芯［コーヒー染め］

たて芯（太さ3㎜）……150㎝12本
足し芯（太さ3㎜）……65㎝12本
編み芯（太さ3㎜）……150g

編み方

1. たて芯6本ずつを十字に重ねる（十字組み）。編み芯1本でたて芯6本を上下交互にくぐらせて3周、次に上下を逆にくぐらせて3周編む。

2. 新しい編み芯を1本加え、たて芯2本ずつにし、追いかけ編みを直径12㎝になるまで編み、2本縄編みを1段編む。編み芯は切らずに休ませる。

3. たて芯に65㎝の足し芯を1本ずつ加えて、3本ずつのたて芯にする。

4. 3本のたて芯を図のように上、下の順に交差させて通し、すでに編んだ2本縄編みの編み目に通す。

5. 高さが約15㎝になるように手で縁の形を整える。休めておいた編み芯で2本縄編みを2段編み、編み芯をカットする。

6. 縁止めAで縁を始末する（たて芯3本ずつ）。編始め部分をはさみで切り抜き、照明器具のコード類を通す部分を作る。

・十字組みは、P.48参照
・2本縄編みは、P.48参照
・追いかけ編みは、P.48参照
・縁止めAは、P.47参照

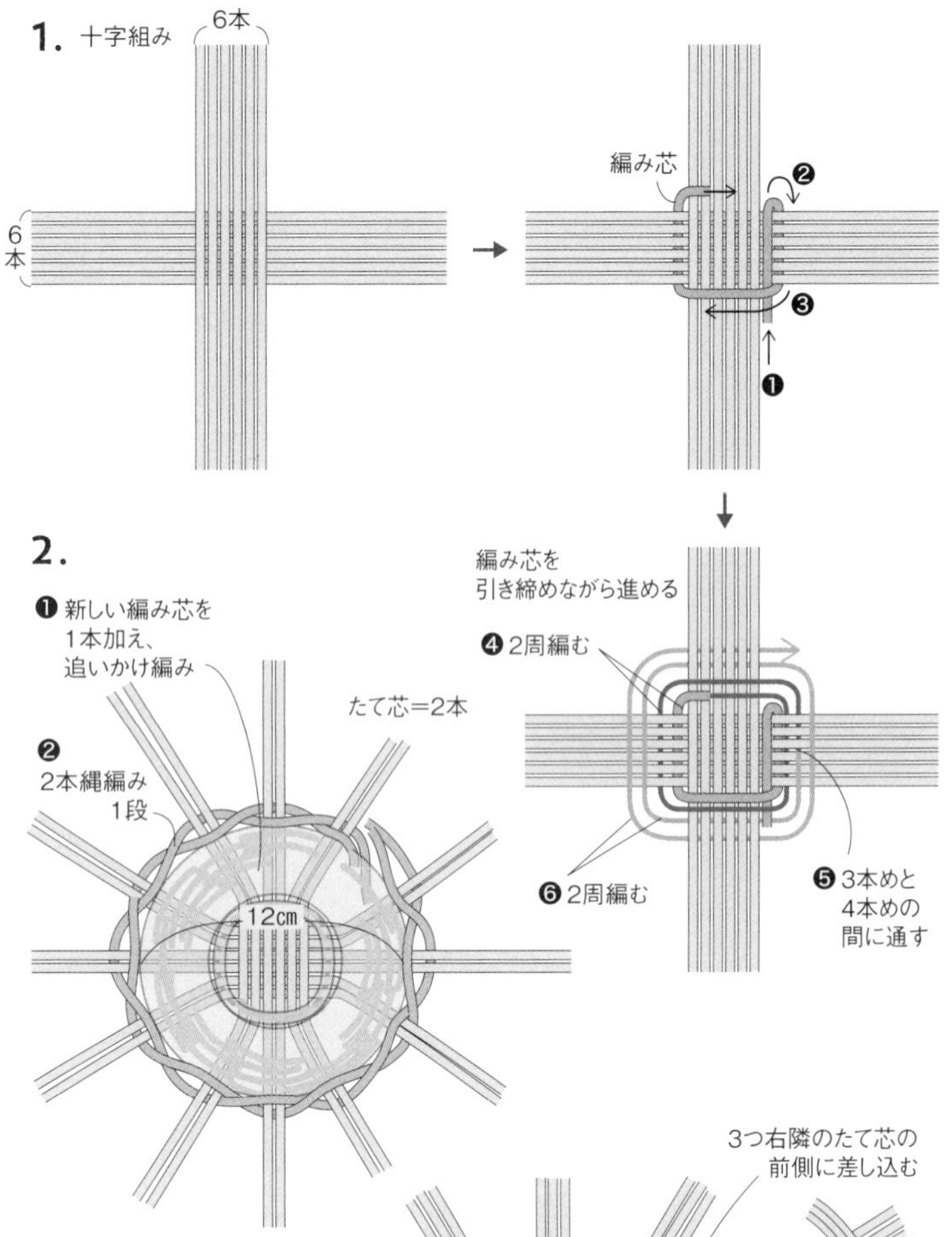

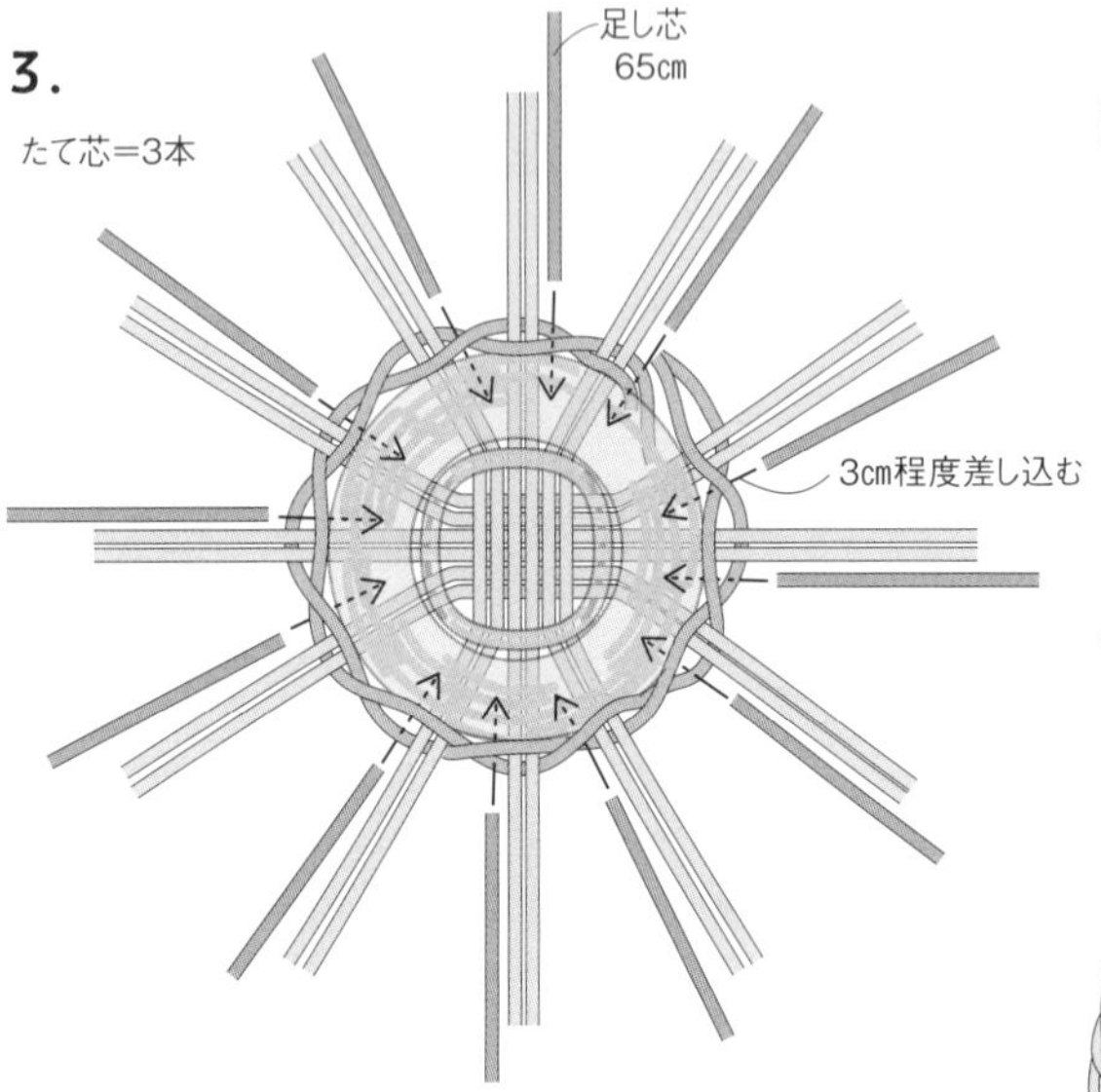

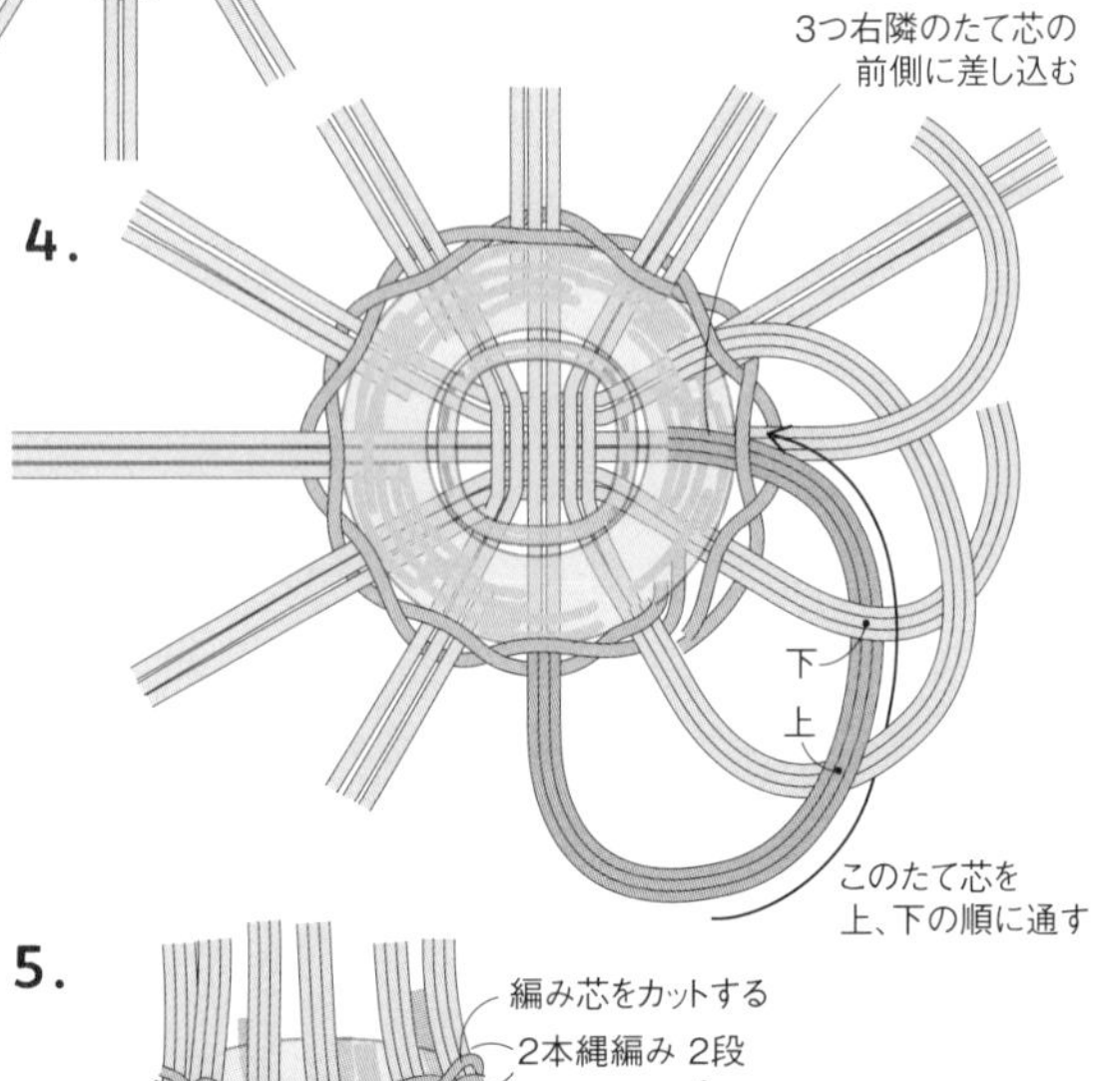

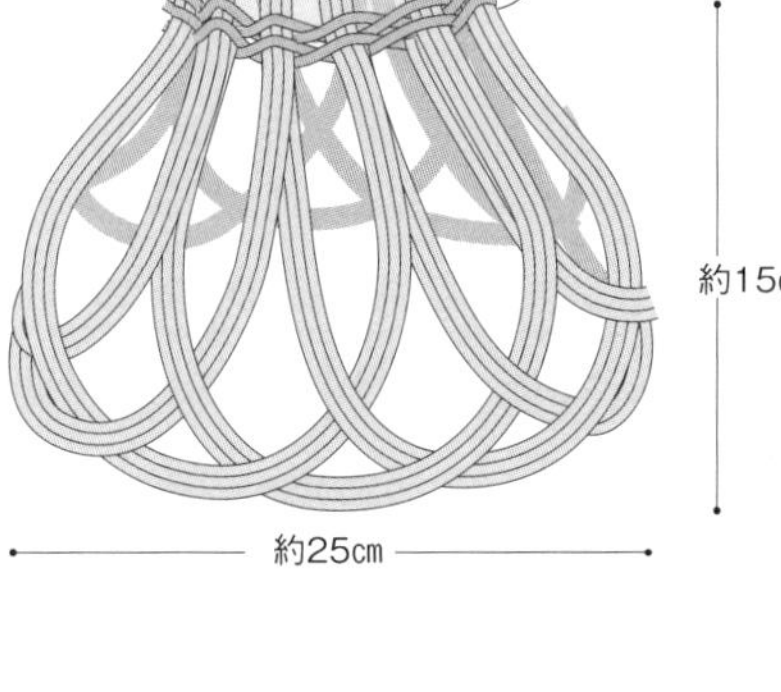

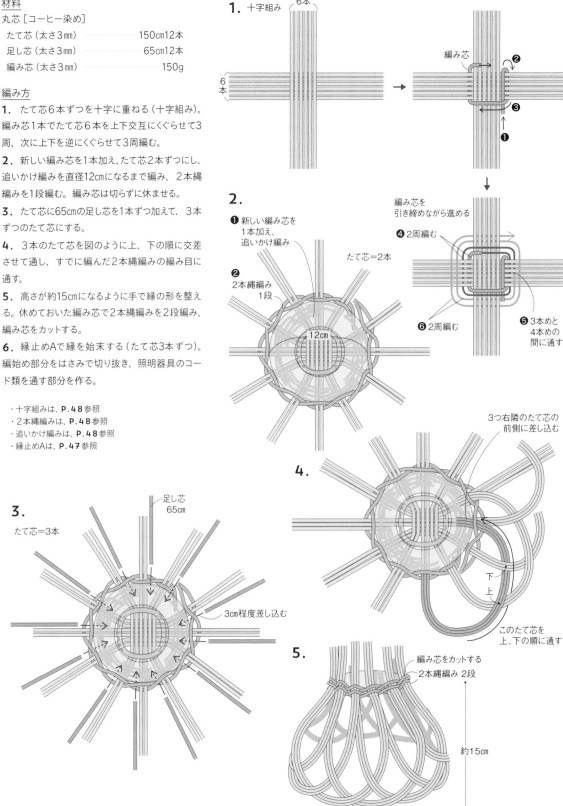

6.

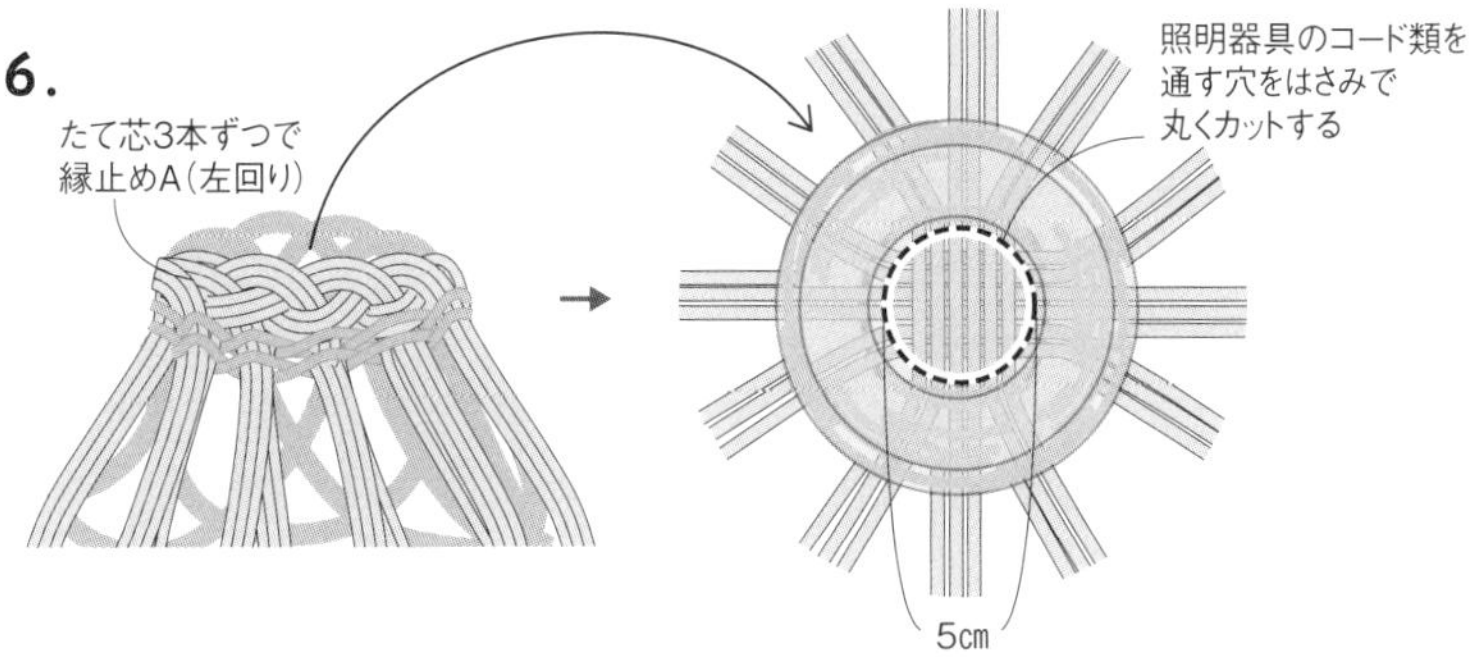

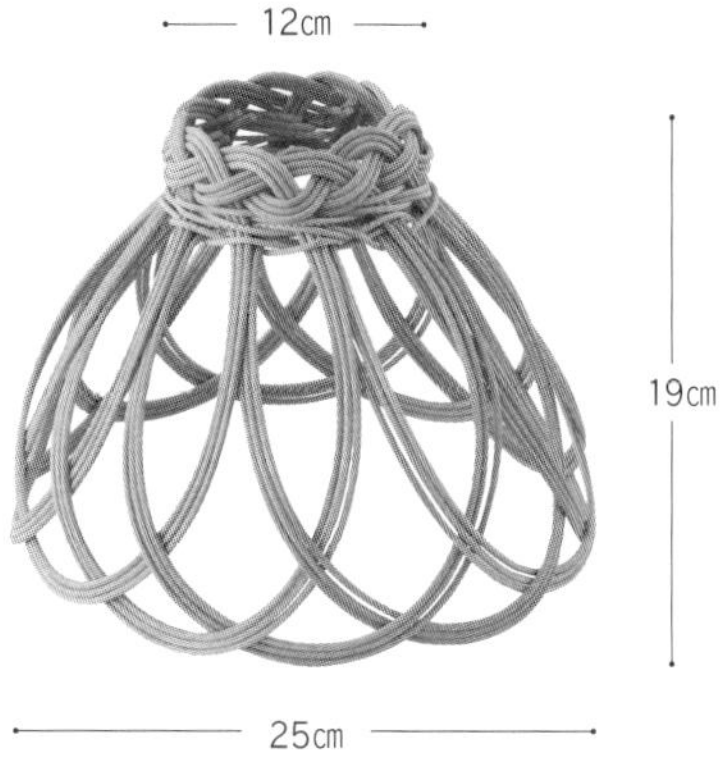

02 PHOTO PAGE 6

プレースマット

材料

丸芯［コーヒー染め］

たて芯（太さ3㎜）	60cm8本
編み芯（太さ3㎜）	30g

編み方

1. 図のように、たて芯を組む。

2. 編み芯の真ん中を輪にしてたて芯に通し、2本縄編みを1段編む。

3. 続けて、たて芯を等間隔に広げながら追いかけ編みを3cm編み、編み芯をカットする。

4. 1cmあけて新しい編み芯を輪にしてたて芯に通し、2本縄編みを1段編み、編み芯をカットする。

5. 図のように縁の始末をする。たて芯❶を左隣のたて芯❷の手前を通って、次のたて芯❸にそって編み地の際から3cmほど差し込む。

6. 余分なたて芯をカットする。

・2本縄編みは、**P.48**参照

・追いかけ編みは、**P.48**参照

1.

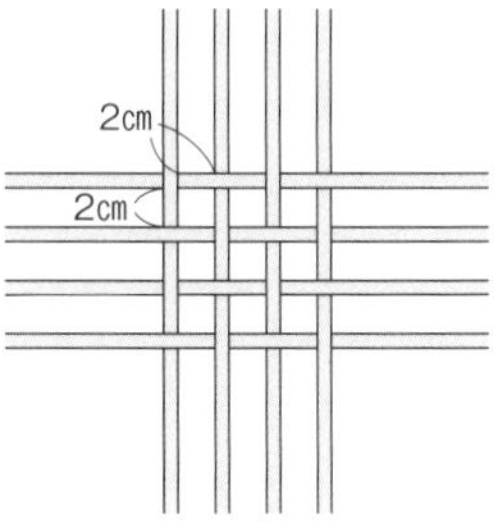

2.

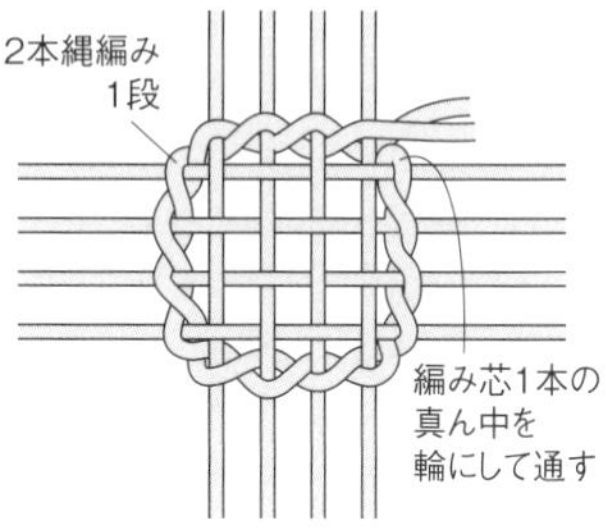

3.

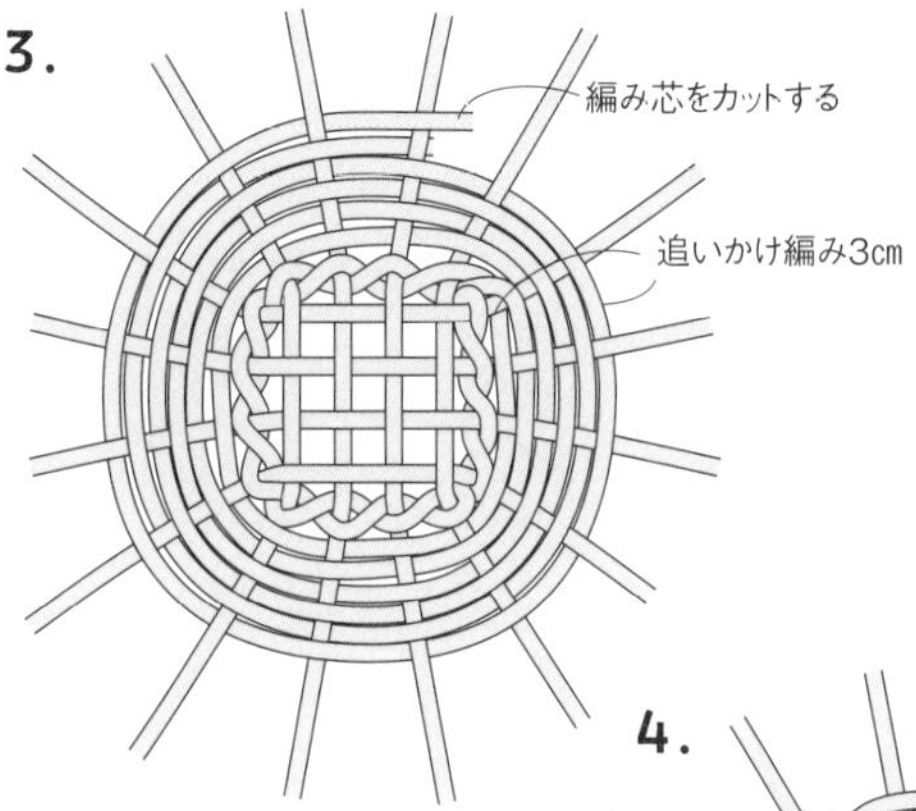

4.

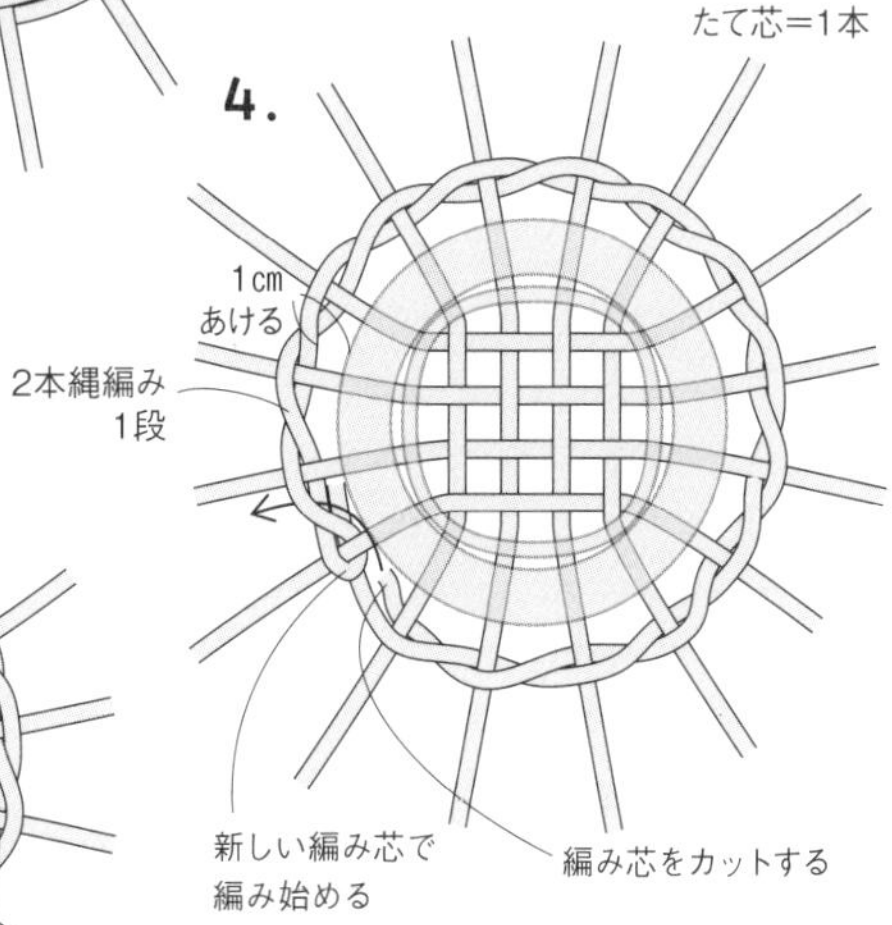

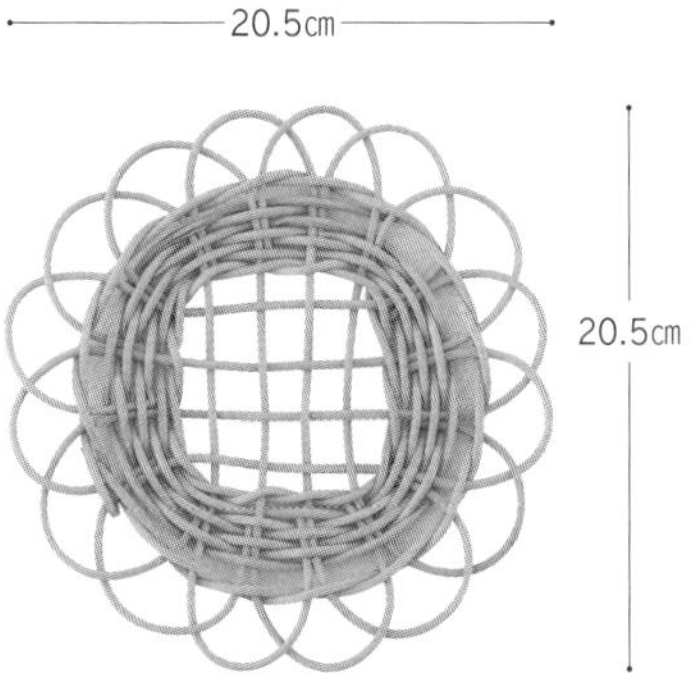

5.

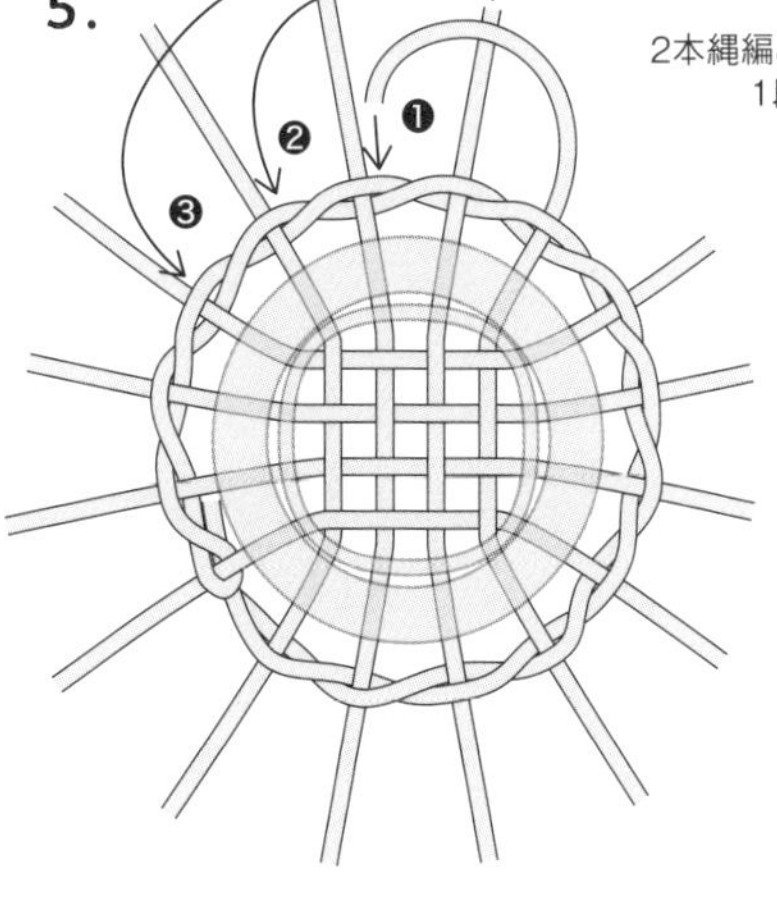

06|07 PHOTO PAGE 9

バングル・リング

材料

丸芯［コーヒー染め］

バングル：太さ2㎜……200㎝2本

リング：太さ1.25㎜……100㎝1本

編み方

1. 2重の輪を作る［バングル2本、リング1本］。

＊輪の大きさは、手首、指に合わせる。

2. 図を参照して輪を交差させ、丸芯Bを上から下に通して、左側に引き抜く。

3. 丸芯Bを上から下に通して、右側に引き抜く。リングの編込みはここで終了。

4. バングルは三つ編みが7個になるまで**2**、**3**を繰り返す。

5. 編み終えた丸芯Aにそわせてバングルはもう1周、リングはもう3周三つ編みを編む。

6. 余分な芯をカットする。

＊丸芯だけで編みにくい場合は、作りたいサイズの直径の幅にカットした厚紙などを芯にして巻く。

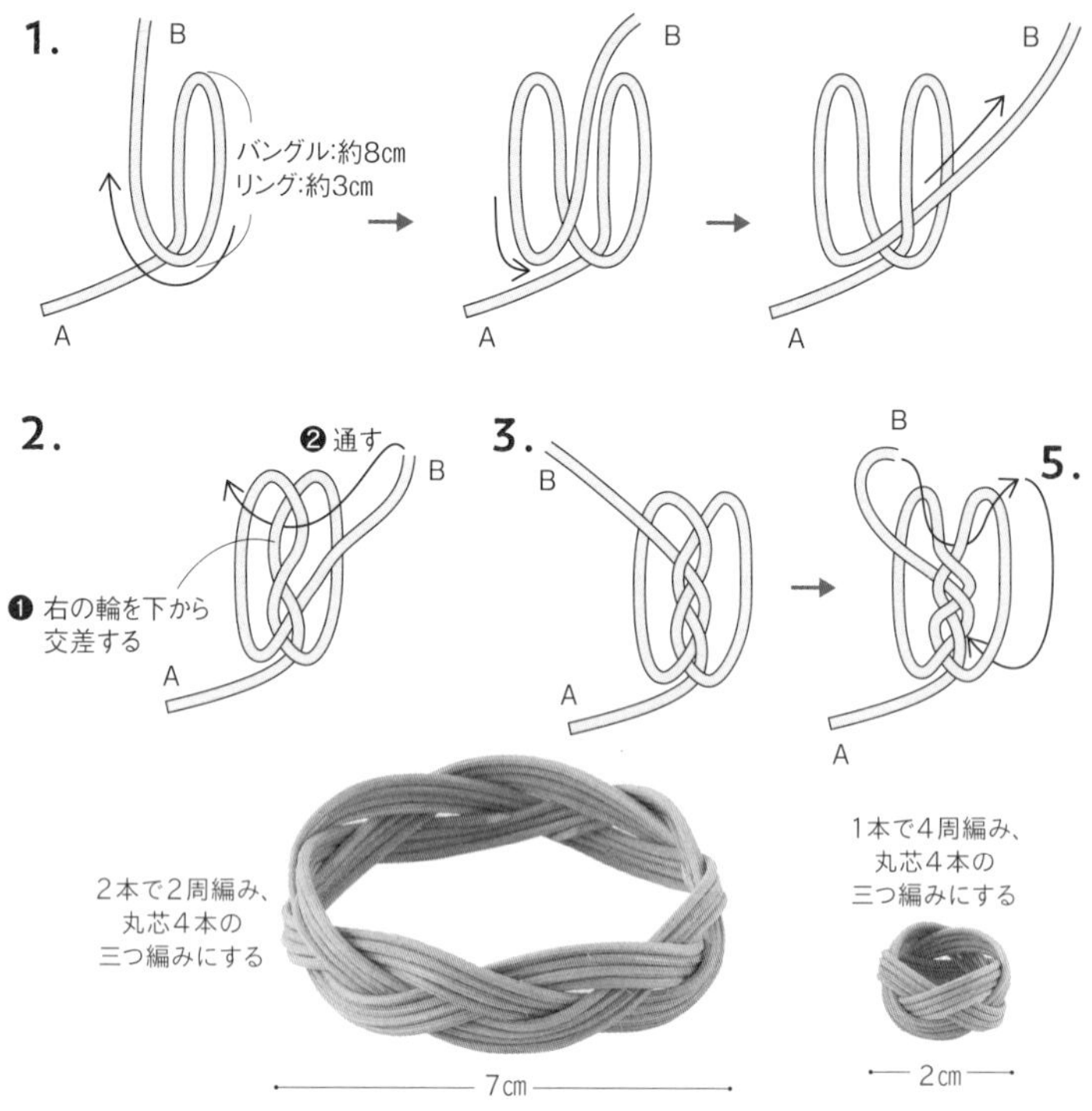

08 PHOTO PAGE 10

麦わら帽子のブローチ

材料

丸芯［コーヒー染め］

たて芯（太さ1㎜）……8㎝1本、10㎝1本

編み芯（太さ1㎜）……適量

テープヤーン（0.3㎝幅/ナチュラル）……35㎝

ブローチピン（2.5㎝幅/ゴールド）……1個

手芸用ボンド

編み方

1. 並べたたて芯の中心に、編み芯を巻きつける。

＊編み芯の片端7㎝は、帽子の真ん中のたて芯になる。

2. 5本のたて芯に上下交互に編み芯を通し、たて芯をカーブさせながらクラウン部分を2.5㎝編む。

3. たて芯の角度を広げ、ブリム部分を1.5㎝編む。編み地の際でたて芯をカットする。

4. テープを巻いて蝶結びにし、余分をカットする。裏側を数か所ボンドでとめる。

5. 裏側にブローチピンをボンドでつける。

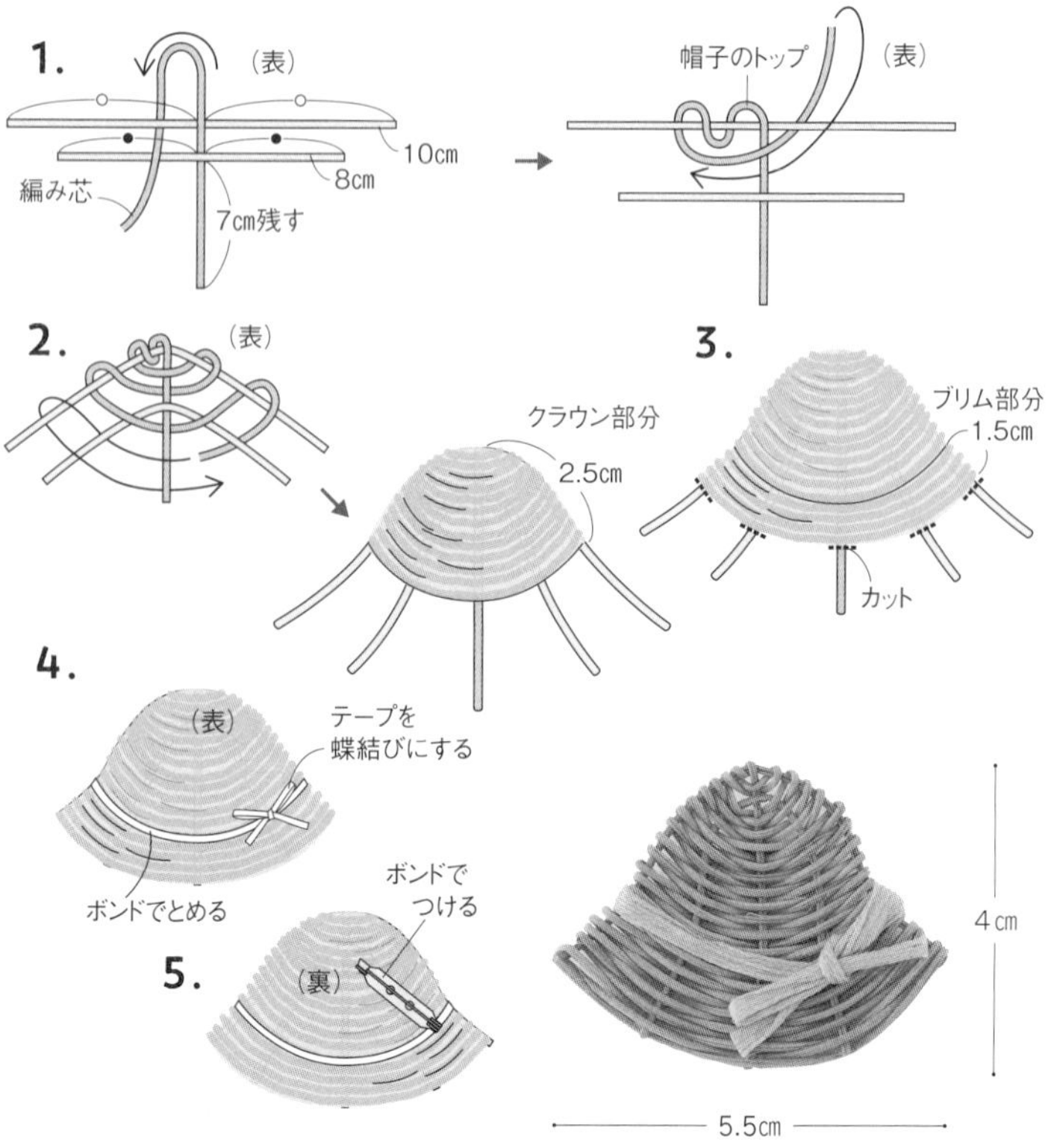

09|10

PHOTO PAGE 10

かごバッグのブローチ

09の材料

丸芯［コーヒー染め］

- たて芯（太さ1.25㎜）……9㎝3本、22㎝1本
- 編み芯（太さ1.25㎜）……適量

フェイクレザー（ベージュ）……1×16㎝、2×3㎝各1枚

縫い糸、両面テープ

10の材料

丸芯［コーヒー染め］

- たて芯（太さ1.25㎜）……9㎝2本、11㎝1本、22㎝1本
- 編み芯（太さ1.25㎜）……適量

テープヤーン（0.3㎝幅/ナチュラル）……35㎝

共通

ブローチピン(2.5㎝幅/ゴールド）……1個

手芸用ボンド

編み方

09

1. 4本のたて芯を組む。編み芯の真ん中を輪にしてたて芯に通し、2本縄編みを1段編む。
2. たて芯を立ち上げ、側面を追いかけ編みで2.5㎝編み、編み芯をカットする。
3. 9㎝のたて芯を編み地の際でカットし、22㎝のたて芯は7〜8㎝程度残してカットする。
4. 残した2本のたて芯の先をそれぞれ反対側のたて芯のつけ根に差し込む。
5. 緑布にブローチピンを縫いつけて裏にボンドを塗り、かごの縁にぐるりと貼る。
6. 両面テープで持ち手にレザーを貼り、余分をカットする。

10

1. 4本のたて芯を組み、09と同様に本体部分を編む。
2. 22㎝のたて芯を5〜6㎝残してカットし、その他のたて芯を編み地の際でカットする。
3. 09の要領で、22㎝のたて芯で持ち手を作り、テープを巻きつけ、巻終りを結んで余分をカットする。
4. 裏側にブローチピンをボンドでつける。

・2本縄編みは、P.48参照

・追いかけ編みは、P.48参照

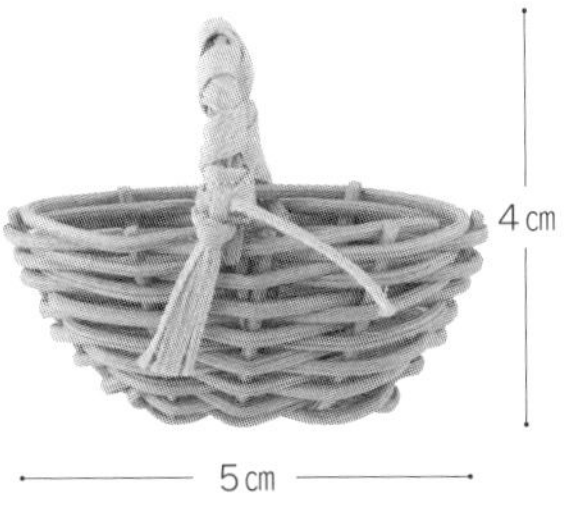

09

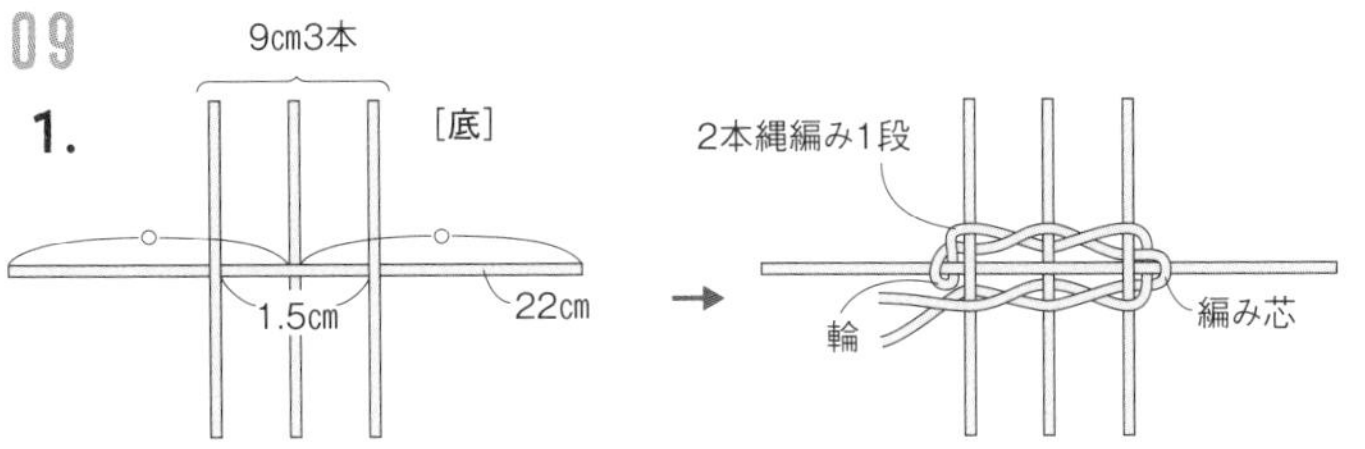

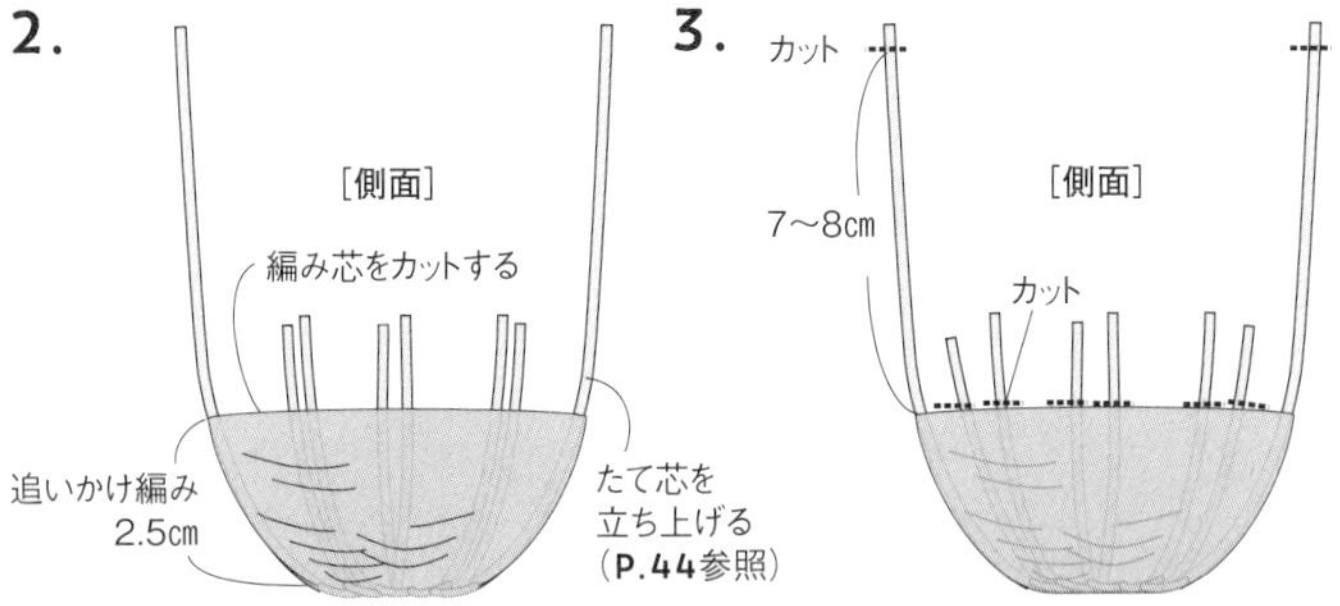

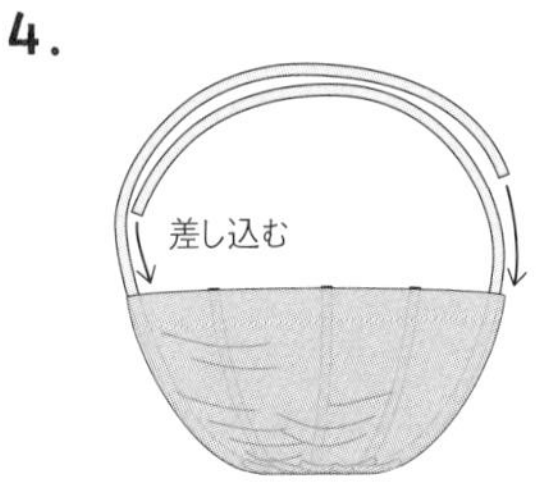

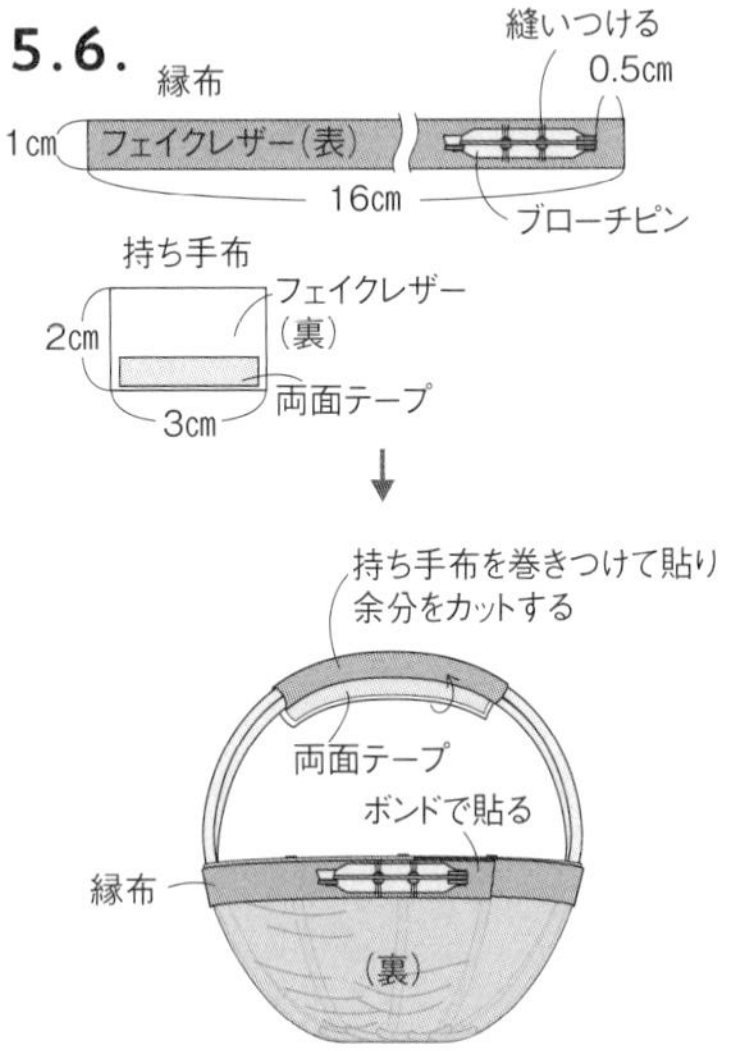

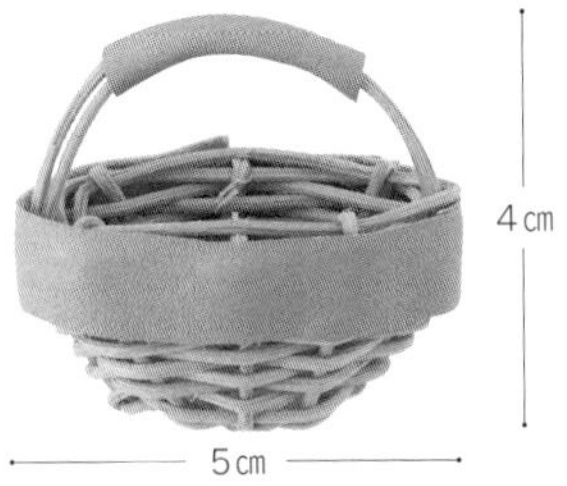

10

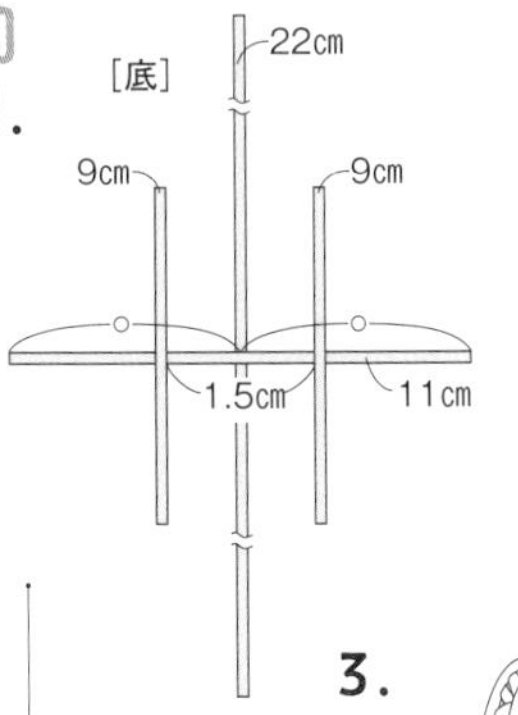

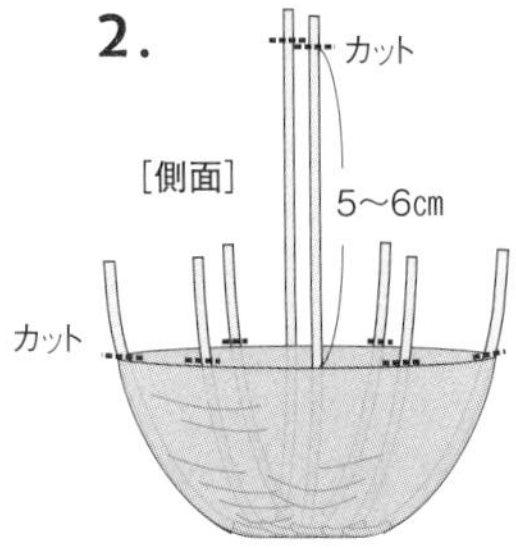

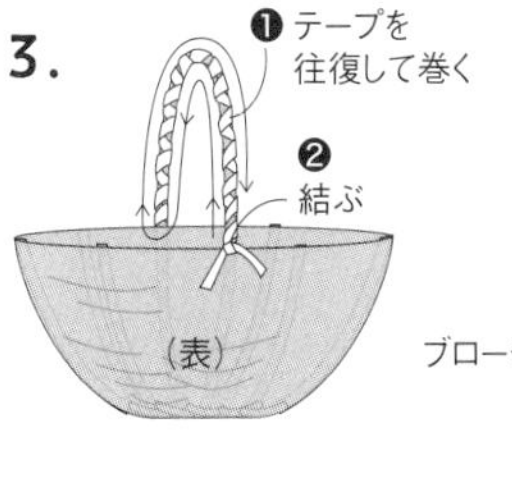

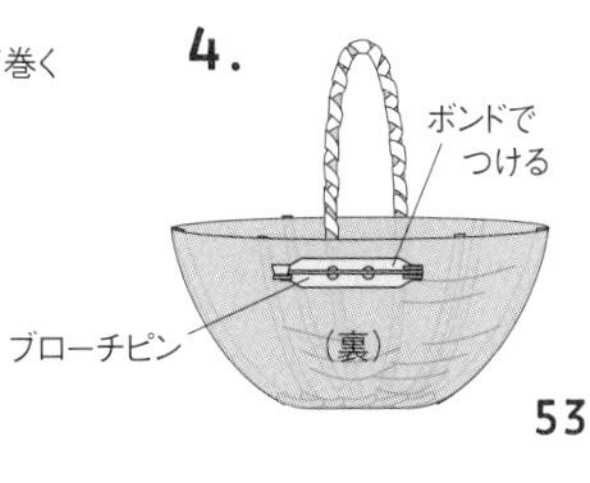

12 PHOTO PAGE 12

フードカバー

材料

丸芯［コーヒー染め］

- たて芯（太さ3㎜）……70㎝12本
- 編み芯（太さ3㎜）……150g

編み方

1. たて芯6本ずつを十字に重ねる（十字組み）。編み芯1本でたて芯6本を上下交互にくぐらせて3周、次に上下を逆にくぐらせて3周編む。

2. 新しい編み芯を1本加え、たて芯2本ずつにして2本縄編みを1段編んだら、たて芯を少しずつ上向きに立ち上げながら追いかけ編みを6㎝編む。

3. たて芯を1本ずつに変えて、たて芯を少しずつ上向きに立ち上げながら追いかけ編みを3㎝編む。

4. たて芯を垂直に立てて追いかけ編みを4㎝編む。直径は22.5㎝。新しい編み芯を1本加え、3本縄編み3段編み、編み芯をカットする。縁止めAで縁を始末する。

5. 十字組みのすきまに新しい編み芯を通し、持ち手用リングを作る。

＊リングの編んだ部分が編み芯に通るようにリングを回しながら編む

・十字組みは、**P.48**参照
・2本縄編みは、**P.48**参照
・追いかけ編みは、**P.48**参照
・3本縄編みは、**P.48**参照
・縁止めAは、**P.47**参照

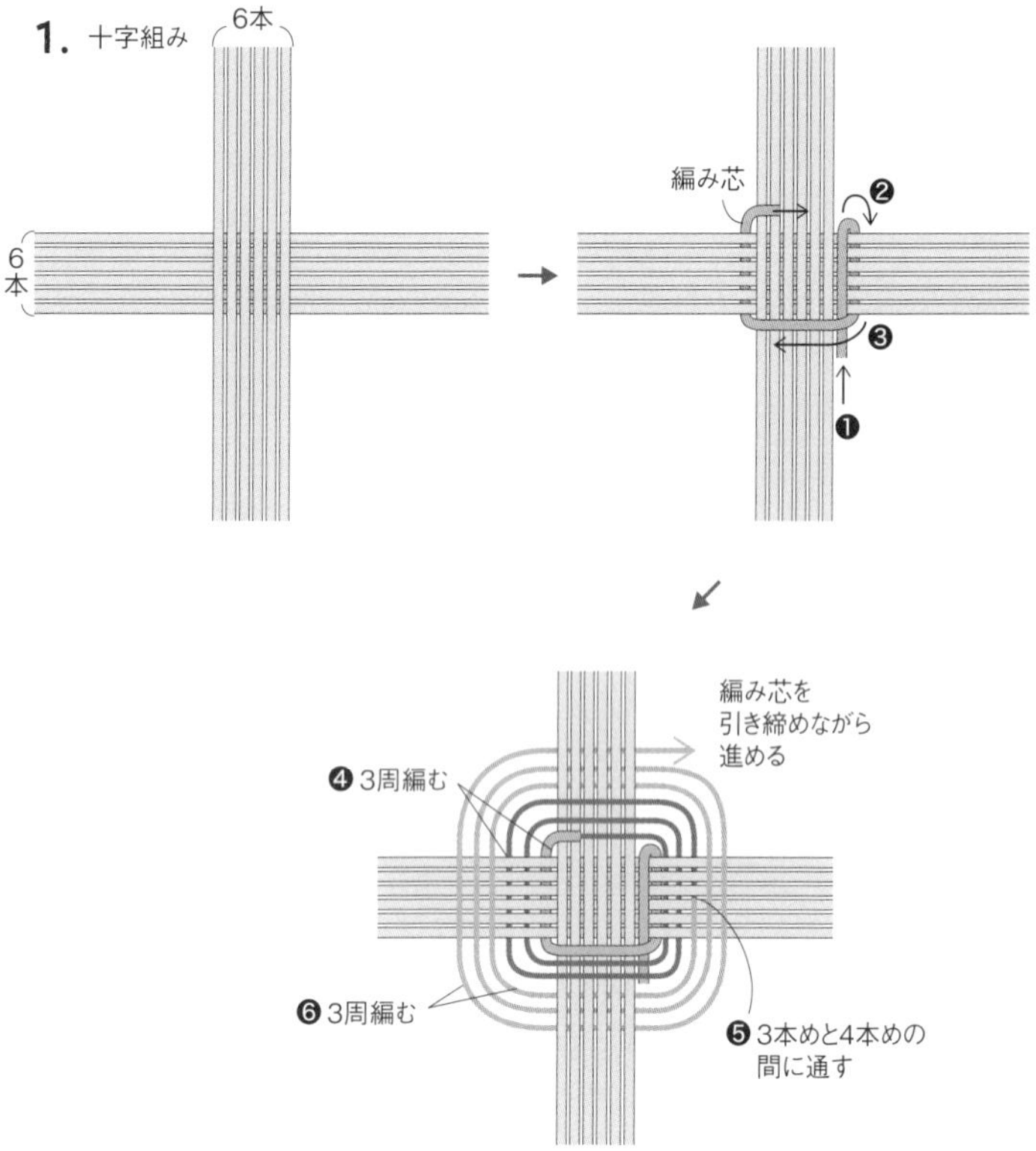

2.

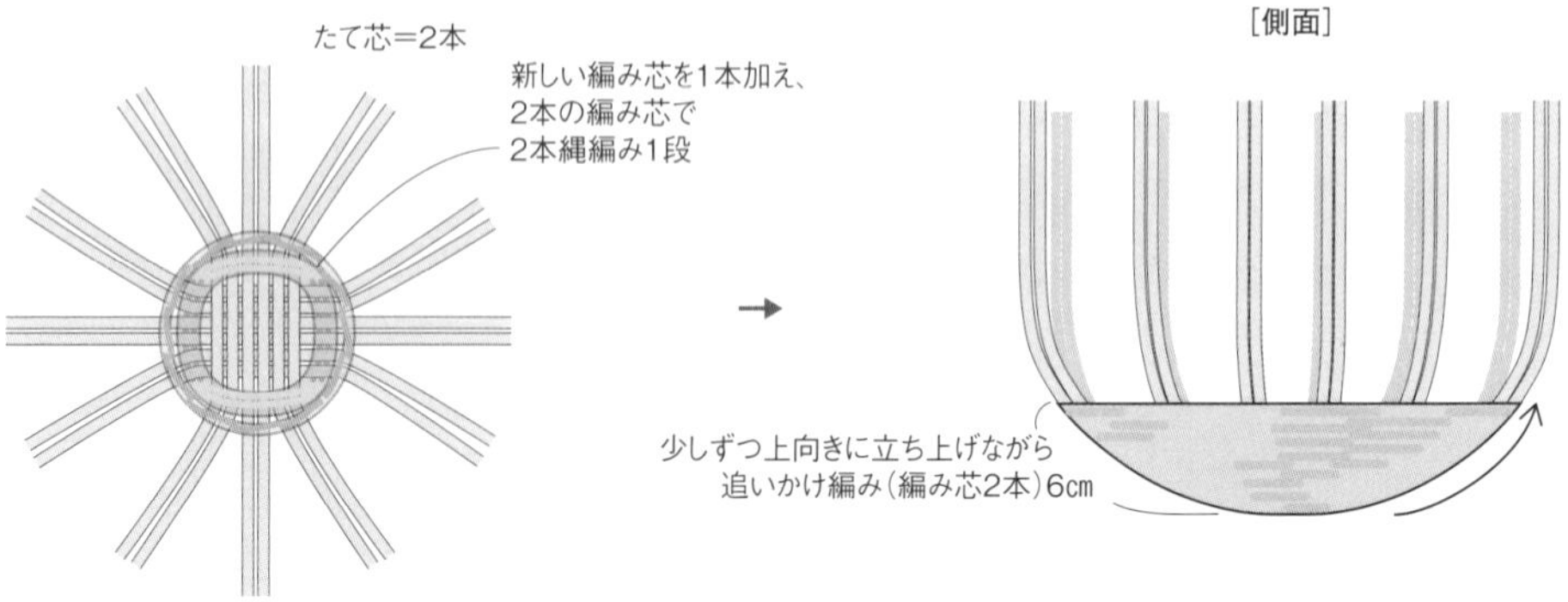

3.

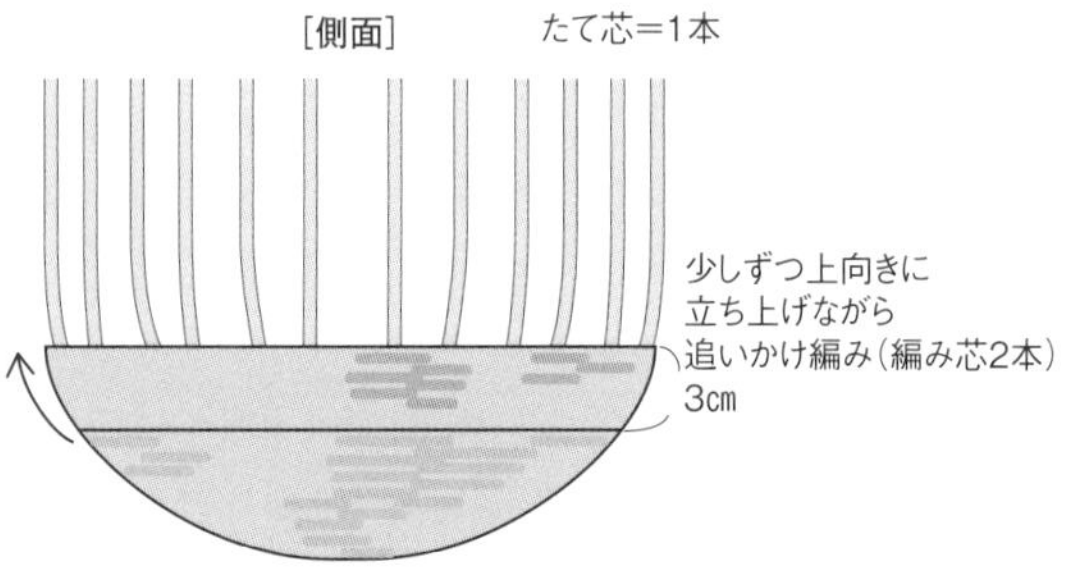

4.

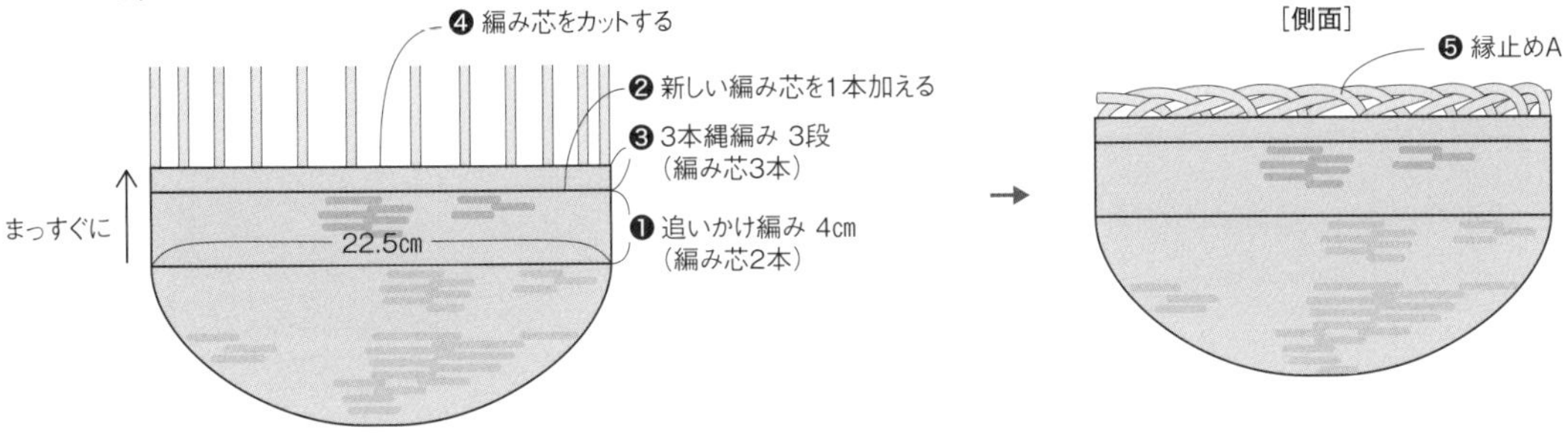

5.

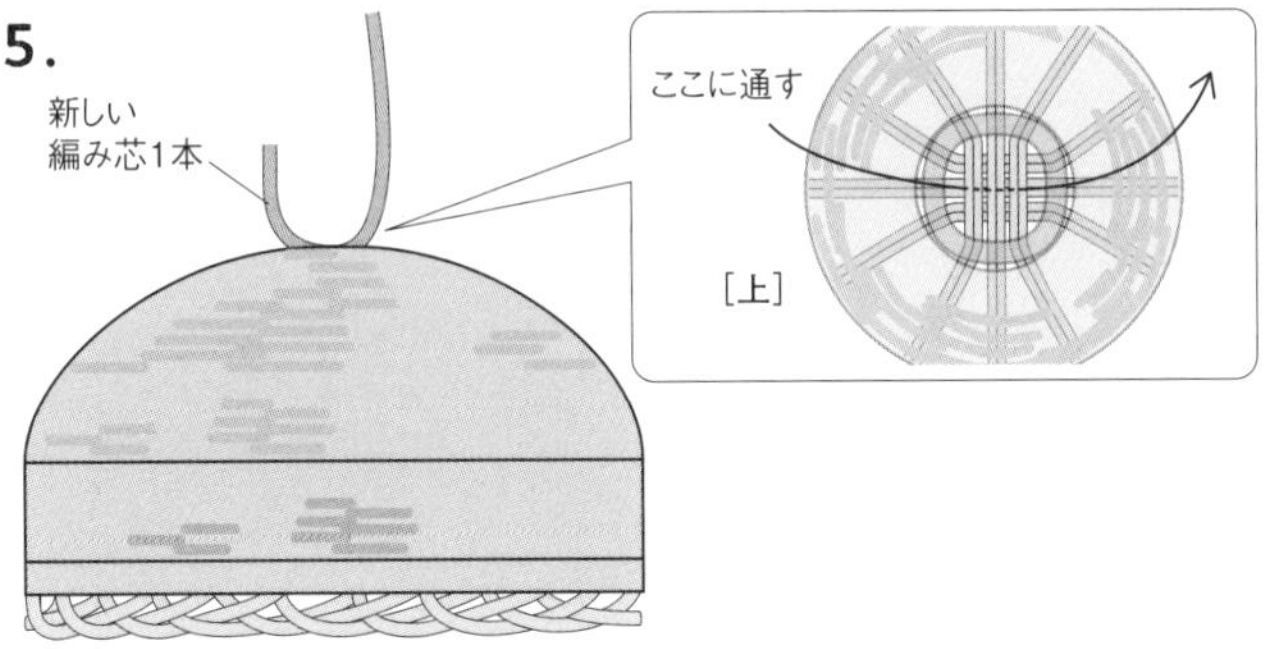

持ち手用リング

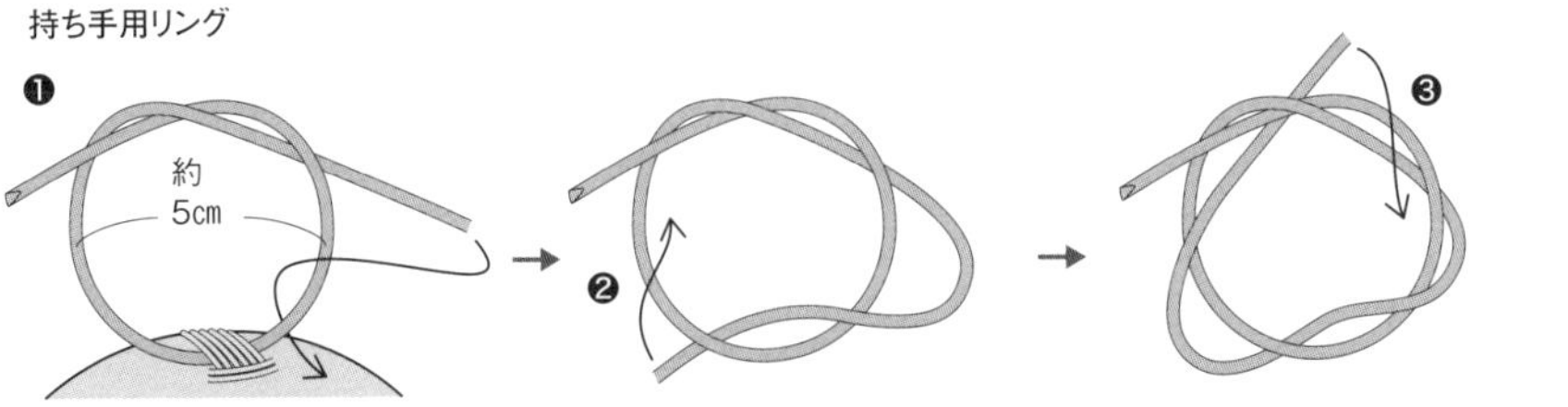

※ フードカバーに通している部分は、わかりやすくするために省略しています

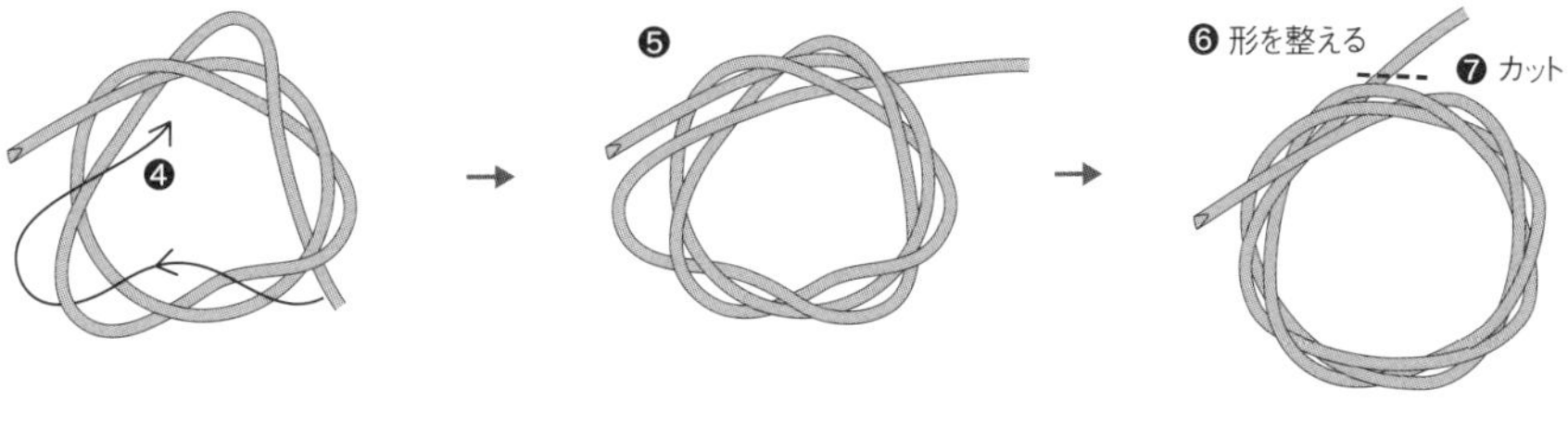

フルーツかご

材料

丸芯［茶染め］

- たて芯（太さ3㎜）……100㎝16本
- 足し芯（太さ3㎜）……50㎝16本
- 編み芯（太さ3㎜）……150g

編み方

1. たて芯8本ずつを十字に重ねる（十字組み）。編み芯1本でたて芯8本を上下交互にくぐらせて3周、次に上下を逆にくぐらせて3周編む。

2. 新しい編み芯を1本加え、たて芯2本ずつにし、2本縄編みを1段、追いかけ編みを直径14㎝になるまで編み、2本縄編みを1段編む。編み芯は切らずに休ませる。

3. たて芯に50㎝の足し芯を1本ずつ加えて、3本ずつのたて芯にする。

4. 下、上、下の順に3本のたて芯を図のように交差させて通し、すでに編んだ2本縄編みの編み目に通す。

5. 高さが約13㎝になるように手で縁の形を整える。休めておいた編み芯で2本縄編みを2段編み、編み芯をカットする。

6. 縁止めAで縁の始末をする（たて芯3本ずつ）。

・十字組みは、P.48参照
・2本縄編みは、P.48参照
・追いかけ編みは、P.48参照
・縁止めAは、P.47参照

1.

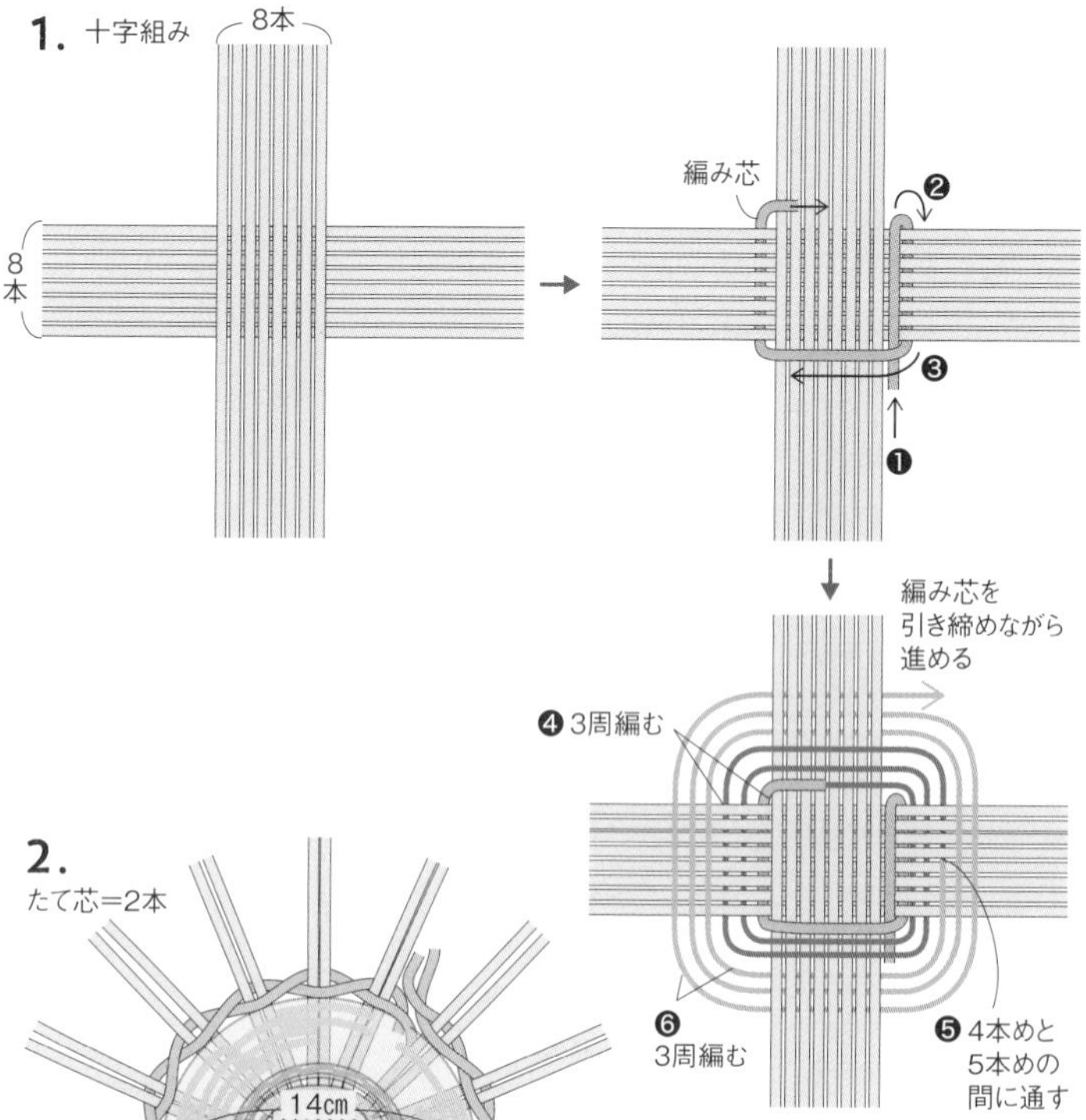

2.

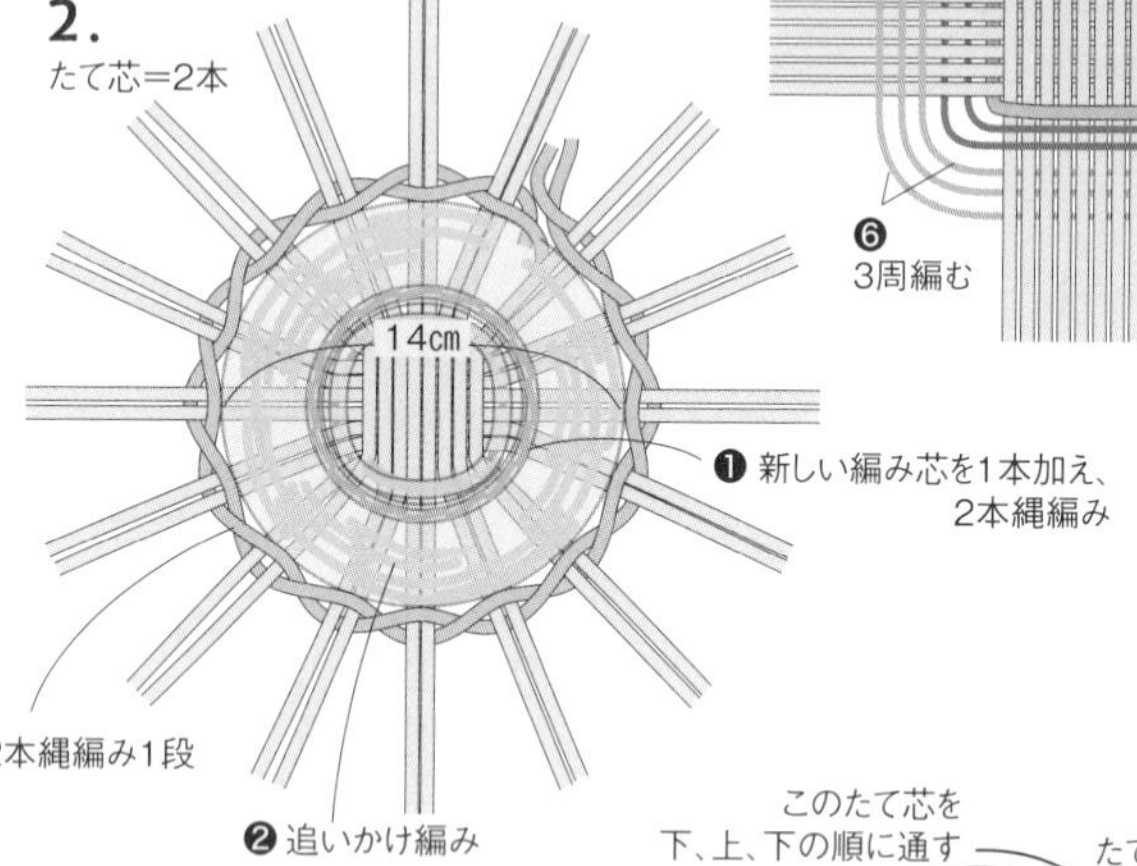

3.

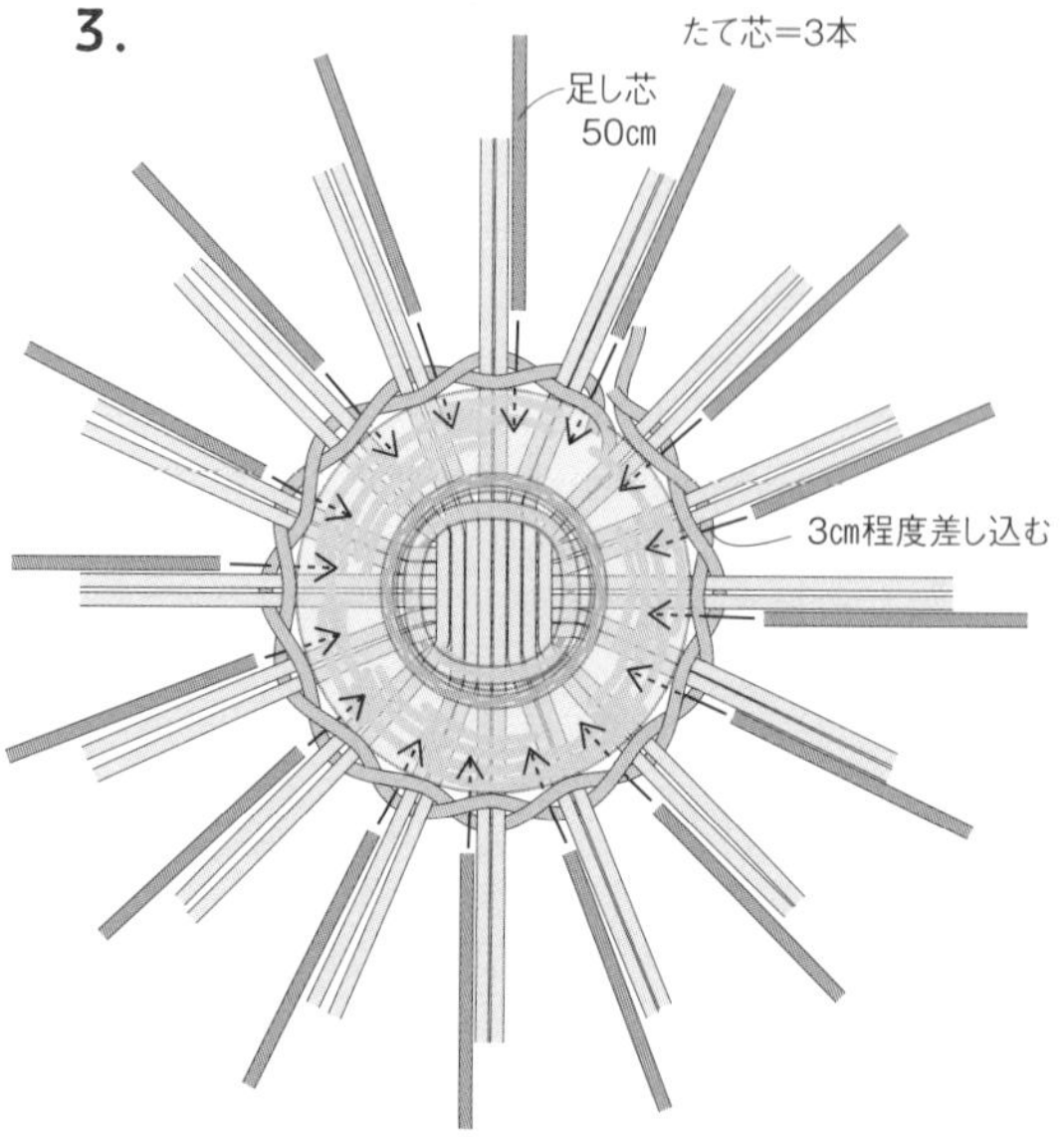

4.

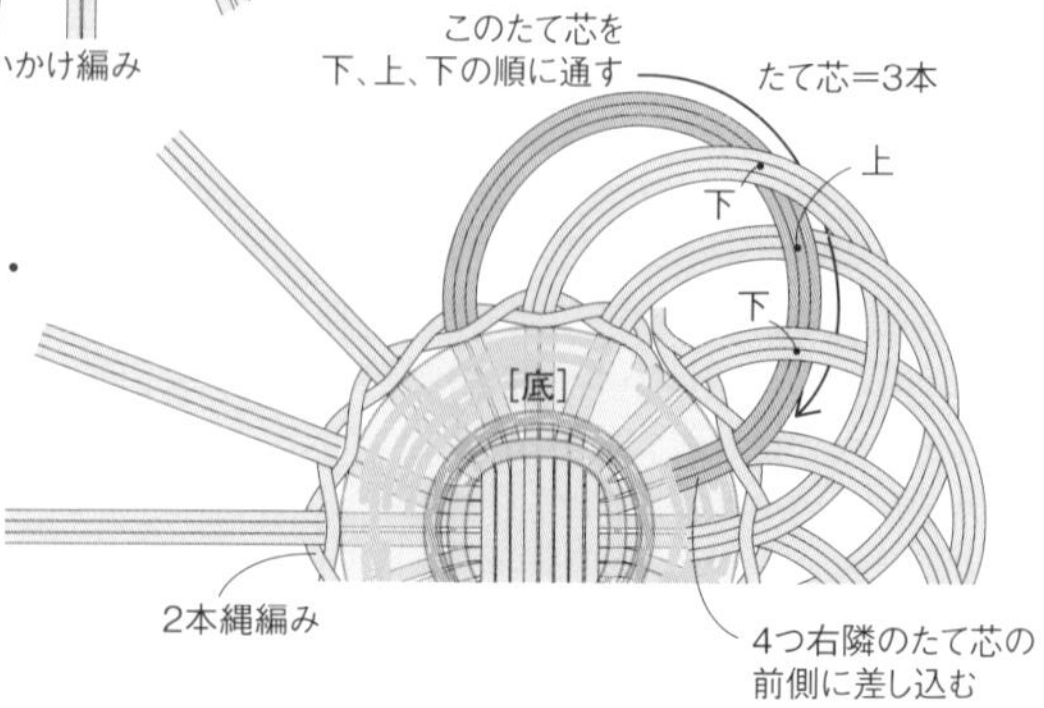

5.

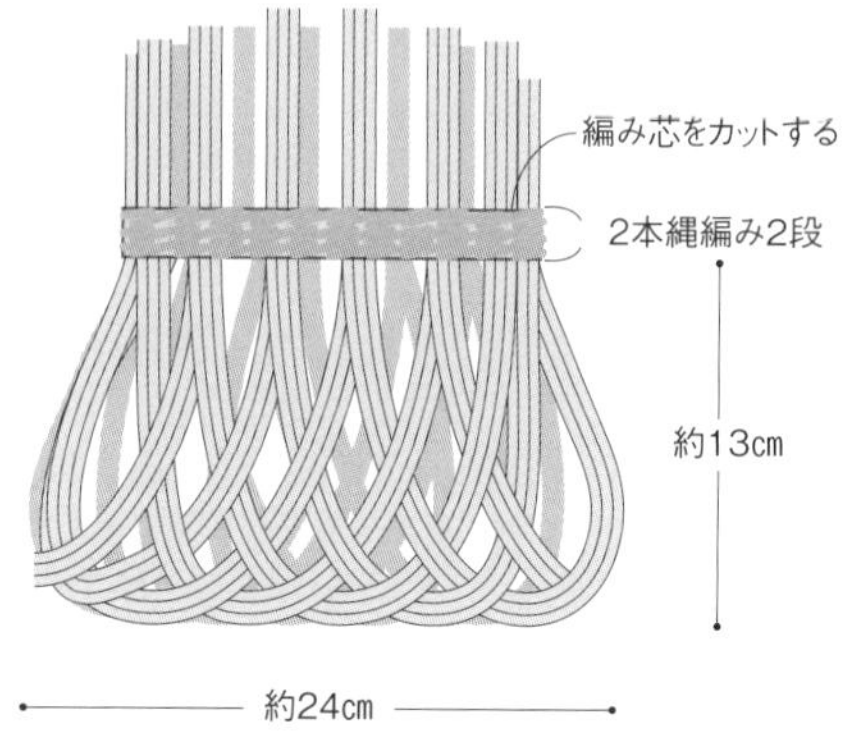

6.

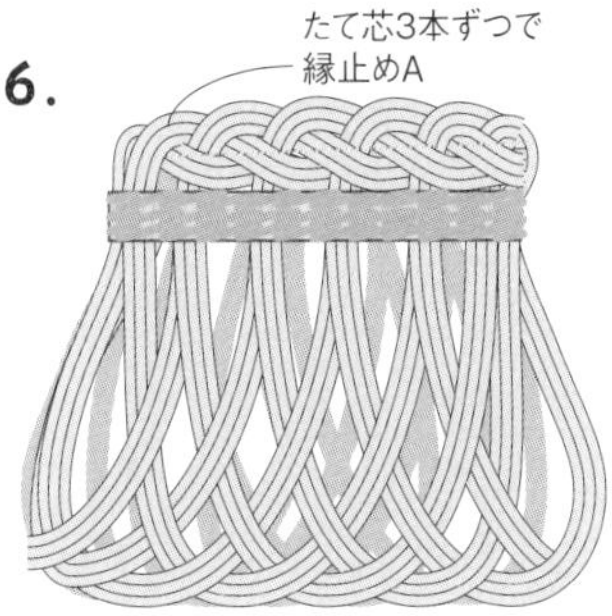

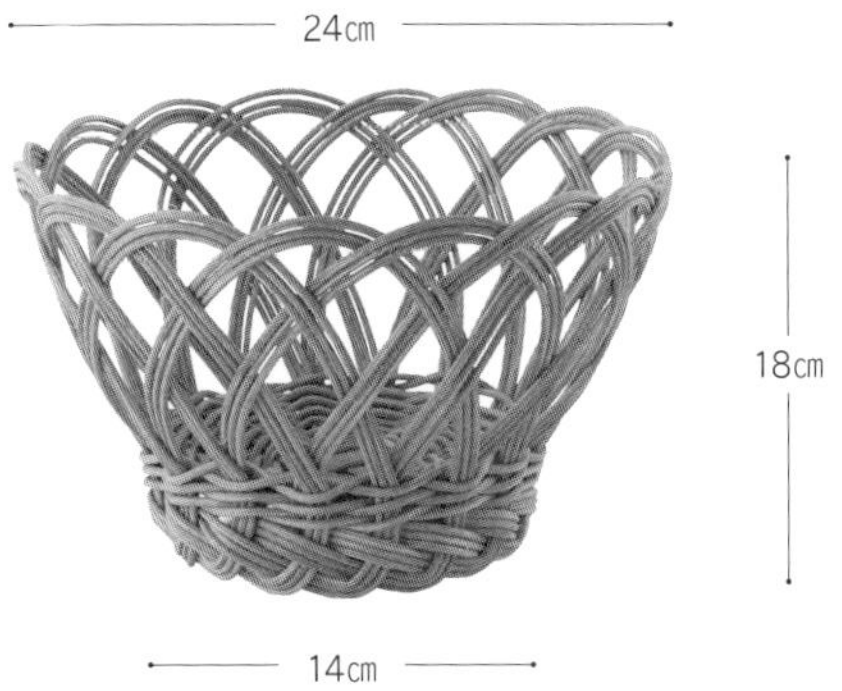

15 PHOTO PAGE 15

カップホルダー

材料（1個分）

丸芯［コーヒー染め］

たて芯（太さ1.5mm）……30cm12本

編み芯（太さ1.5mm）……30g

編み方

1. たて芯6本ずつを十字に重ねる（十字組み）。編み芯1本でたて芯6本を上下交互にくぐらせて2周、次に上下を逆にくぐらせて2周編む。

2. 新しい編み芯を1本加え、たて芯2本ずつにして2本縄編みを1段編む。続けて、追いかけ編みを直径6.5cmになるまで編む。

3. たて芯の上下をエンマで挟んで垂直に立ち上げる。図を参照して編み芯を増減しながら、3本縄編みを3段、1.5cmあけて2本縄編み2段、1.5cmあけて2本縄編み2段、1.5cmあけて2本縄編み1段と3本縄編み3段編む。編み芯をカットする。

4. たて芯2本のうち1本をカットし、もう1本は右隣のたて芯の根もとに差し込んで引き抜き、余分な部分をカットする。

・十字組みは、P.48参照
・2本縄編みは、P.48参照
・追いかけ編みは、P.48参照
・3本縄編みは、P.48参照

1. 十字組み

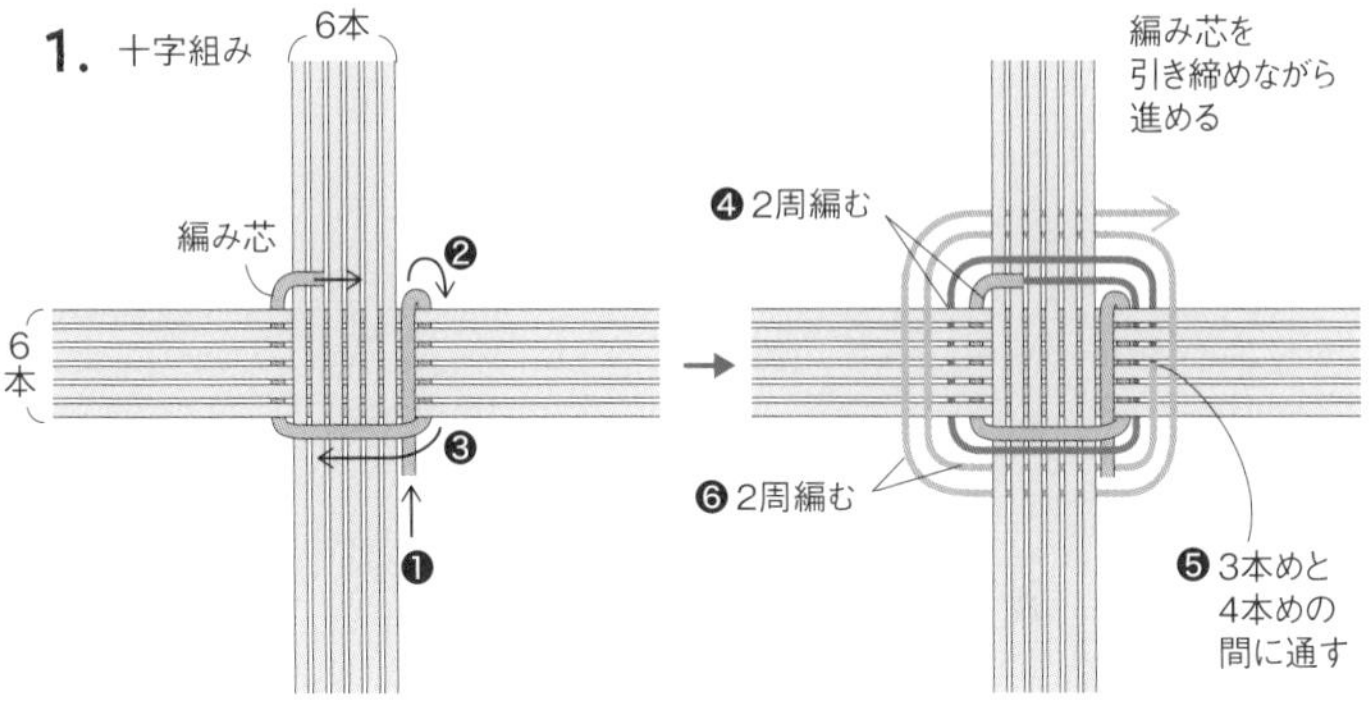

2.

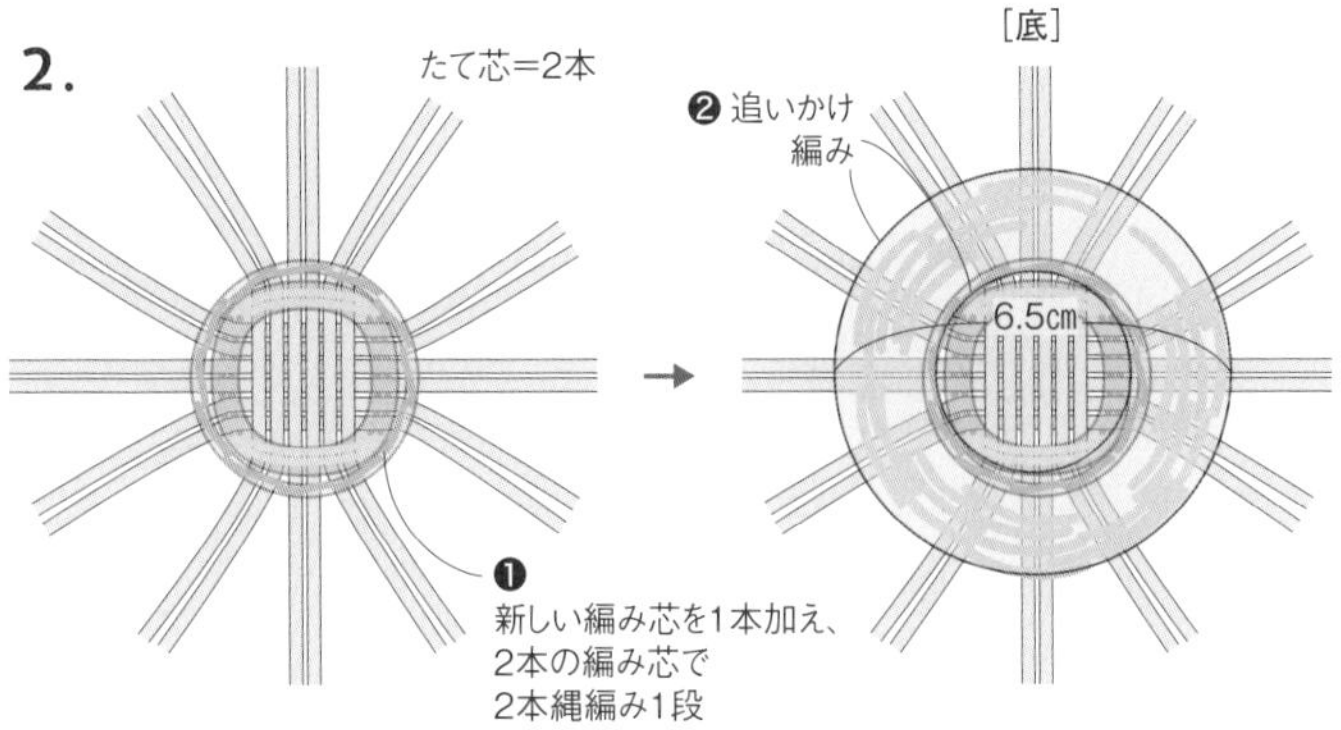

3.

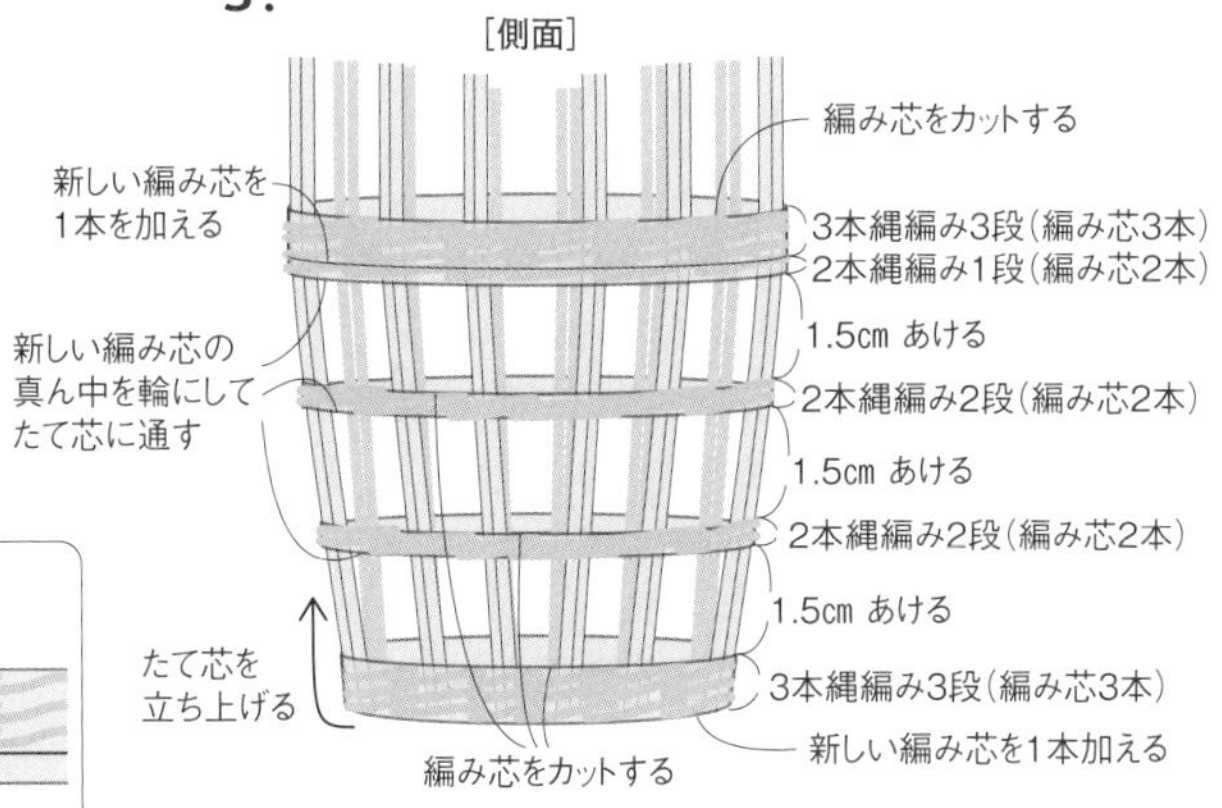

4.

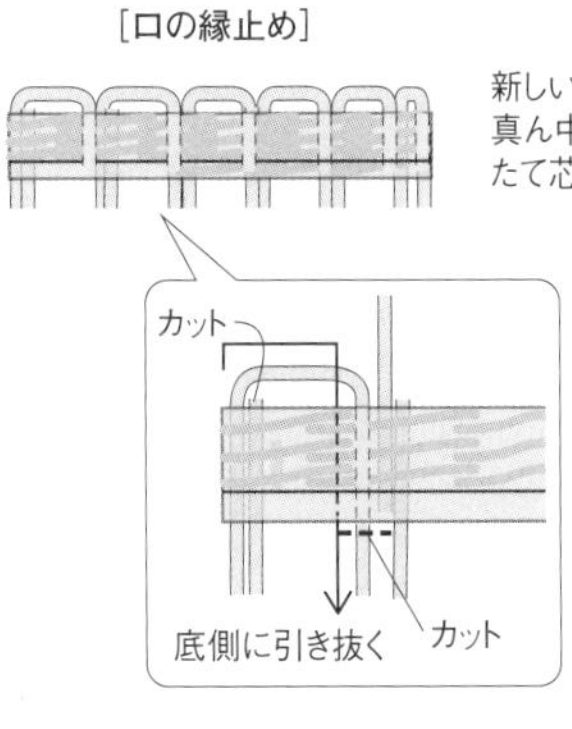

16

PHOTO PAGE 16

ブレスレット

材料

丸芯［コーヒー染め］(太さ1.25㎜) ……… 180cm4本、20cm1本

スエード風テープ（4㎜幅/ベージュ）… 25cm

ウッドビーズ（直径1cm/ナチュラル）…… 1個

＊ビーズ穴が2.5㎜以上のもの

手芸用ボンド

編み方

1. 丸芯4本1組みにしてあわじ結びを編む。
2. 図を参照して連続あわじ結びを6個編む。
3. 裏を見てAの先をループさせてBの上に重ねる。20cmの丸芯を裏から3回巻きつけてカットし、ボンドでとめ、余分な丸芯をカットする。
4. 図のようにスエード風テープをバングルに通し、ウッドビーズを通して先を結ぶ。

＊余分なスエード風テープは、カットする。

・あわじ結びは、P.42,43参照

1.

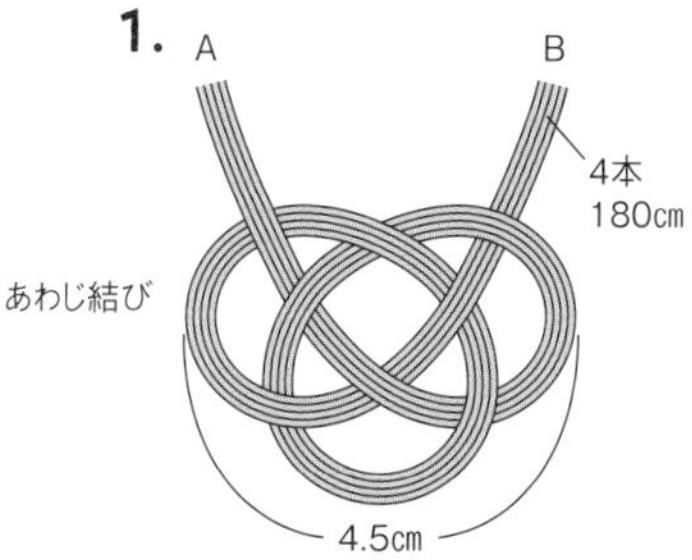

2.

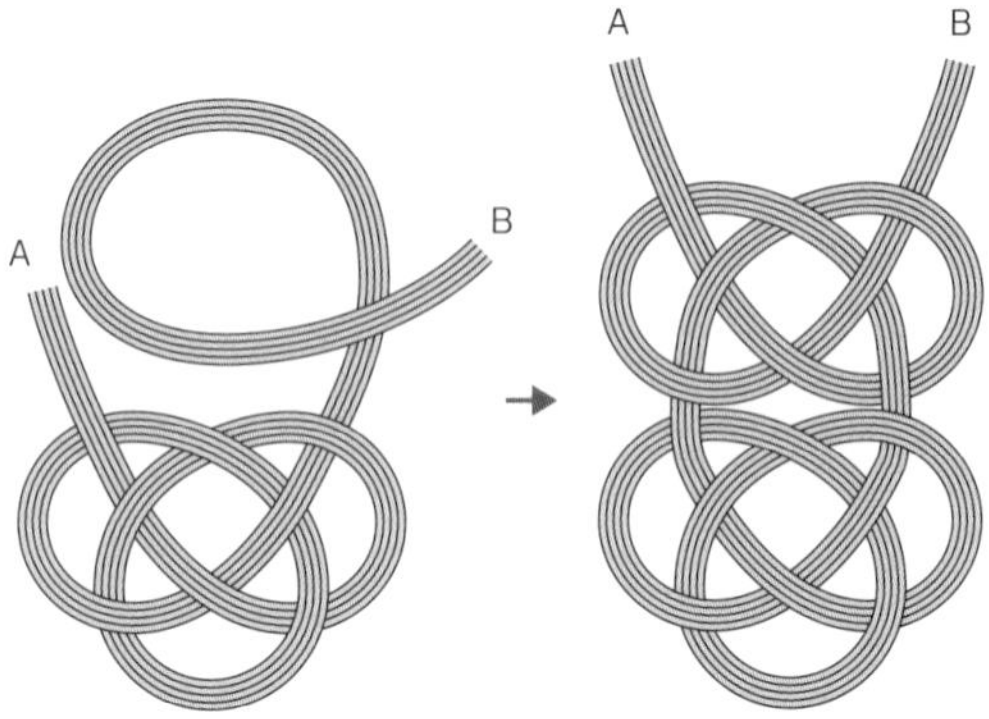

3.

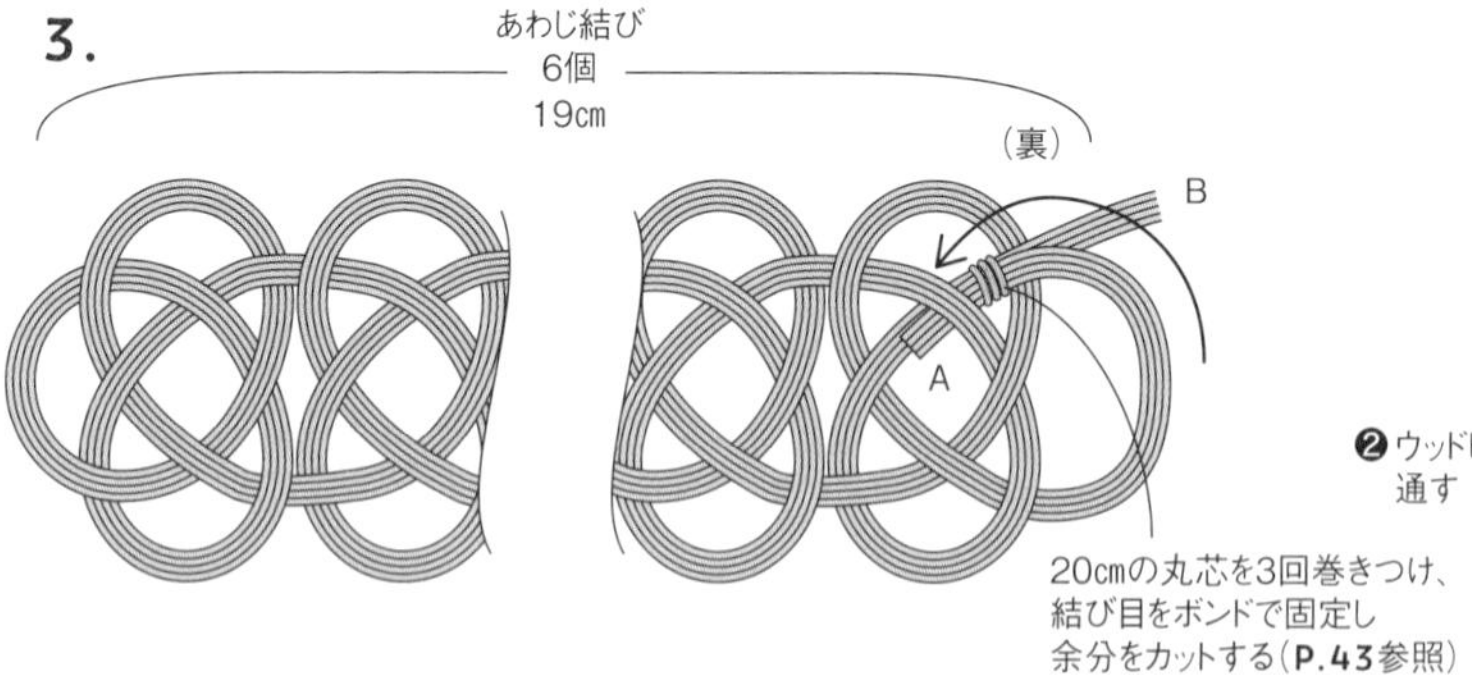

4.

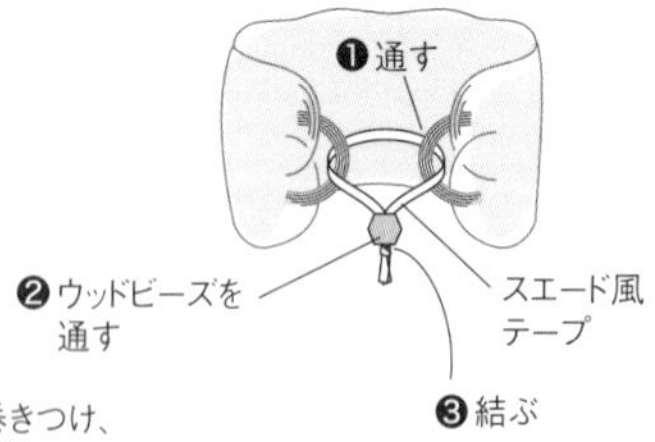

ブレスレット

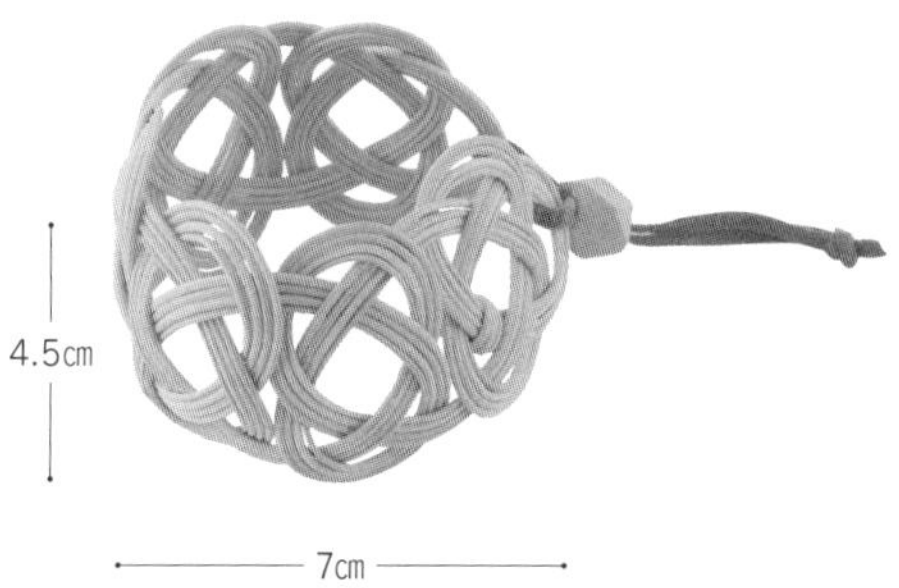

17 耳飾り

18 耳飾り

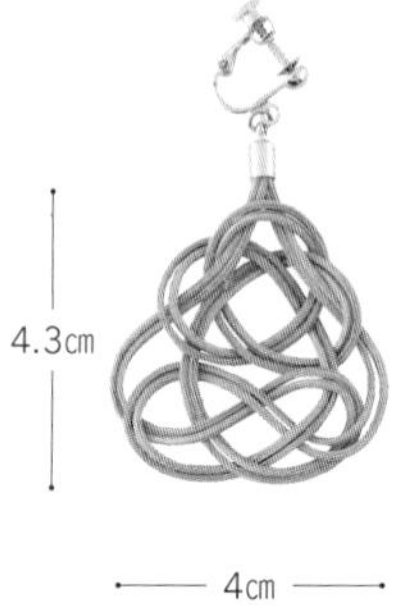

17|18 PHOTO PAGE 17

耳飾り

17の材料
丸芯［コーヒー染め］(太さ1㎜) …… 60㎝6本

18の材料
丸芯［コーヒー染め］(太さ1.25㎜) …… 65㎝2本

共通
キャップ (ゴールド) …… 2本
丸カン (直径3㎜/ゴールド) …… 2個
イアリング金具 (ゴールド) …… 1組み
手芸用ボンド

編み方

17

1. 丸芯3本1組みにしてあわじ結び1を編む。Aの編み端は5㎝残す。

2. Bの編み端を矢印のとおりに通し、あわじ結び2を編む。

3. 同様にあわじ結び3を編む。

4. 編み端を整え、ボンドでキャップにつける。丸カンでキャップとイアリング金具をつなげる。同様にして2個作る。

18

1. 丸芯2本1組みにして丸芯の中心にあわじ結び1を編む。

2. 図を参照してあわじ結び2を編み、左右の編み端を矢印のように通す。

3. 上下を逆さまにして編み端を整え、ボンドでキャップにつける。丸カンでキャップとイアリング金具をつなげる。同様にして2個作る。

・あわじ結びは、**P.42,43**参照

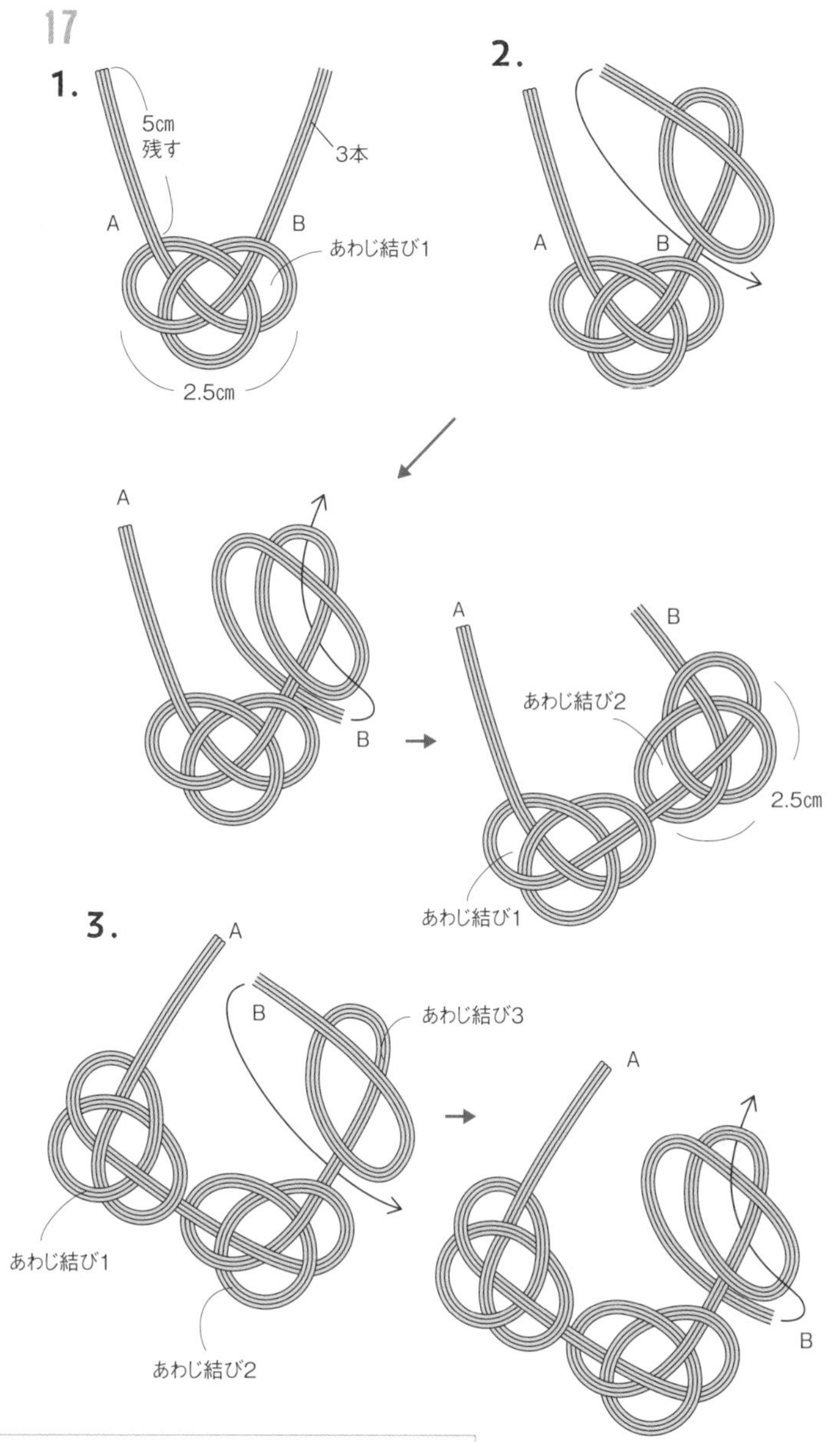

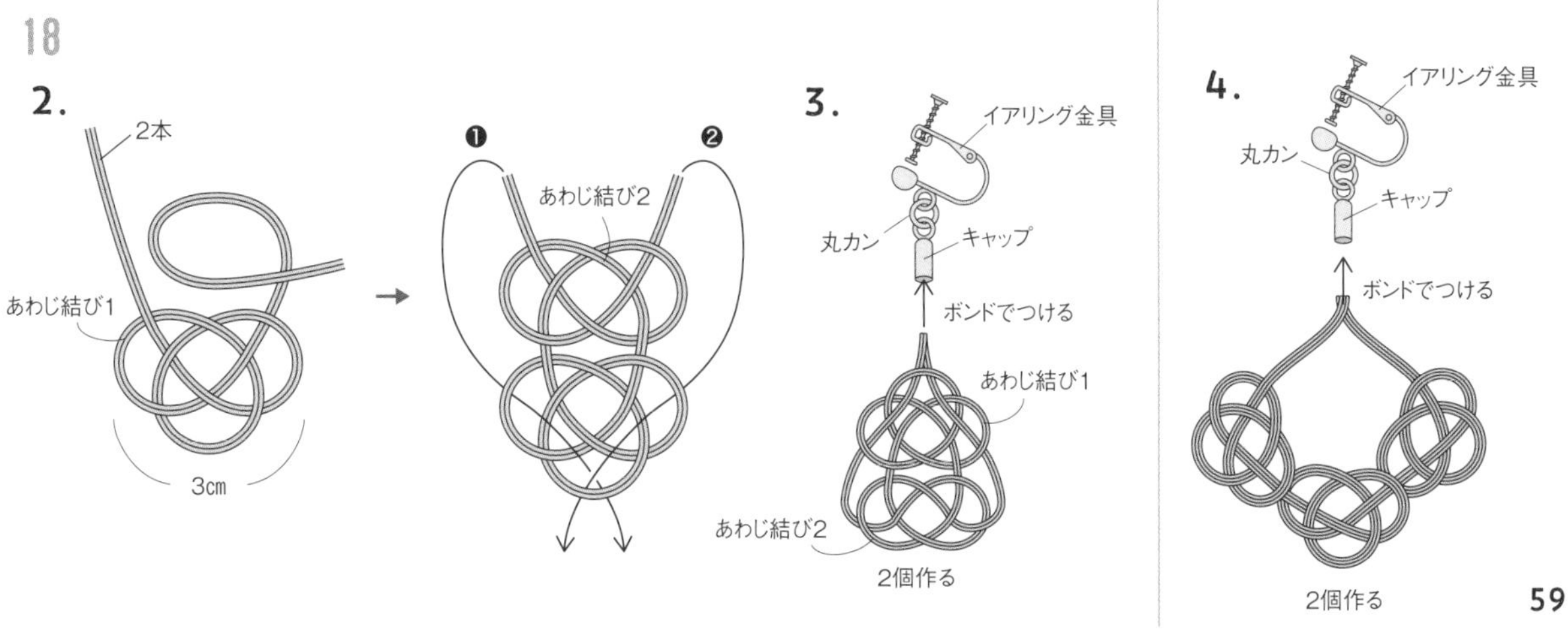

19 PHOTO PAGE 18

マイボトルホルダー

材料

丸芯［コーヒー染め］

本体：たて芯（太さ2㎜）……70㎝8本

ふた：たて芯（太さ2㎜）……30㎝8本

編み芯（太さ1.5㎜）……150g

革持ち手（厚さ2㎜/ベージュ）……1.5×40㎝

縫い糸（40番レース糸/黒）

編み方

1. 本体を作る。たて芯4本ずつを十字に重ねる（十字組み）。編み芯1本でたて芯4本を上下にくぐらせて3周、次に上下を逆にくぐらせて3周編む。

2. 新しい編み芯1本を加え、たて芯2本ずつにして2本縄編みを1段、たて芯を1本ずつにして2本縄編みを1段編む。続けて、追いかけ編みを直径9㎝になるまで編む。

3. たて芯の上下をエンマで挟んで垂直に立ち上げて側面を作る。新しい編み芯を1本加えて3本縄編みを3段編み、続いて新しい編み芯を3本加え、編み芯3本ずつの追いかけ編みを4段編む。

4. 続けて図のように編み芯を増減しながら3本縄編みを3段、追いかけ編みを11㎝編み、3本縄編みを3段編み、編み芯をカットする。

5. 縁止めAで縁を始末して本体の完成。

6. ふたを作る。本体の**1**〜**3**と同様に編む。編始めのたて芯1本めは編まずに飛ばして、5、6回巻きつけ、追いかけ編みを7本分編み、たて芯1本を編まずに飛ばして持ち手通しを作る。続けて追いかけ編みを4段編み、編み芯をカットする。縁止めAで縁を始末してふたの完成。

7. 持ち手の革をふたの持ち手通しに通し、本体に縫いつける。

・十字組みは、**P.48**参照
・2本縄編みは、**P.48**参照
・追いかけ編みは、**P.48**参照
・3本縄編みは、**P.48**参照
・縁止めAは、**P.47**参照

1. 本体

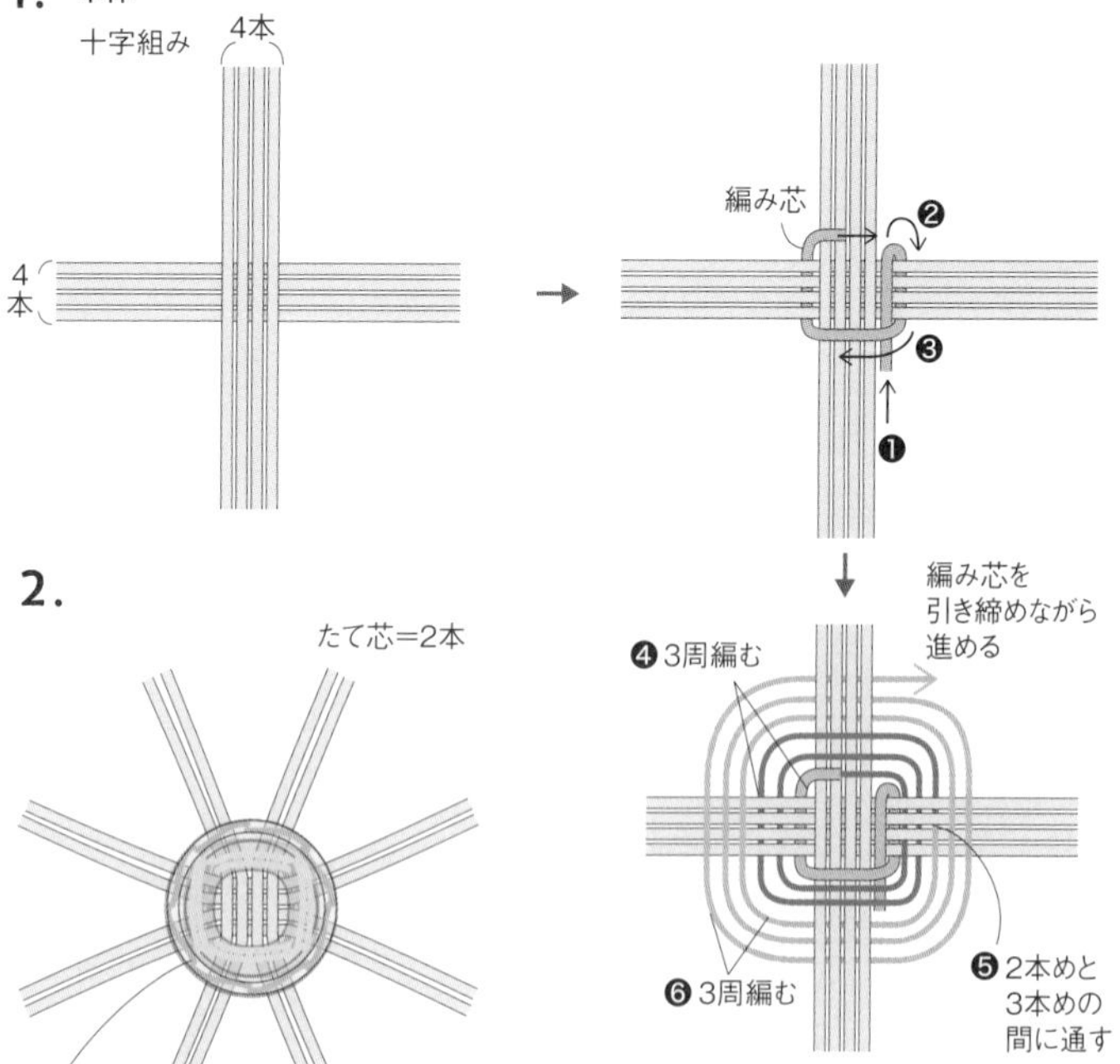

2.

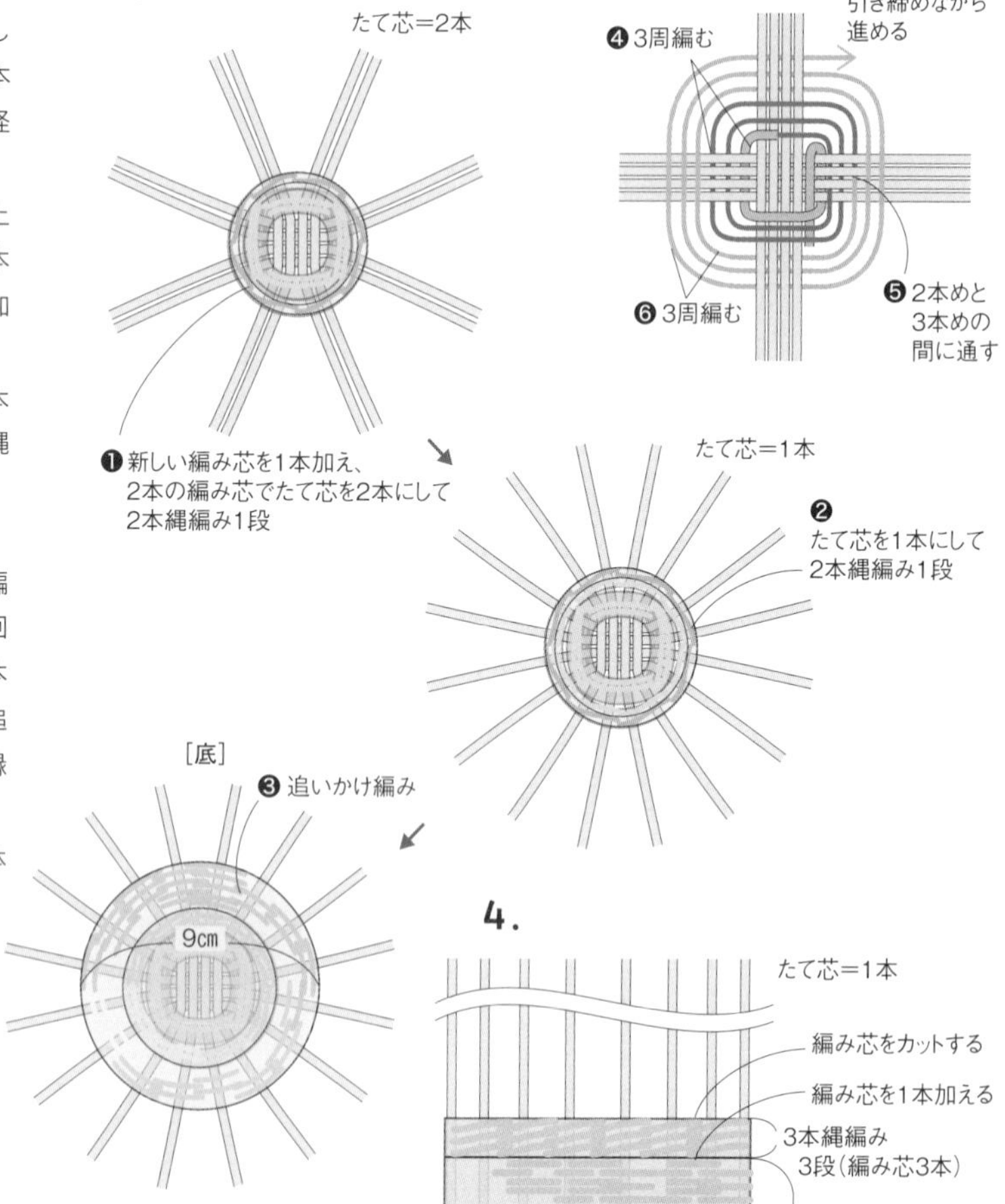

3.

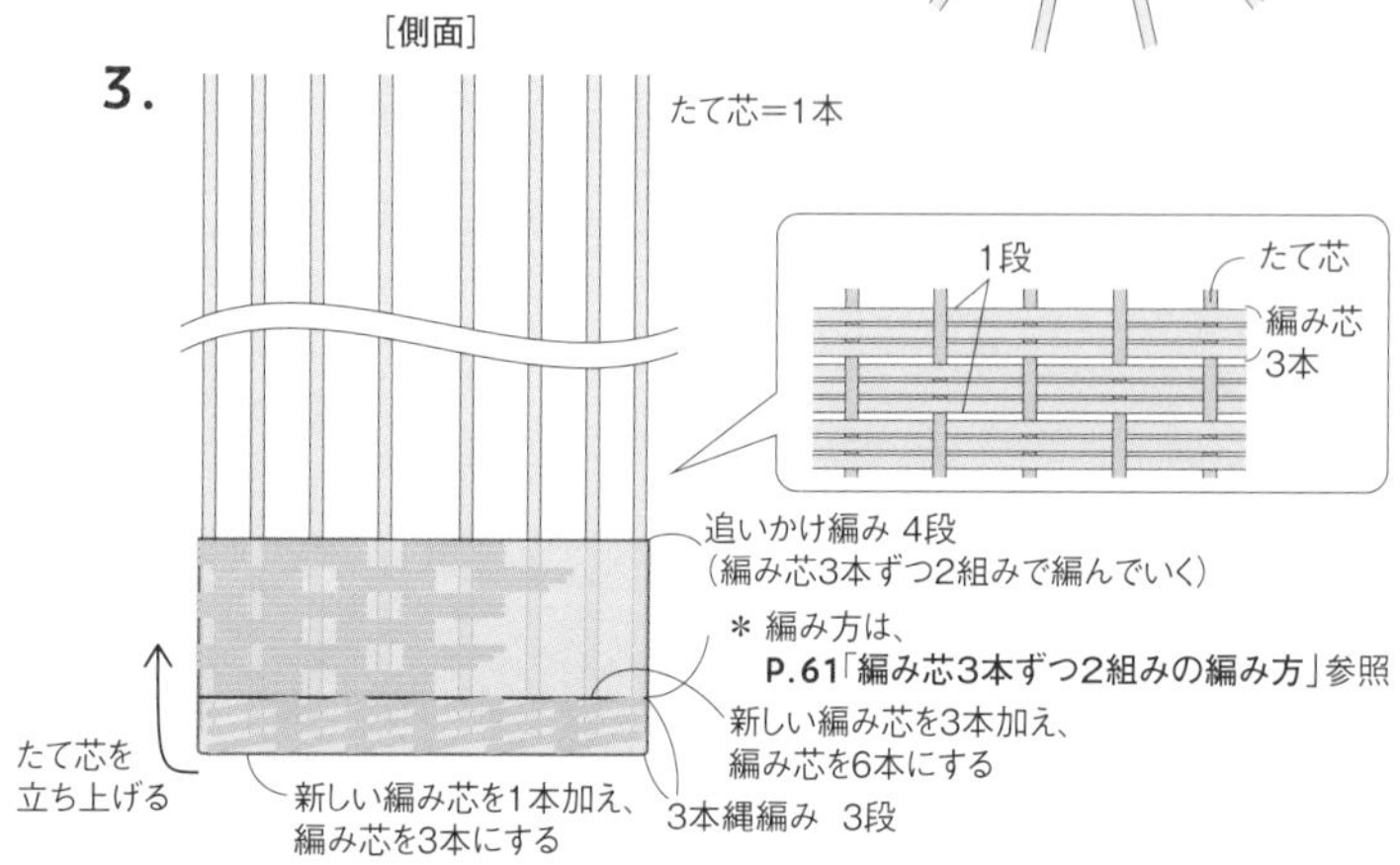

4.

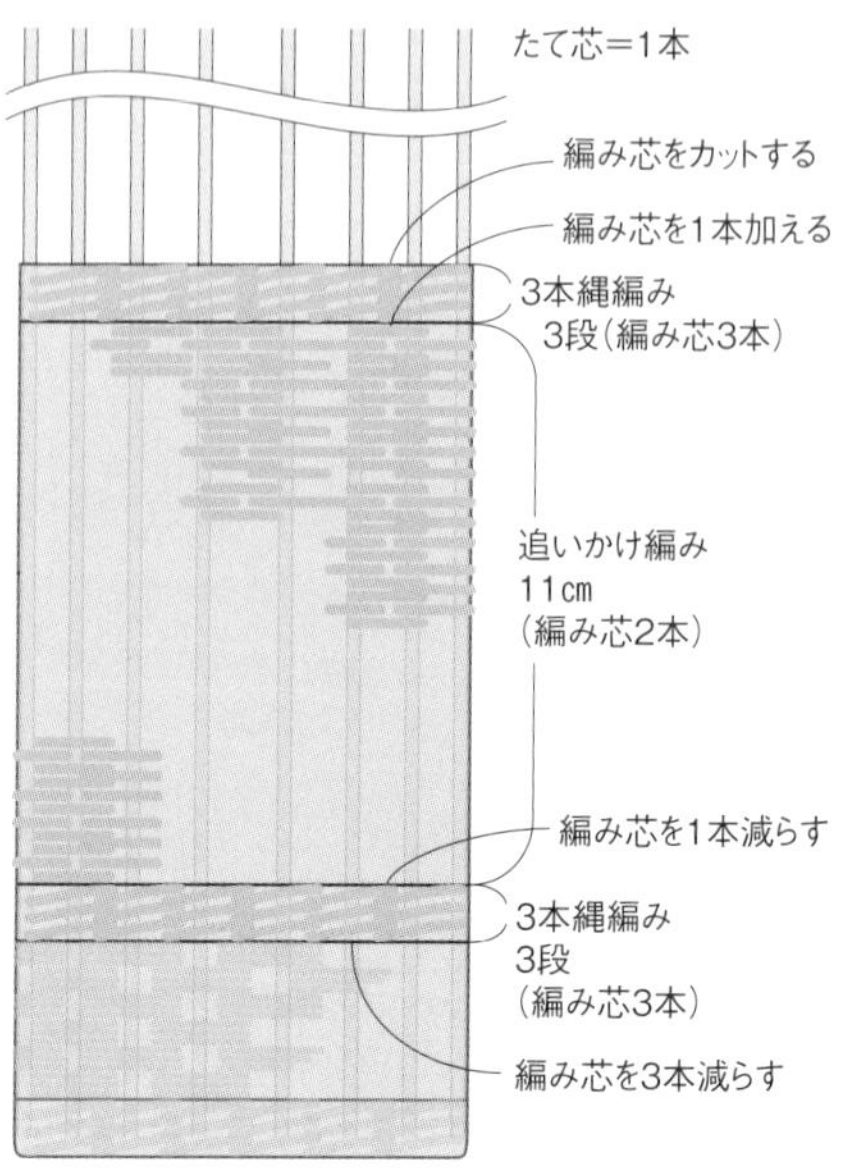

5.

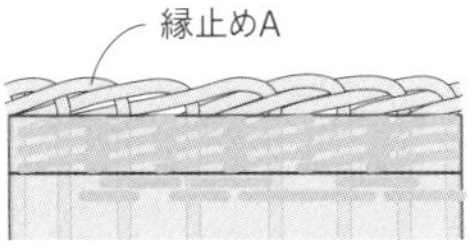

6. ふた

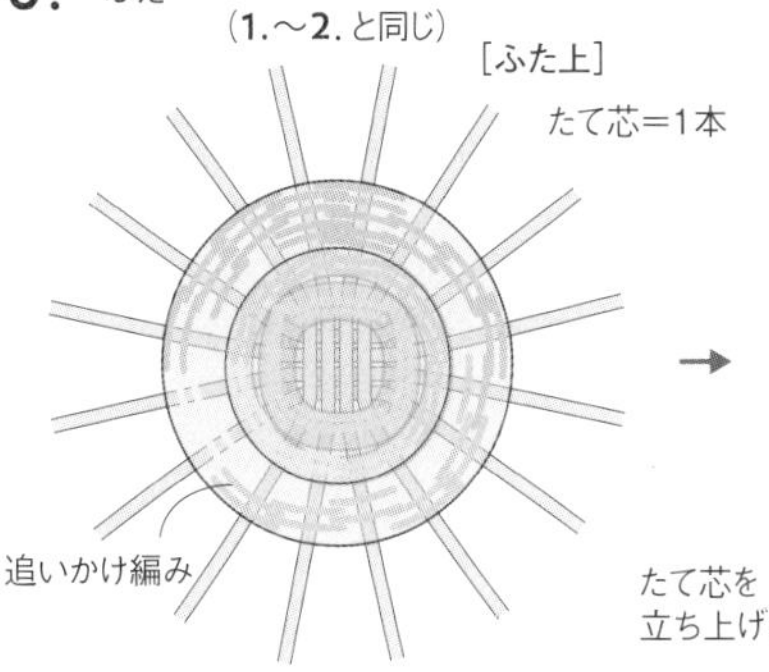

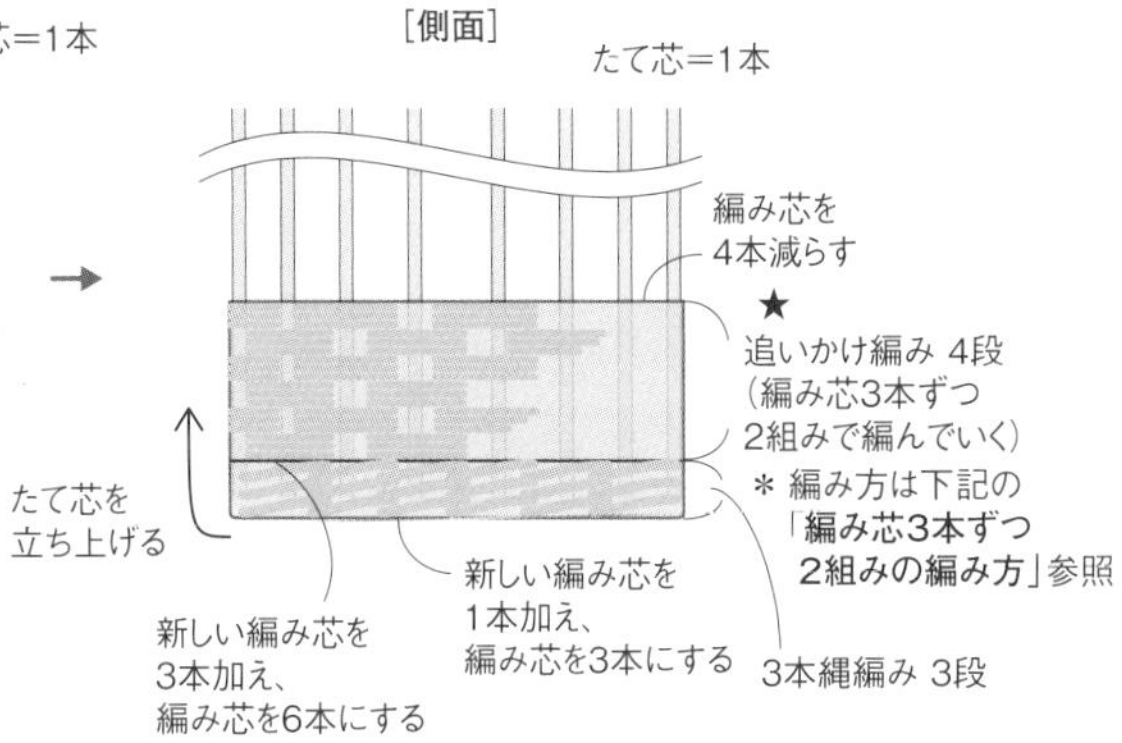

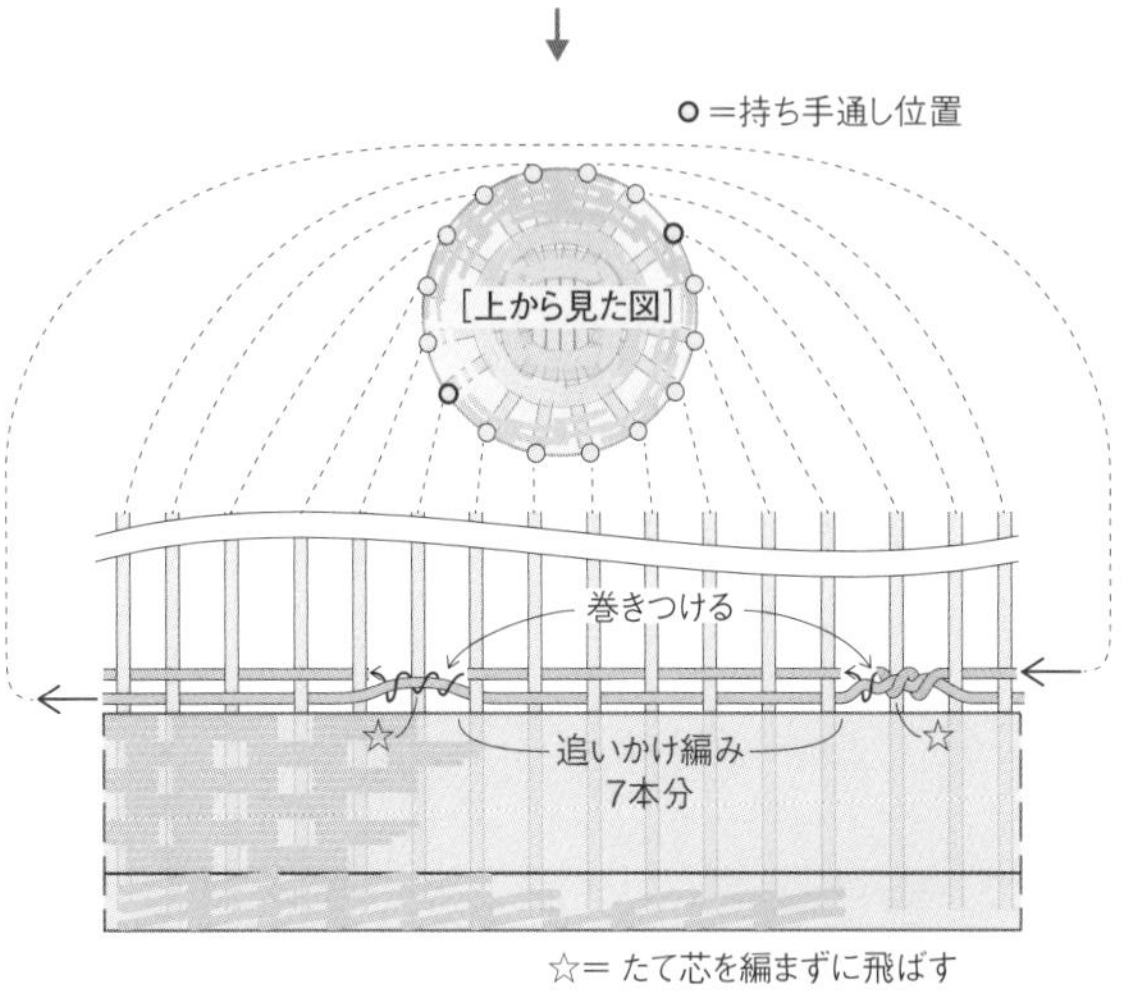

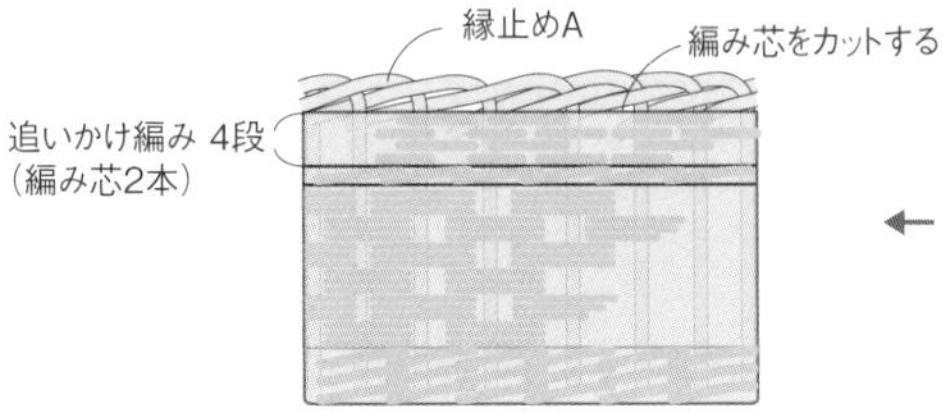

編み芯3本ずつ2組みの編み方

1. 3本縄編みの編終り

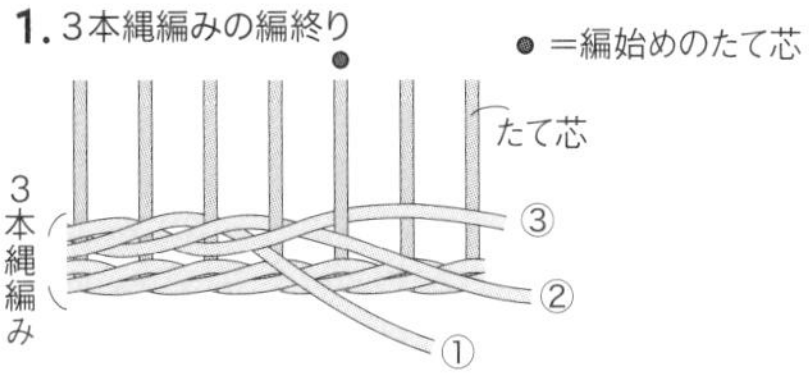

2. 追いかけ編みの編始め

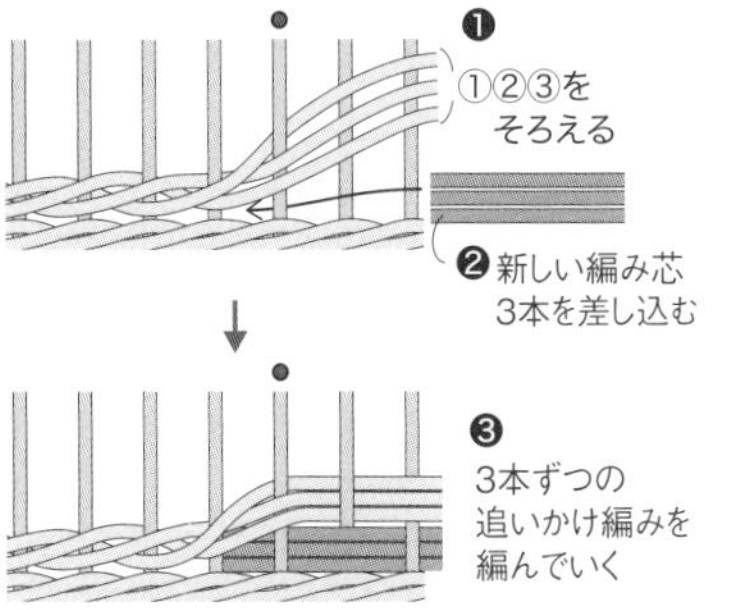

3. 追いかけ編みの編終り

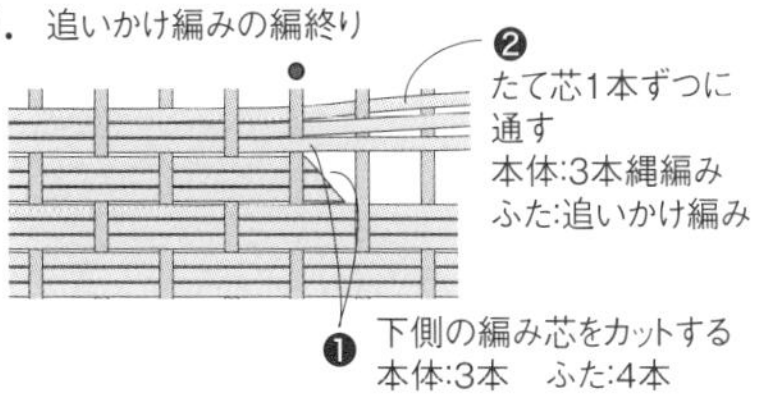

7.

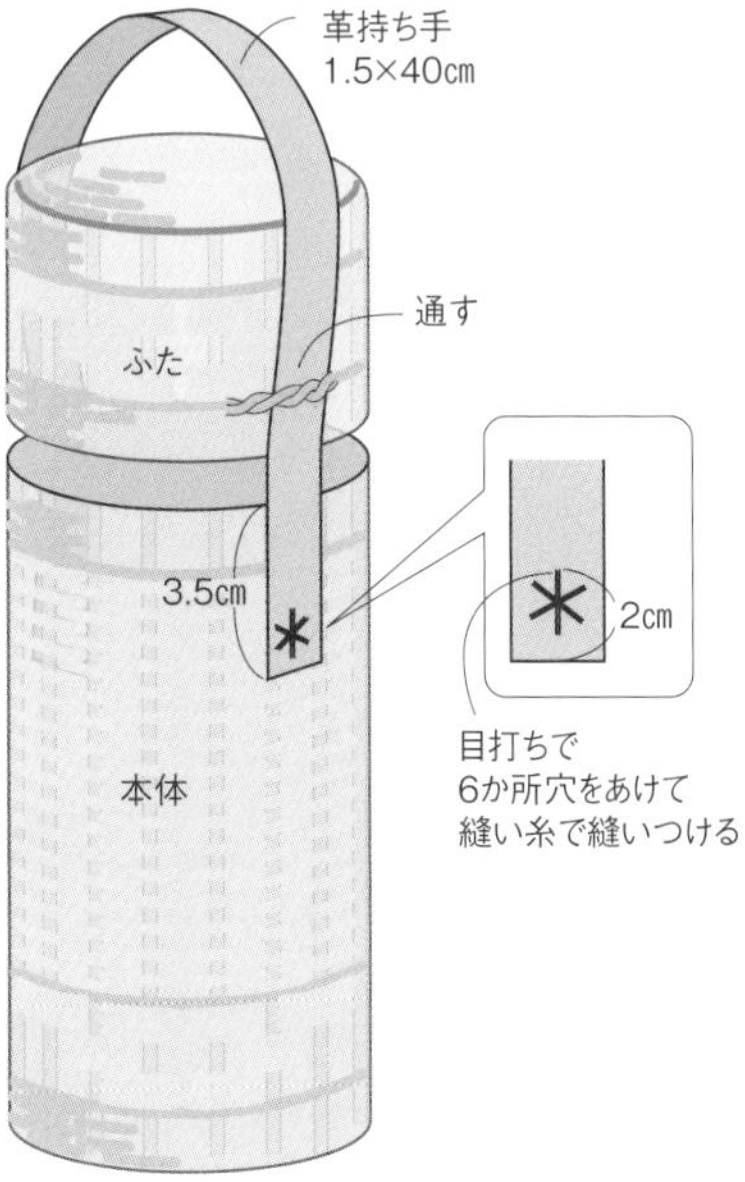

手さげバッグ

材料

丸芯［コーヒー染め］

持ち手：たて芯（太さ3㎜）	35㎝12本、30㎝24本
持ち手芯（太さ3㎜）	35㎝4本
巻き芯（太さ3㎜）	120㎝2本
底：たて芯（太さ3㎜）	40㎝16本
編み芯（太さ3㎜）	100g
表布（綿/グレー）	60×35㎝2枚
裏布（綿/ベージュ）	60×35㎝2枚

縫い糸（40番レース糸/生成り）、ミシン糸

編み方・作り方

1. 持ち手部分を作る。図を参照してたて芯を配置する（楕円組み）。

2. 編み芯1本の真ん中を輪にしてたて芯に通し、2本縄編みを1段、続けて追いかけ編みを1段編む。たて芯2本ずつにして追いかけ編みを15㎝になるまで編み、編み芯をカットする。縁止めAで縁を始末する。

3. 持ち手芯2本を図の位置に差し込み、巻き芯を巻きつけて持ち手を作る。同様にして2個作る。

4. 底を作る。たて芯4本ずつを米字に重ねる(米字組み)。上下上下と2周編み、続けて下上下上と2周編む。新しいたて芯を1本加え、たて芯2本ずつにして2本縄編みを1段編む。上にゆるく起こしながら追いかけ編みを高さ3㎝になるまで編み（直径は15.5㎝）、編み芯をカットする。縁止めAで縁を始末する。

5. 袋布を表布、裏布各2枚裁断し、表布と裏布を中表に合わせて袋口を縫止りまで縫い、表に返して端ミシンをかける。2組み作る。2組みを中表に合わせて脇を縫い、底にジグザグミシンをかけて縫い縮める。

＊ミシンがなければ、ジグザグミシンの代りにまつる。端ミシンはなしでもOK。

6. 底に袋布を縫いつけ、持ち手部分を前後側面に縫いつける。

・楕円組みは、P.48参照
・2本縄編みは、P.48参照
・追いかけ編みは、P.48参照
・縁止めAは、P.47参照

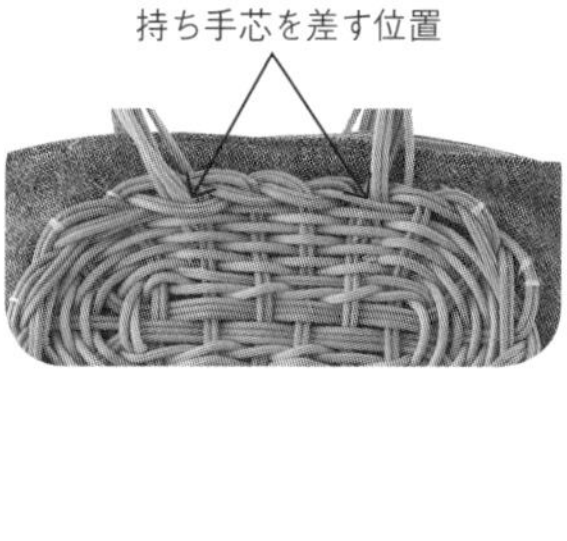

1. 持ち手　楕円組み

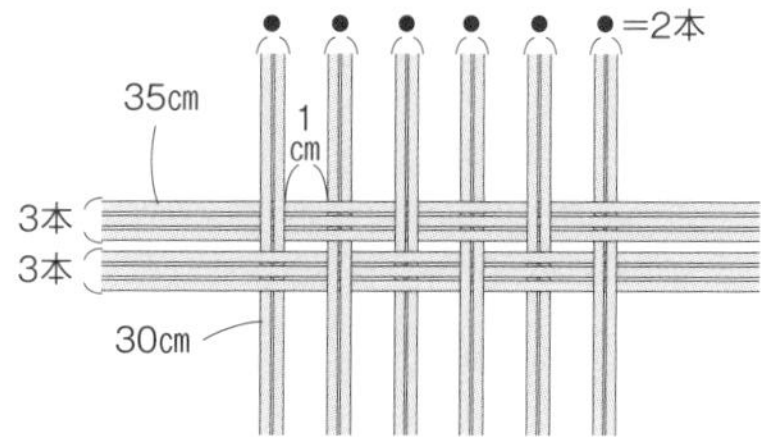

2.

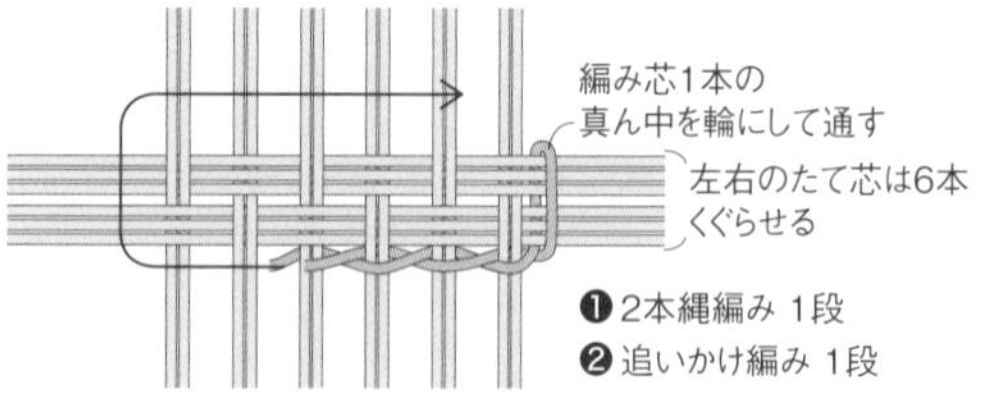

たて芯=2本

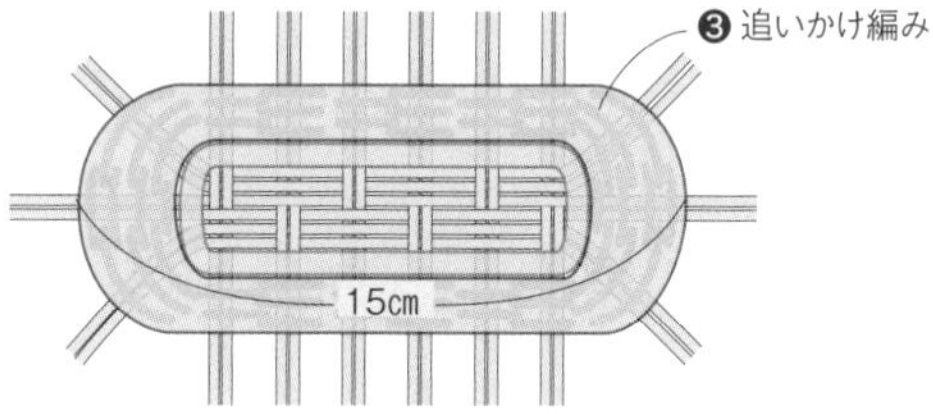

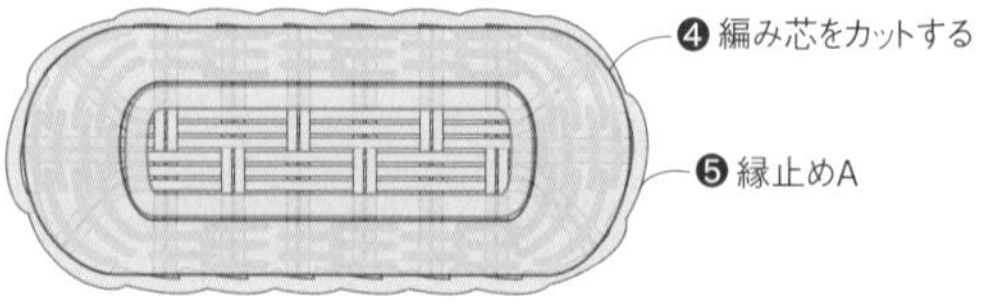

3.

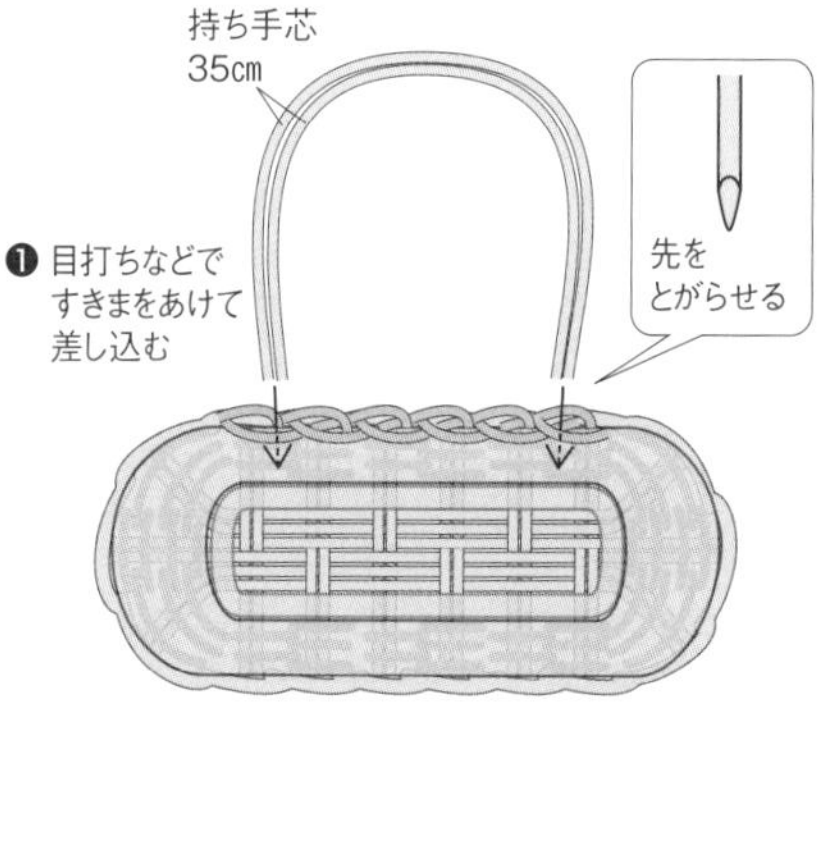

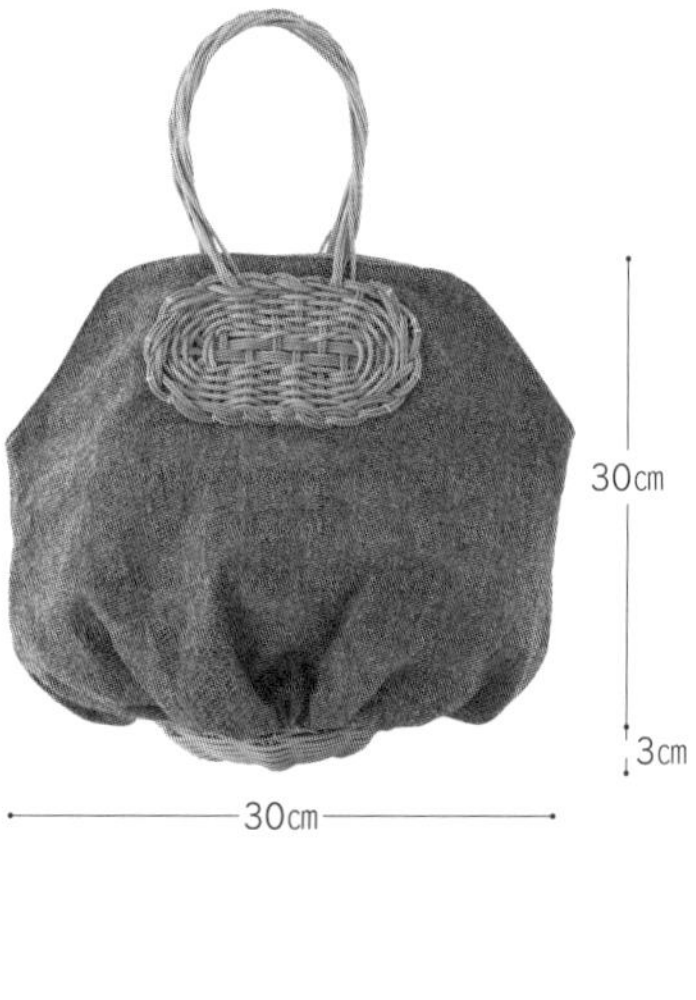

3. の続き

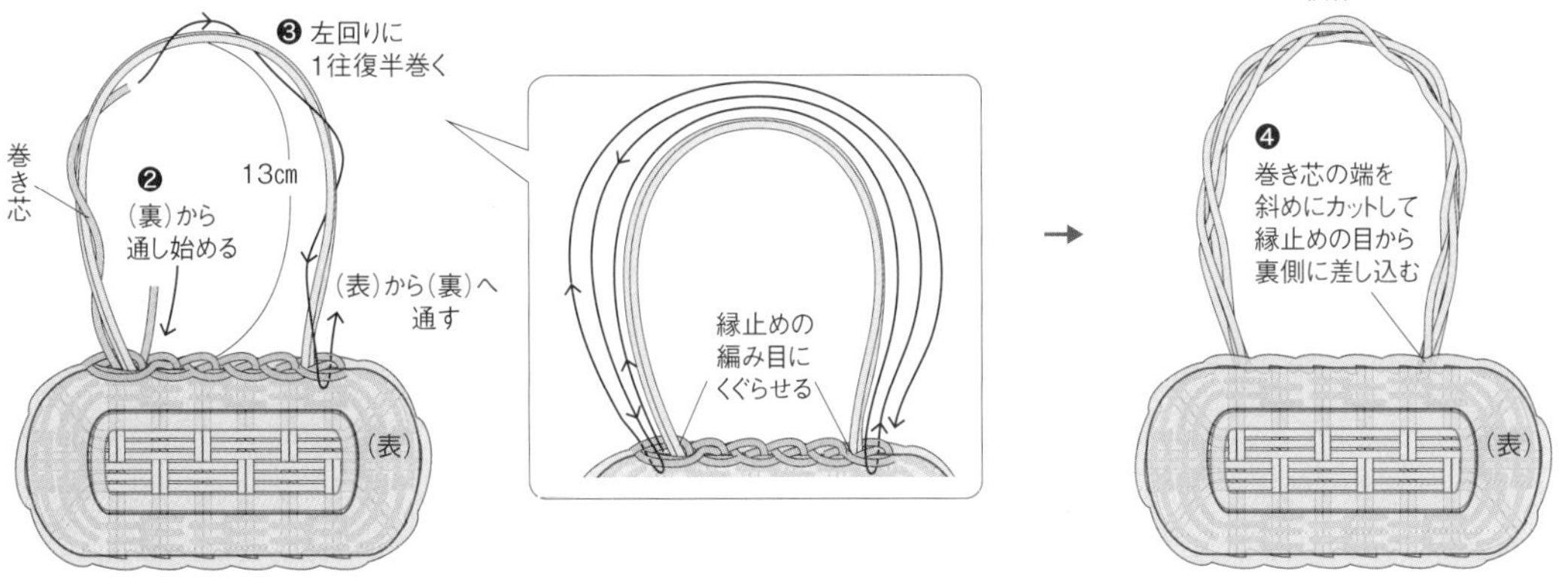

4. 底

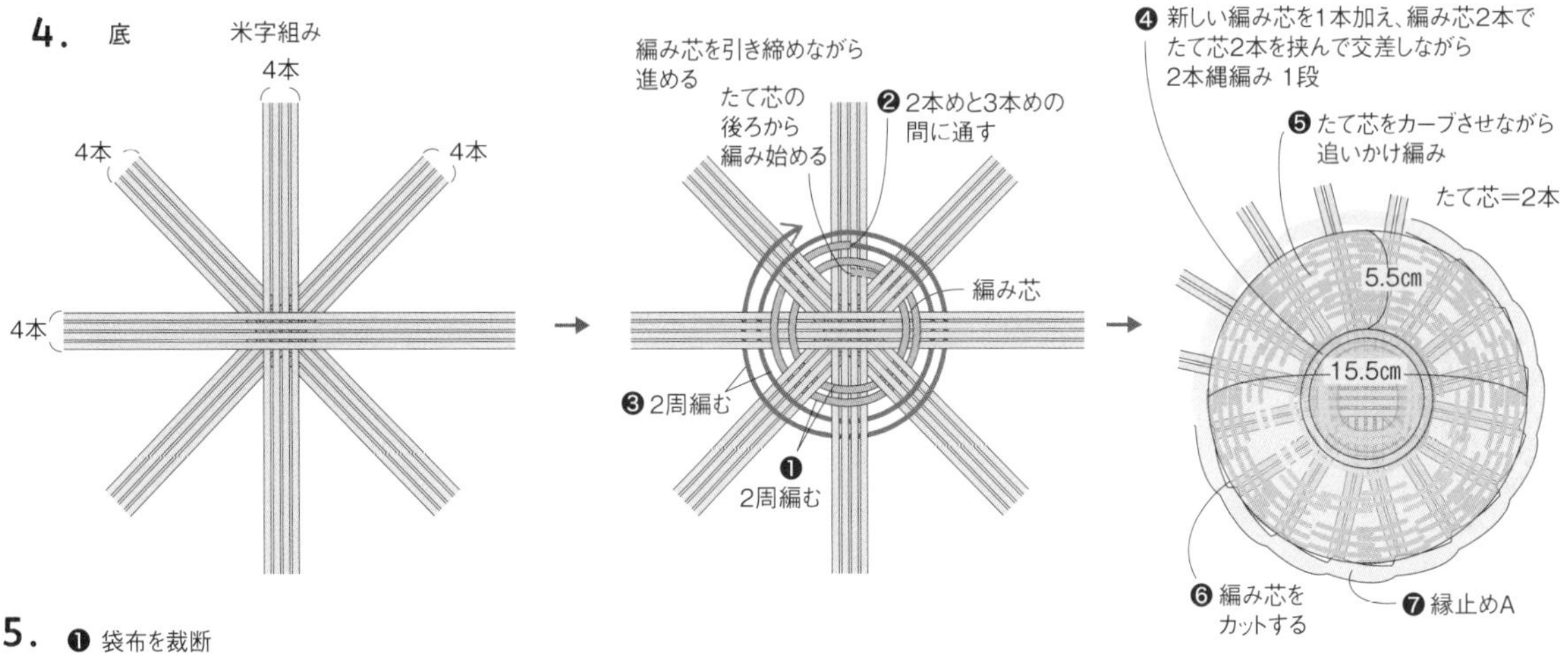

5. ❶ 袋布を裁断

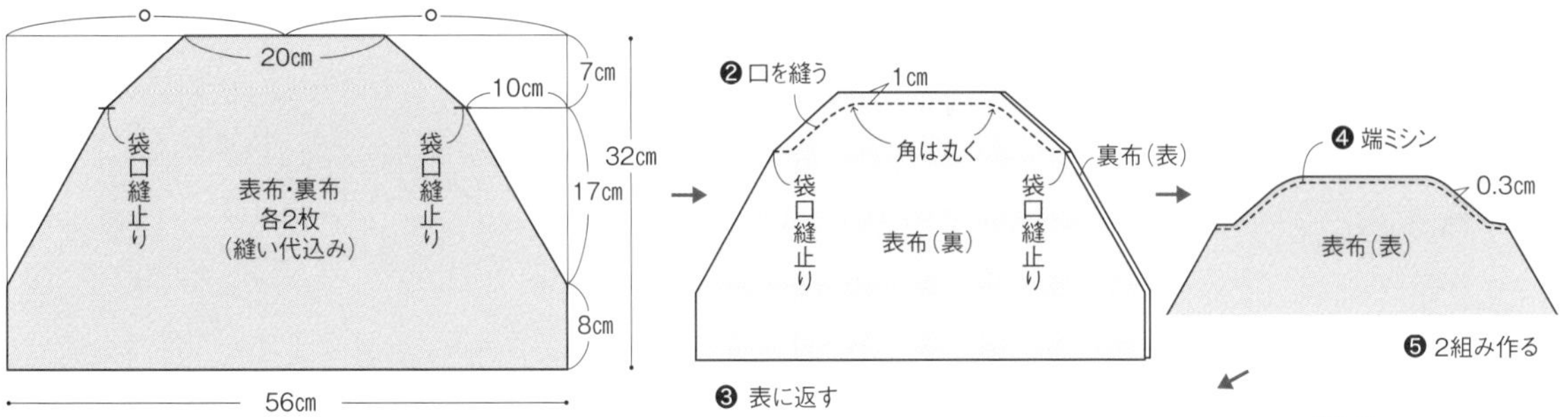

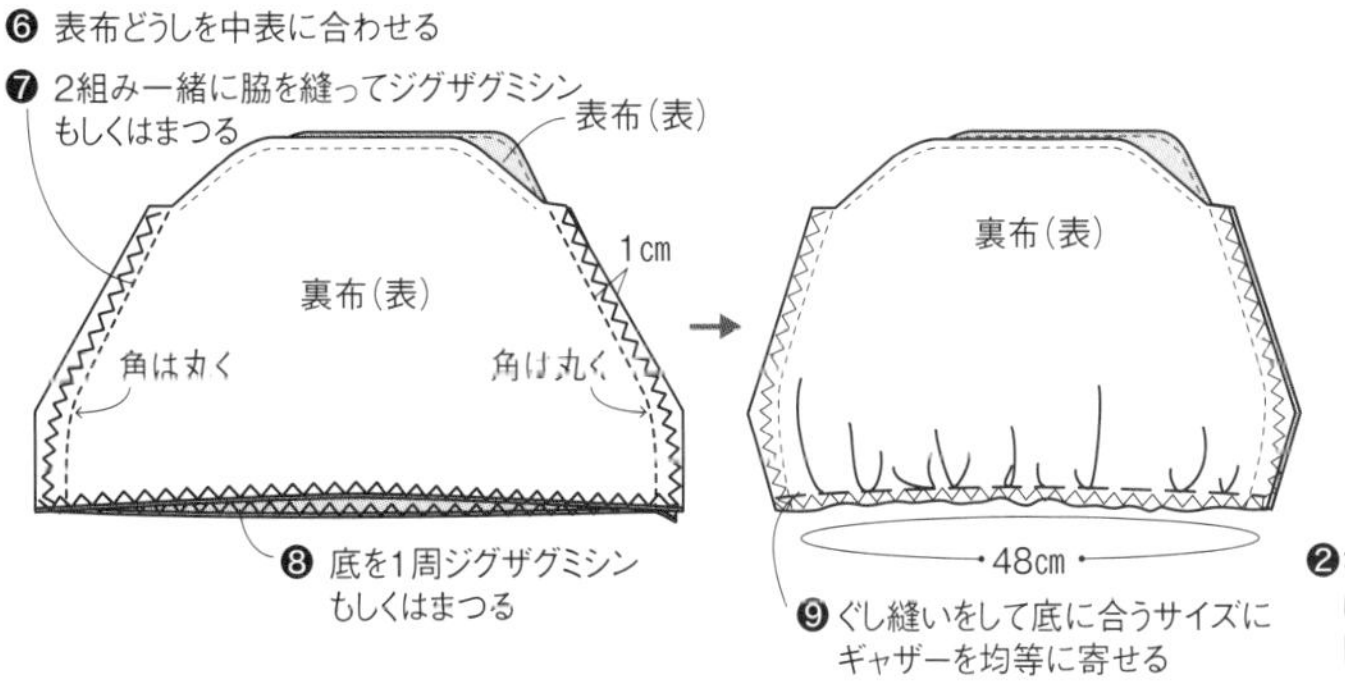

6.

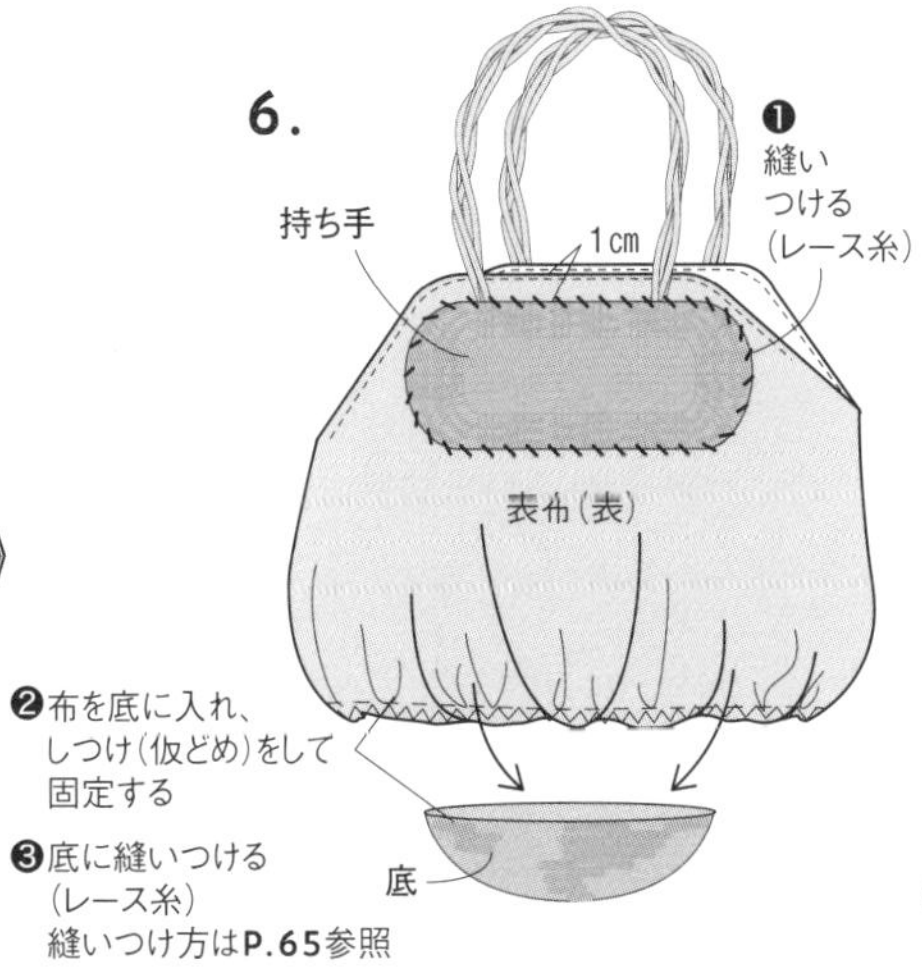

21 PHOTO PAGE 21

フェザーリーフバレッタ

材料

丸芯［コーヒー染め］（太さ1.25㎜）……130㎝3本、50㎝1本

バレッタ金具（長さ7㎝/シルバー）……1個

手芸用ボンド

編み方

1. 丸芯（130㎝）3本1組みであわじ結びを結び、上下を逆さにして、図のように編む。

2. 編終りの端2.5㎝のところに裏から新しい丸芯50㎝を図のように巻きつける。

3. 葉のつけ根まで巻きつけたら矢印のようにつけ根に通し、端を中に入れて目立たないところに引き出して端をカットする。葉の根もとの端をカットする。

4. バレッタ金具をボンドでつける。

・あわじ結びは、**P.42**参照

1.

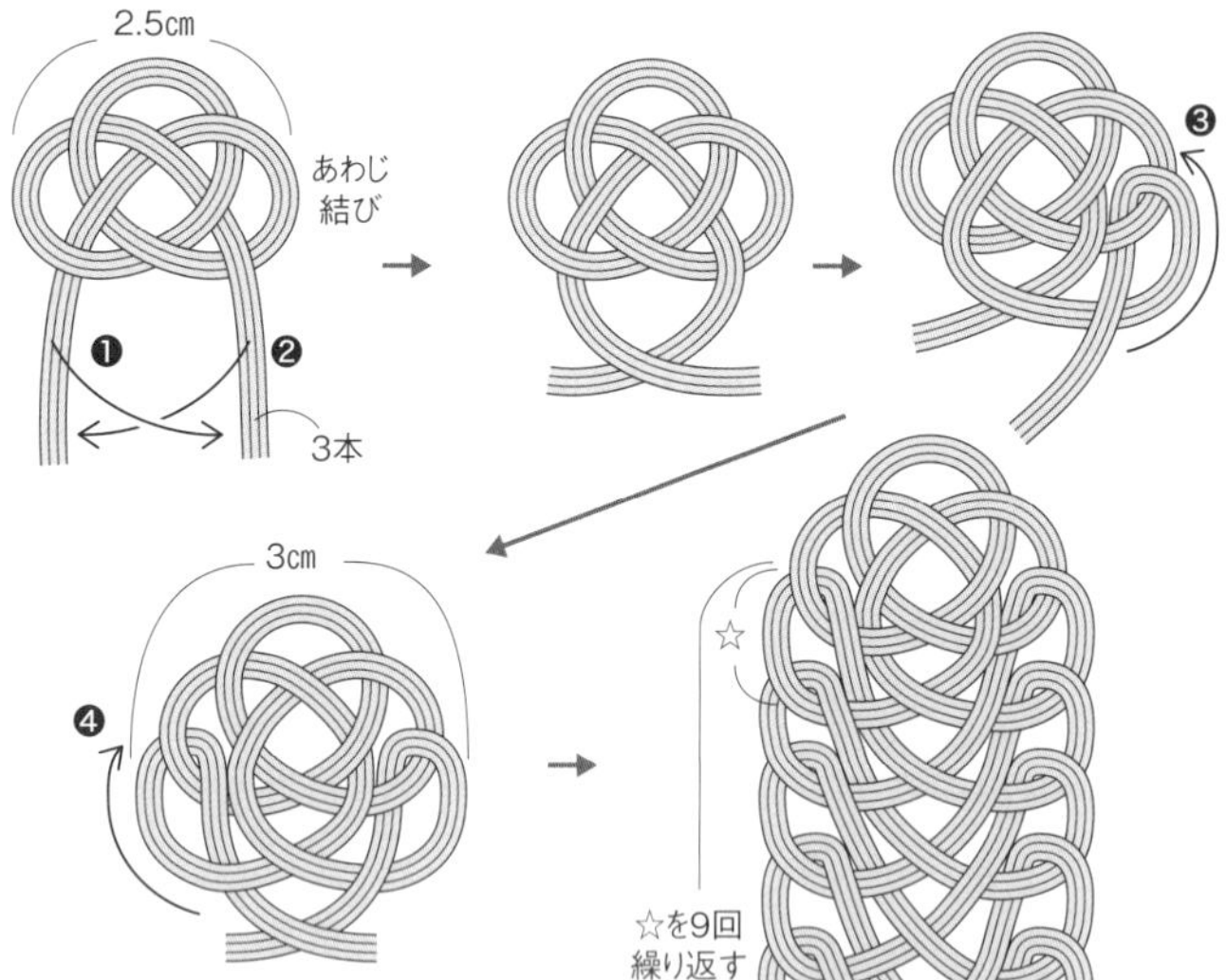

2.

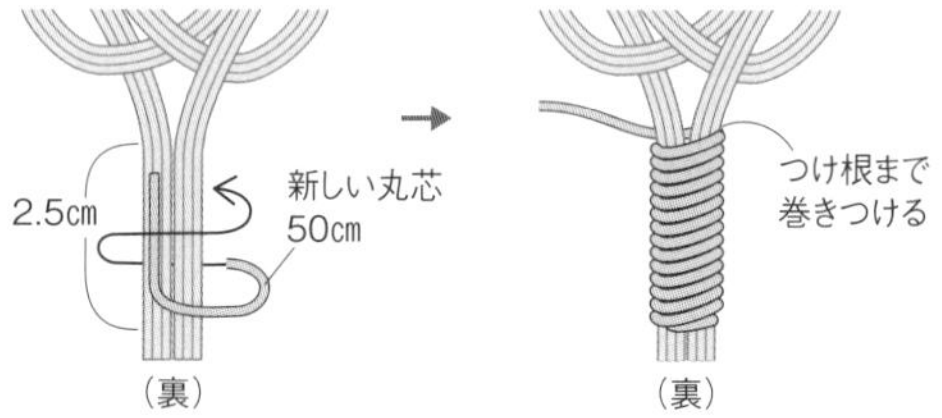

3.

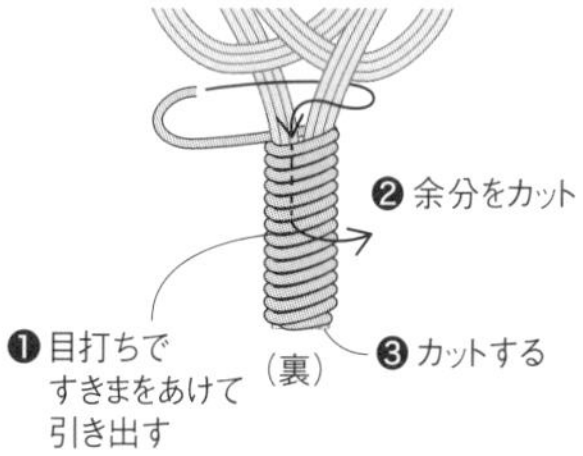

4.

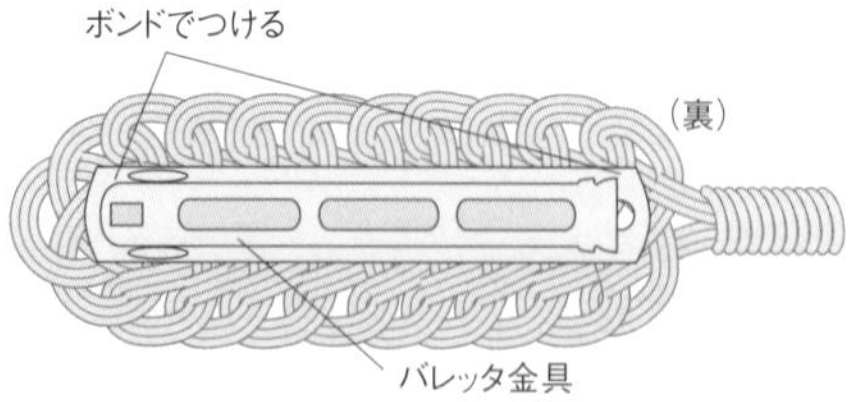

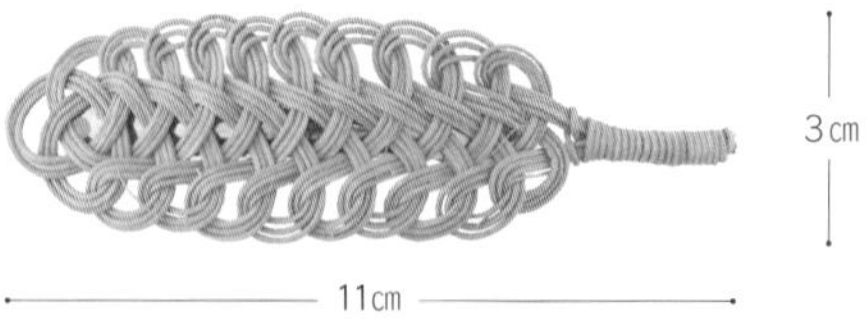

P.76の実物大型紙

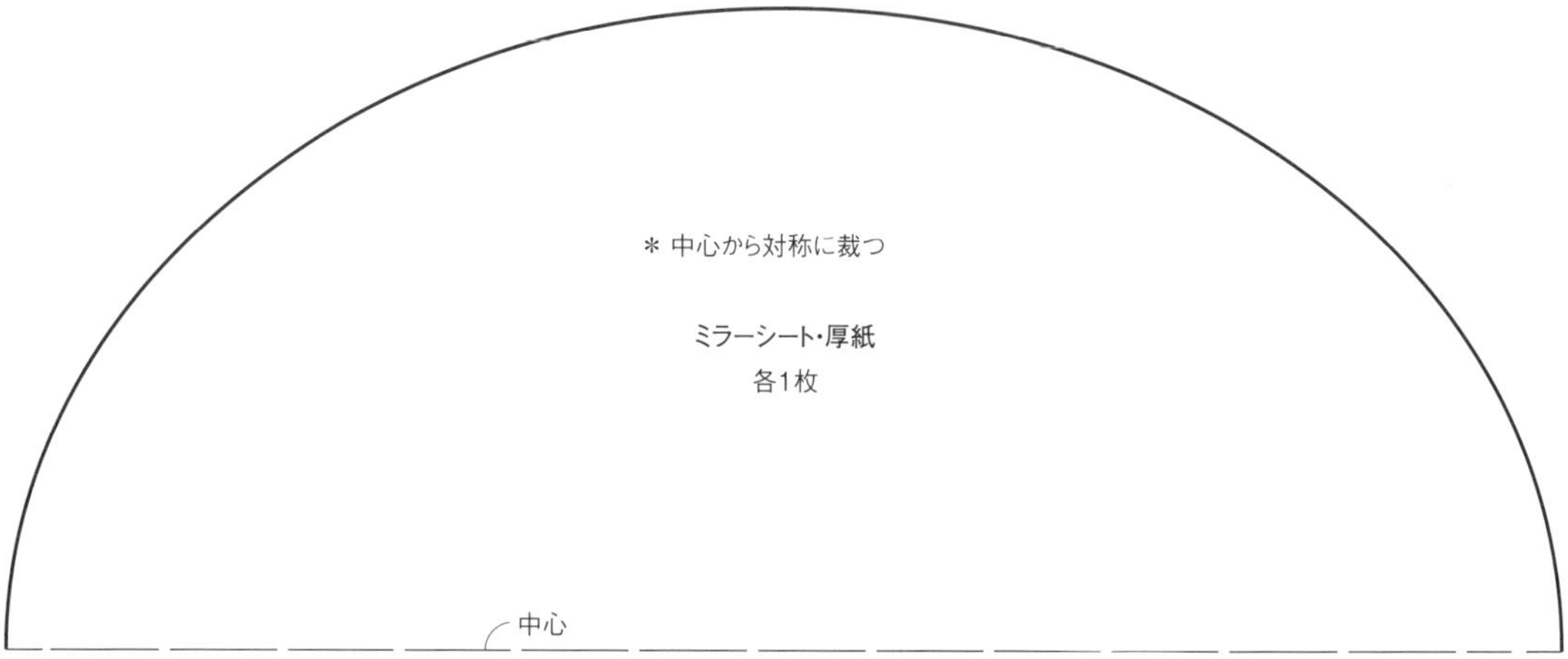

05 PHOTO PAGE 8

かごバッグ

材料

丸芯［茶染め］

たて芯（太さ3㎜）……70㎝12本

編み芯（太さ3㎜）……200g

布（綿/黒）……60×60㎝4枚

縫い糸（40番レース糸/黒）、ミシン糸

編み方・作り方

1. かごの部分を作る。たて芯6本ずつを十字に重ねる（十字組み）。編み芯1本でたて芯6本を上下交互にくぐらせて3周、次に上下を逆にくぐらせて3周編む。新しい編み芯を1本加え、たて芯2本ずつにして2本縄編みを1段、追いかけ編みを3.5㎝、たて芯を1本にして追いかけ編みを2.5㎝編み、直径20㎝にする。エンマでたて芯の上下を挟んで垂直に立ち上げ、新しいたて芯を1本加えて3本縄編みを3段、編み芯を1本減らし、追いかけ編みを8㎝編む。編み芯をカットし、縁止めAで縁を始末する。

＊ P.44参照

2. 布を4枚裁断し、2枚を中表に合わせて2辺を縫い、表に返す。ジグザグミシン、端ミシンをかける。同様にして2枚作る。

＊ ミシンがなければ、ジグザグミシンの代りにまつる。端ミシンはなしでもOK。

3. かごに2枚の布を縫いつける。

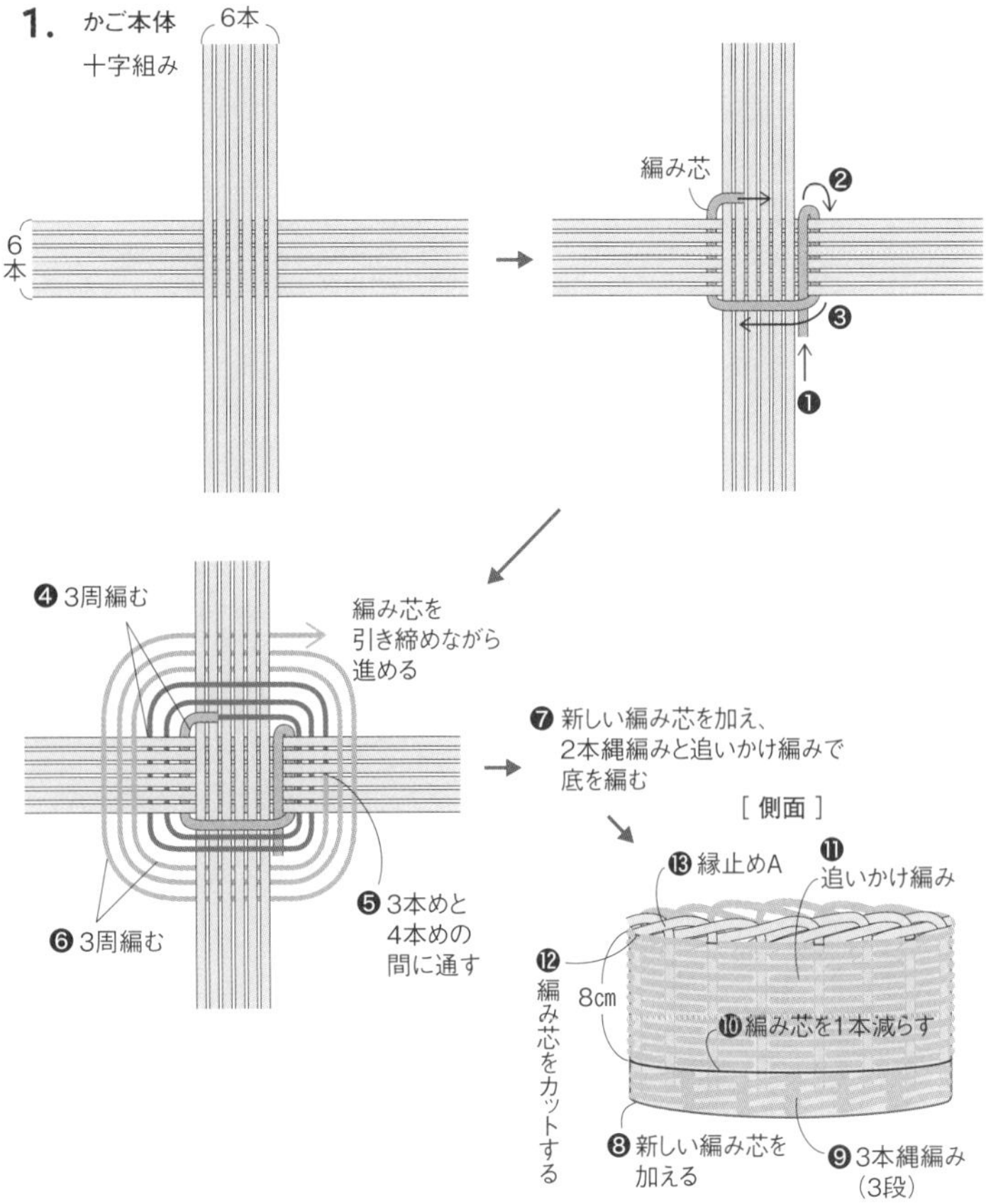

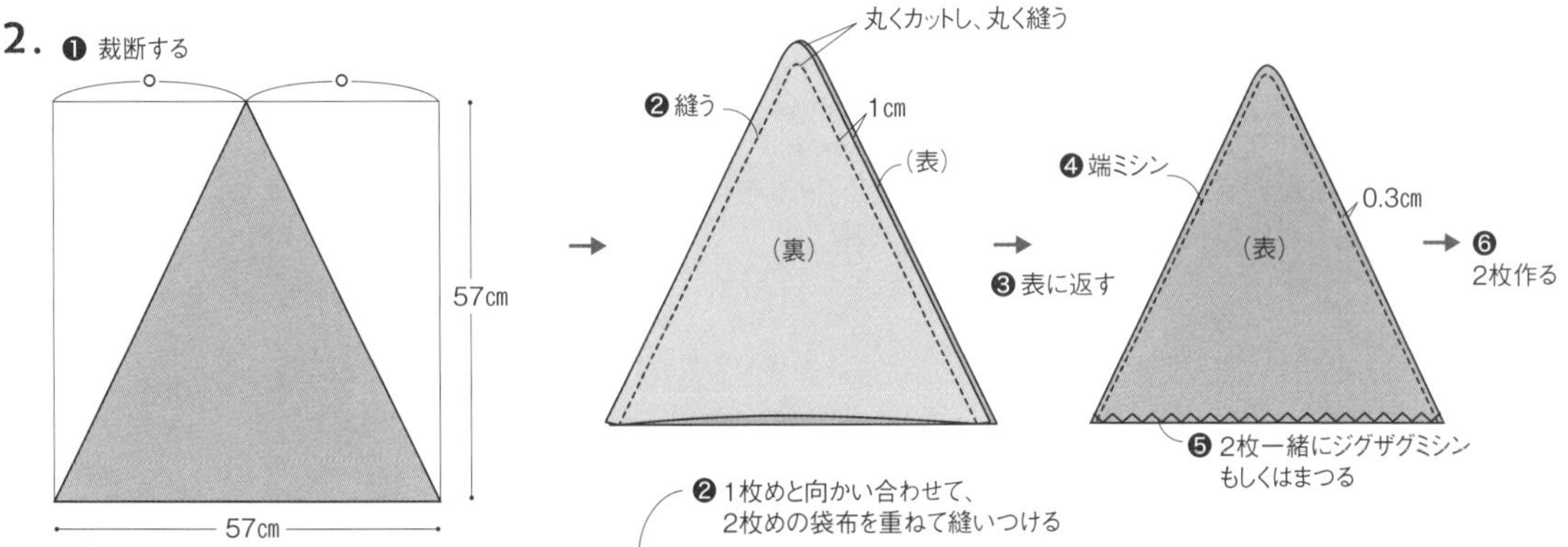

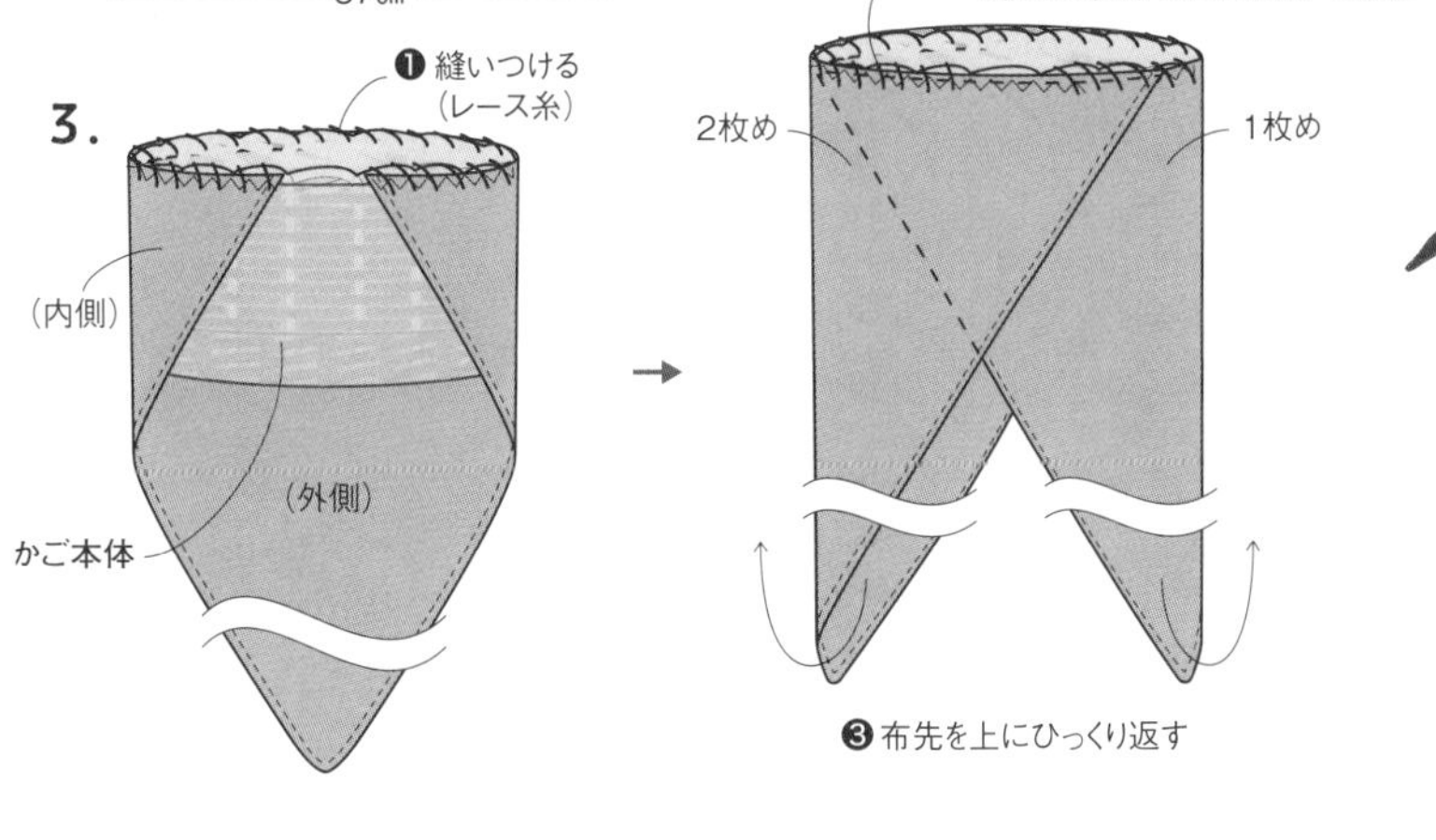

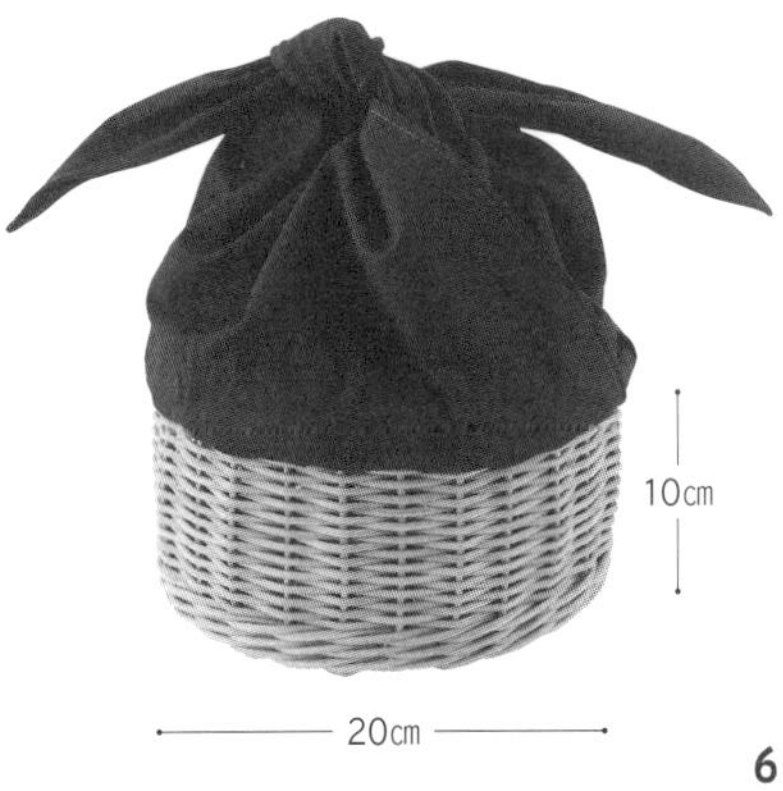

23 PHOTO PAGE 23

蝶結びの耳飾り

材料

丸芯［コーヒー染め］（太さ1.25㎜）……40㎝2本

ウッドビーズ（4㎜/ナチュラル）……4個

9ピン（長さ2㎝/ゴールド）……2本

フックピアス金具（ゴールド）……1組み

手芸用ボンド

編み方

1. 丸芯を図のように蝶結びにする。

2. 丸芯の両端を2㎝残してカットし、先にウッドビーズをボンドでつける。

3. 9ピンの先を丸くして結び目につけ、フックピアスにつなぐ。同様にして2個作る。

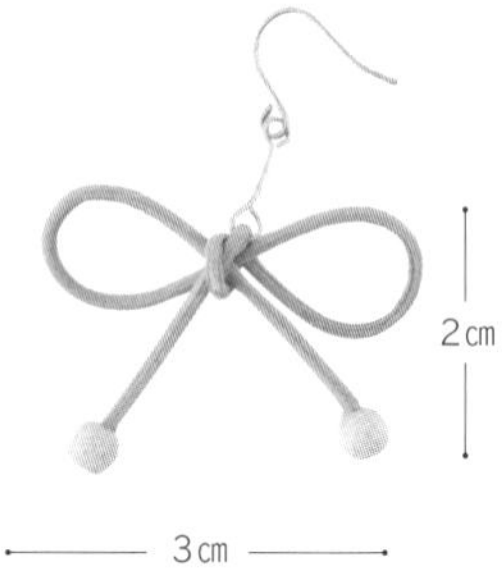

1.

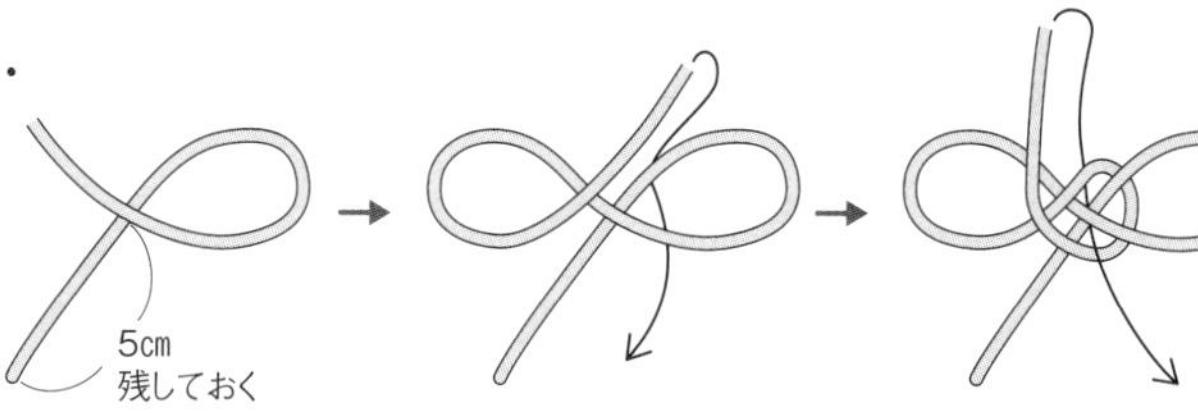

2.

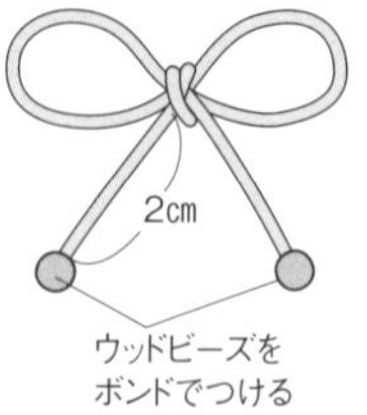

3.

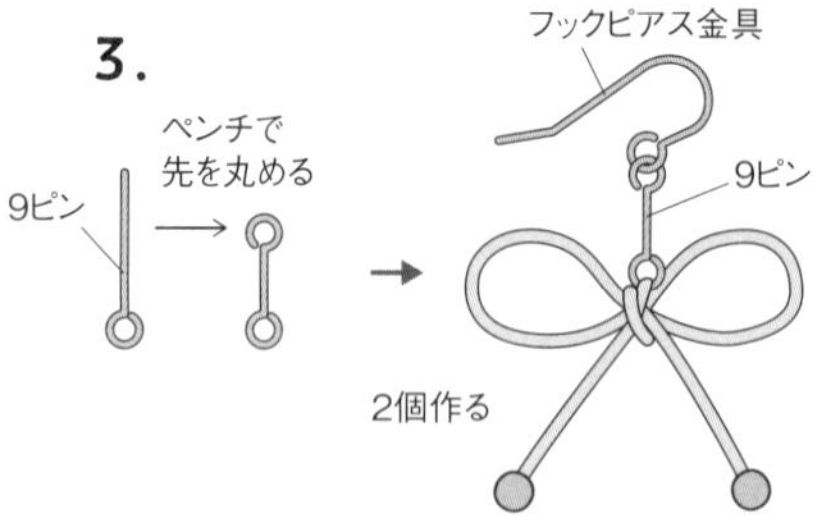

27 PHOTO PAGE 24

リボンのバレッタ

材料

丸芯［コーヒー染め］（太さ1.25㎜）……60㎝15本、50㎝1本

バレッタ金具（長さ7㎝/シルバー）……1個

ワイヤー（細/ゴールド）……適量

手芸用ボンド

編み方

1. 丸芯を5本1組みにして、三つ編みを編み、両端をワイヤーでまとめる。

2. 図を参照して**1**の三つ編みを2重の輪にする。

3. **2**にバレッタ金具を乗せて金具の端をボンドでとめて、50㎝の丸芯を巻いて端を始末する。

＊巻き方は、**P.67** の **24-4**を参照。

・三つ編みは、**P.77**参照

1.

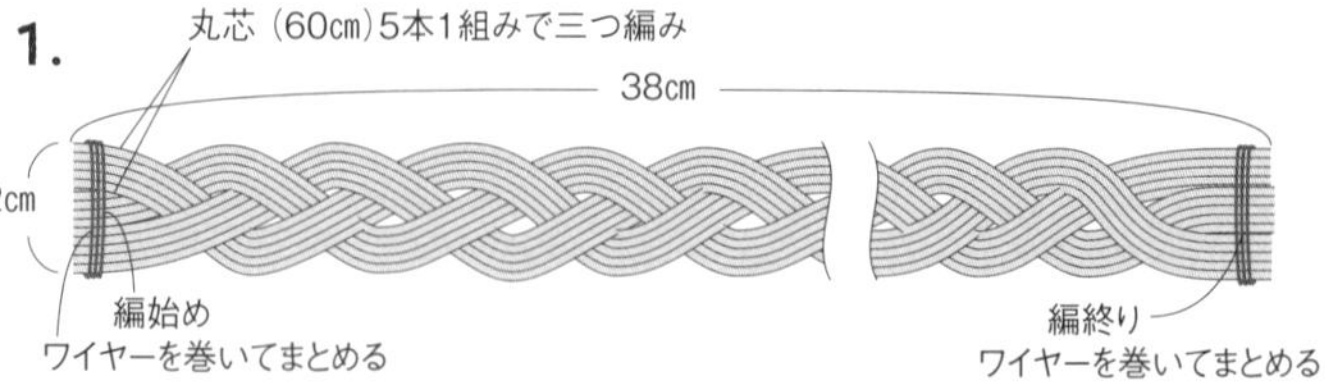

2.

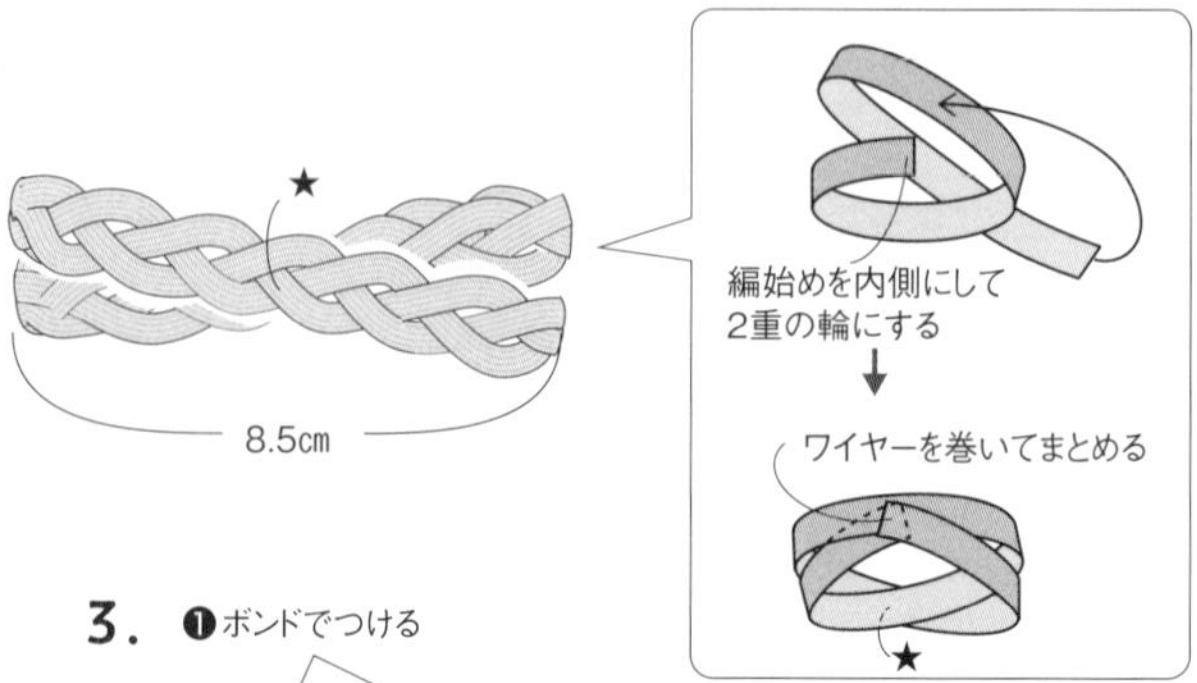

3.

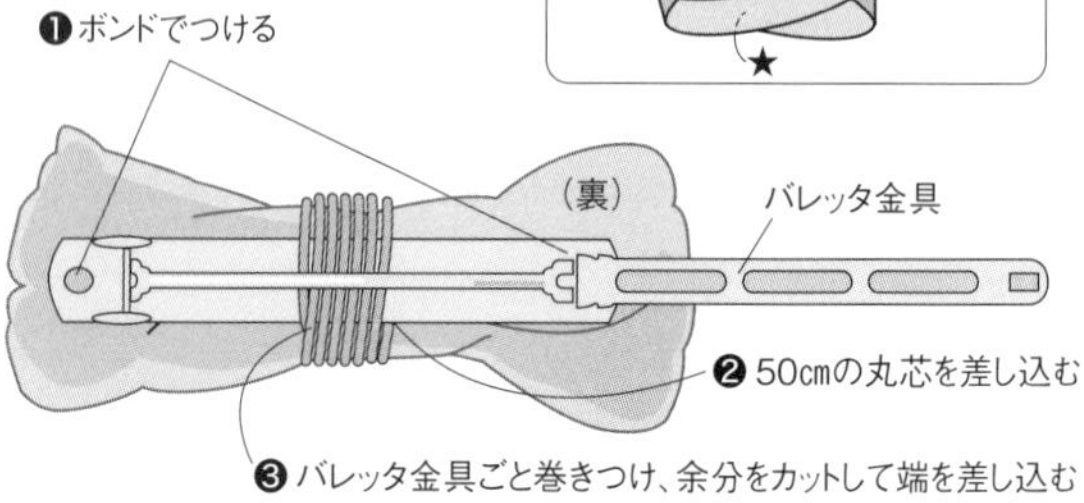

24 PHOTO PAGE 23

リボンの耳飾り

材料

丸芯［コーヒー染め］
- たて芯（太さ1.25㎜）……9㎝6本
- 編み芯（太さ1㎜）……30㎝4本、適量

ノンホールピアス金具……1組み
手芸用ボンド

編み方

1. 3本のたて芯を図のように重ねる。

2. 中心を持って編み芯を通す。右端まできたら、折り返して矢印のように通す。図を参照して7段繰り返して編む。

3. 両端のたて芯を内側に曲げて3段編む。反対側も同様に編み、編み芯をカットする。図のように折り曲げ、余分なたて芯をカットする。

4. 新しい編み芯を中央に置き（❶）、本体の両端をたたみ（❷）、5周ほど巻きつける（❸）。巻き端を編み芯の中に入れて始末し、余分をカットする。

5. ノンホールピアス金具をボンドでつける。同様にして2個作る。

1.
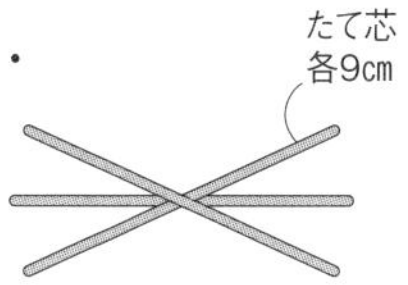

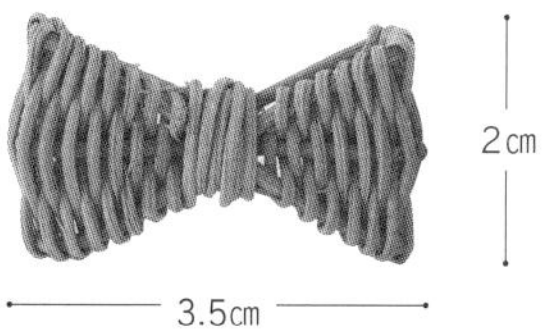

2.
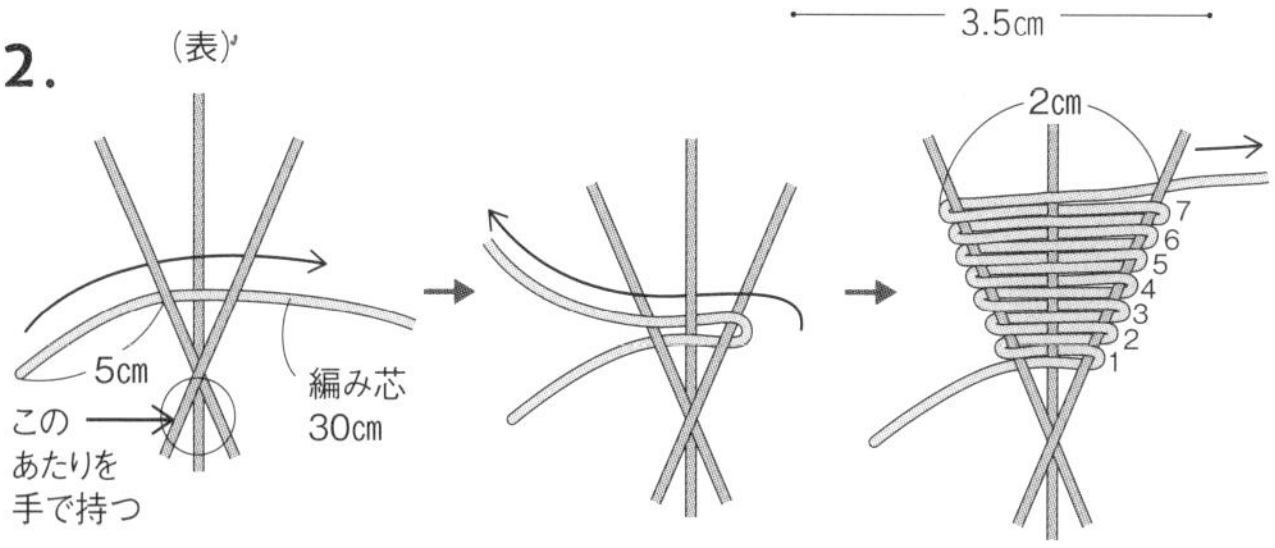

3.
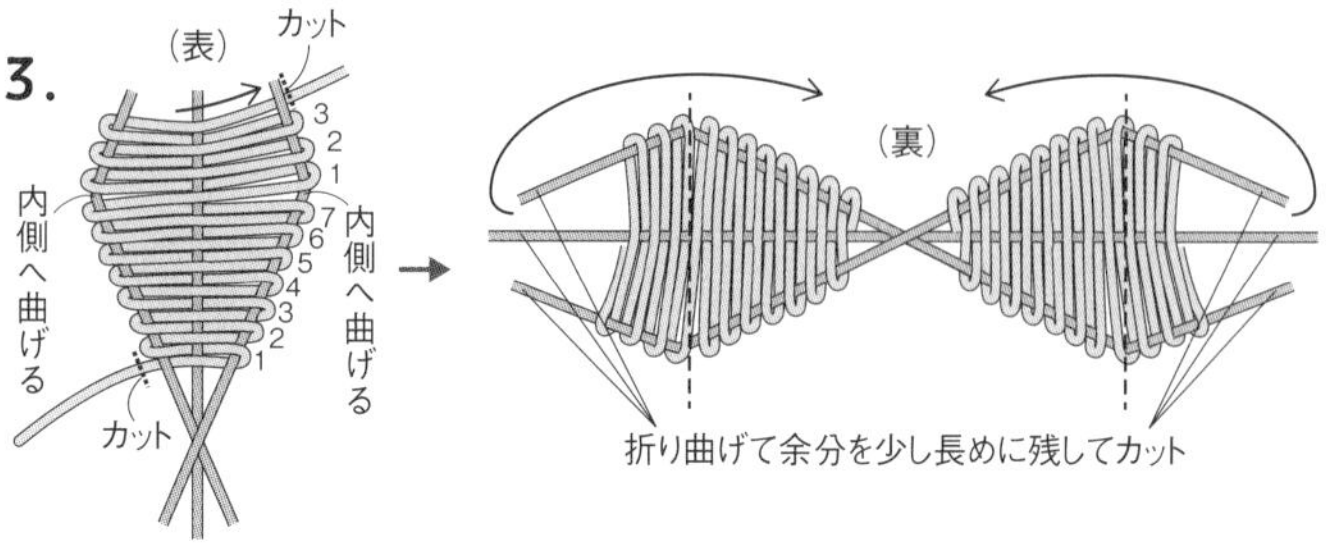

4.
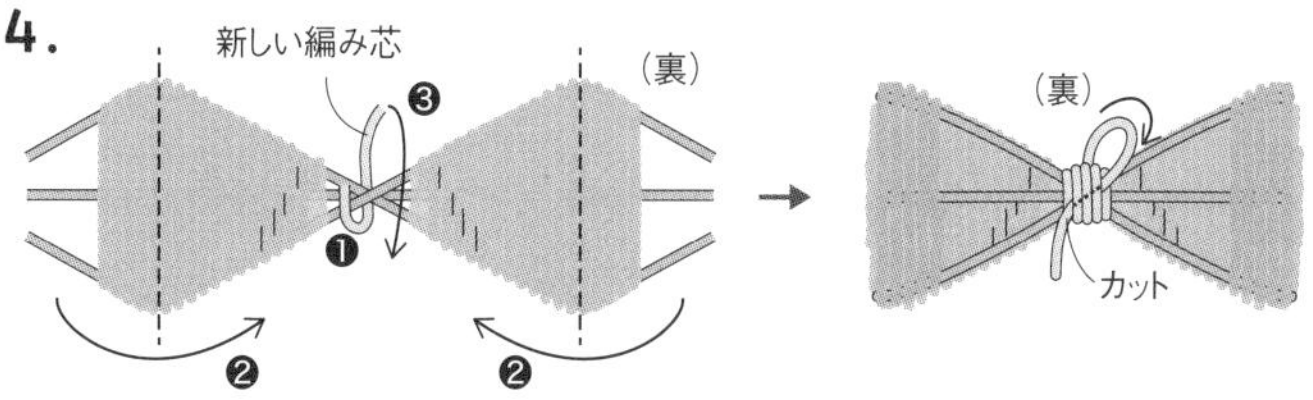

5.
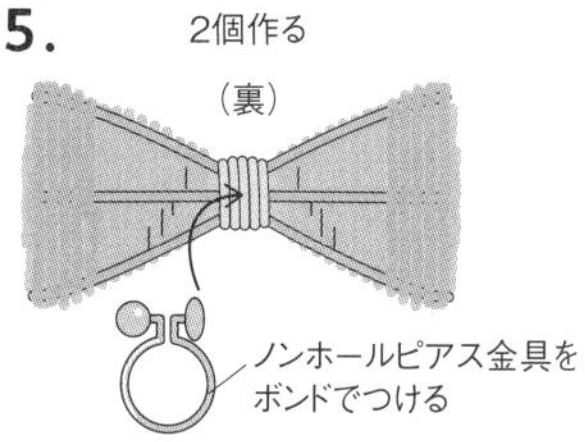

25 PHOTO PAGE 23

三角の耳飾り

材料

丸芯［コーヒー染め］（太さ1.25㎜）…7㎝2本
丸カン（3㎜/ゴールド）……4個
エアーパール（10㎜/カルトラ）……2個
フックピアス金具（ゴールド）……1組み
手芸用ボンド

編み方

1. 丸芯を図のように折って三角の形を作る。

2. ボンドでエアーパールをつける。

3. **2**に丸カン2個、フックピアス金具をつける。同様にして2個作る。

1.
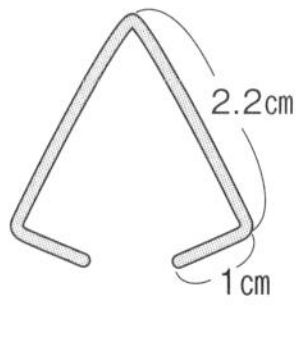

2.
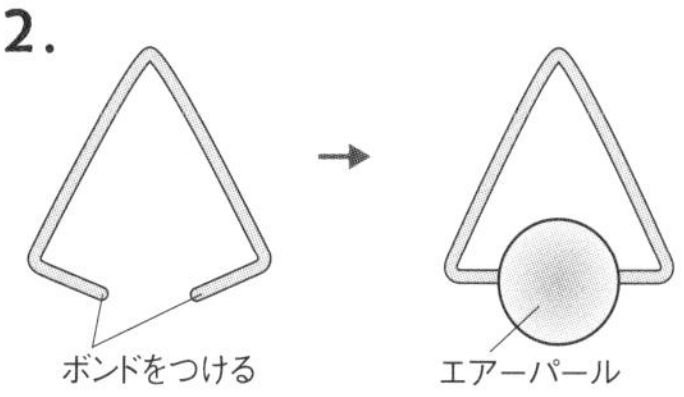

3.
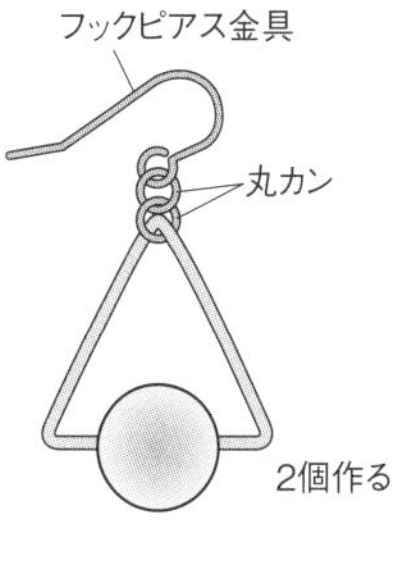

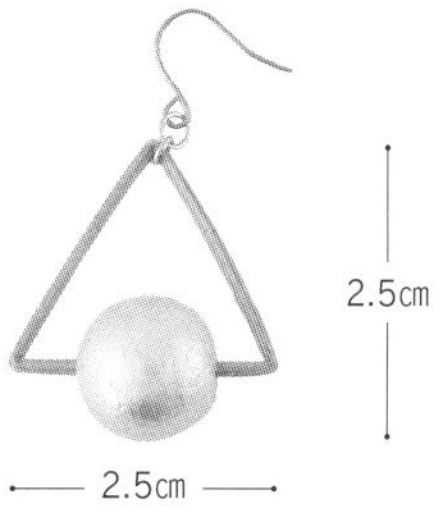

30 PHOTO PAGE 26

髪飾り

材料

丸芯［コーヒー染め］

パーツA（太さ1.25㎜）……60㎝10本

パーツB（太さ1㎜）……80㎝6本、50㎝2本

パーツC（太さ1.25㎜）…40㎝4本、30㎝2本

パーツD（太さ1.25㎜）…45㎝5本、30㎝3本

コーム（10本足/アンティークゴールド）……1個

手芸用ボンド、縫い糸（白）

編み方

1. パーツAを作る。（P.75-1、2参照）
2. パーツBを作る。（P.64-1、3参照）
3. パーツC、Dを作る。（P.73-耳飾り1、2参照）
4. パーツA、B、C、Dの順に重ねてボンドで貼る。
5. 裏側にコームをボンドで貼り、縫い糸で縫いつける。

1. パーツA

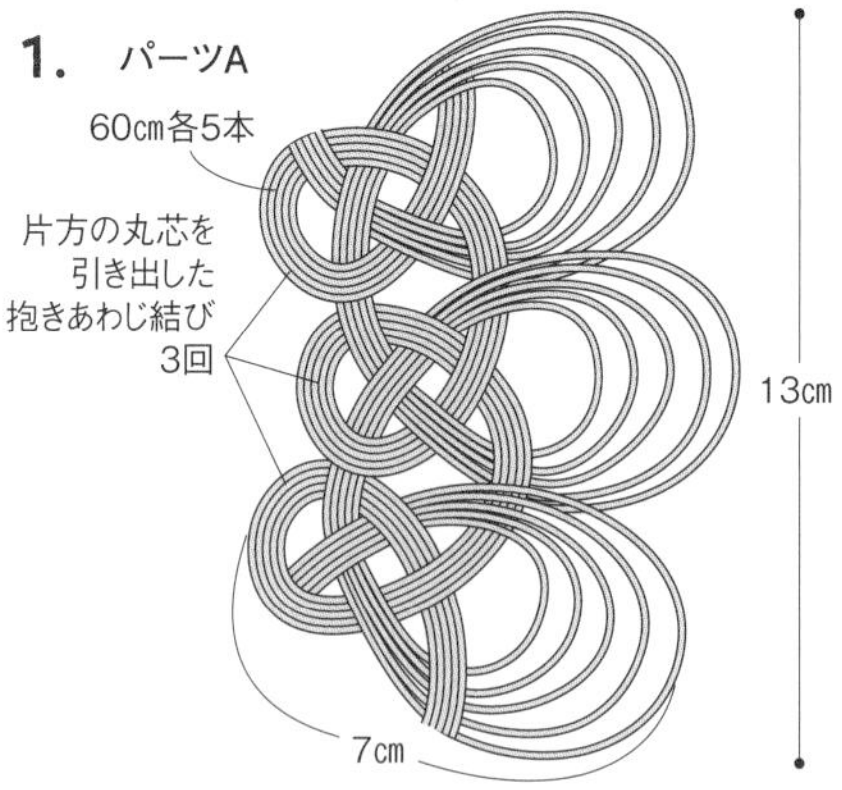

2. パーツB

2個作る

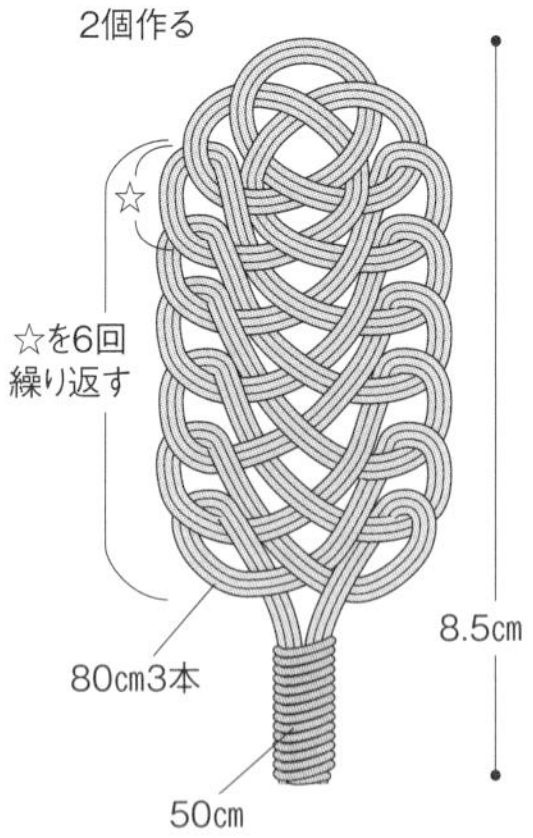

3.

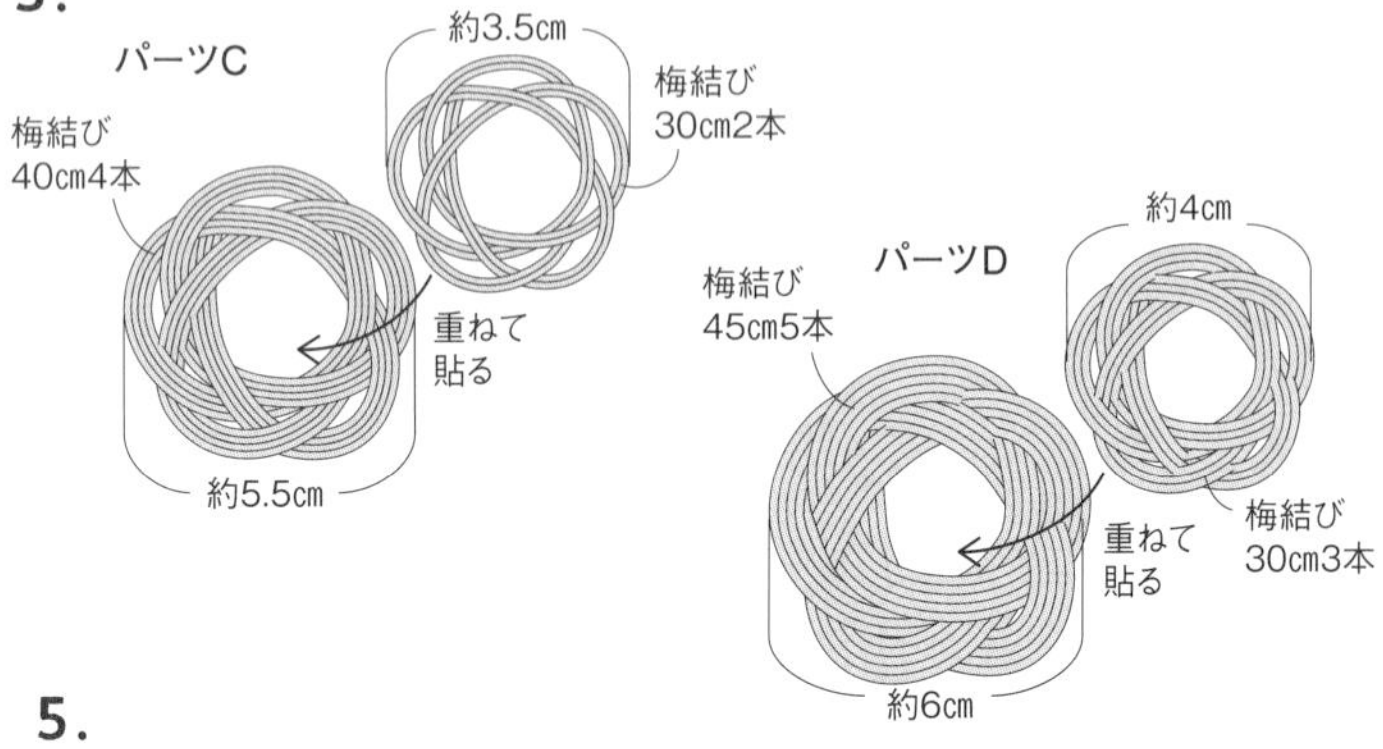

4.

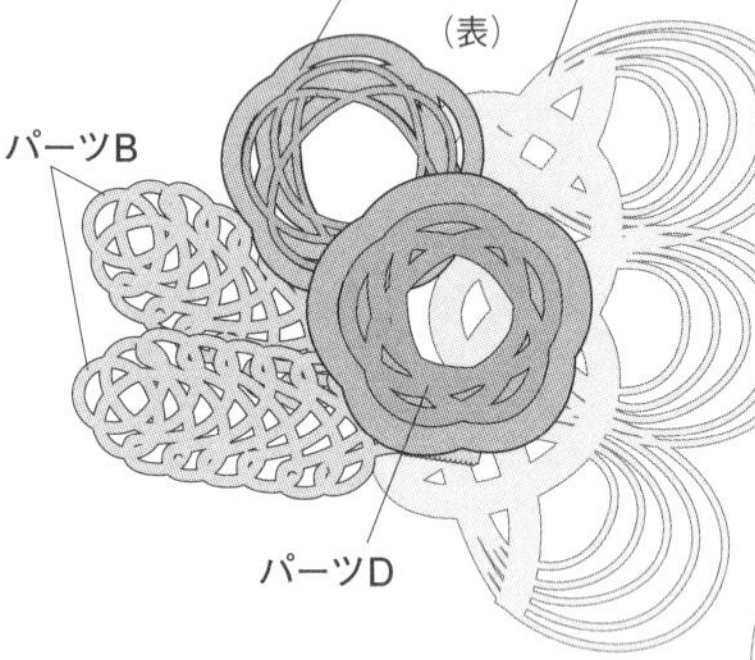

5.

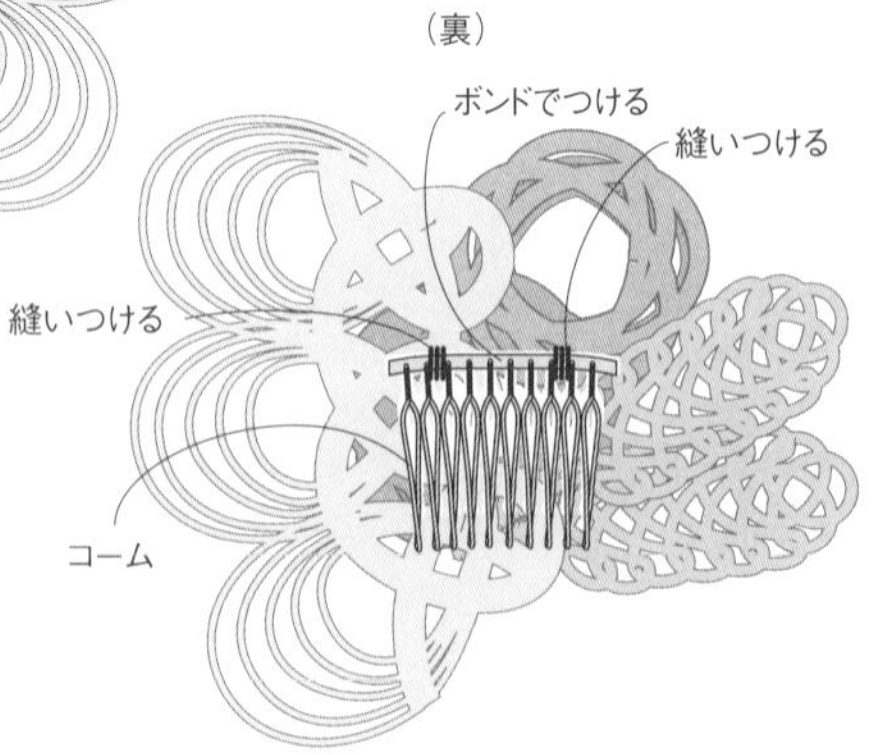

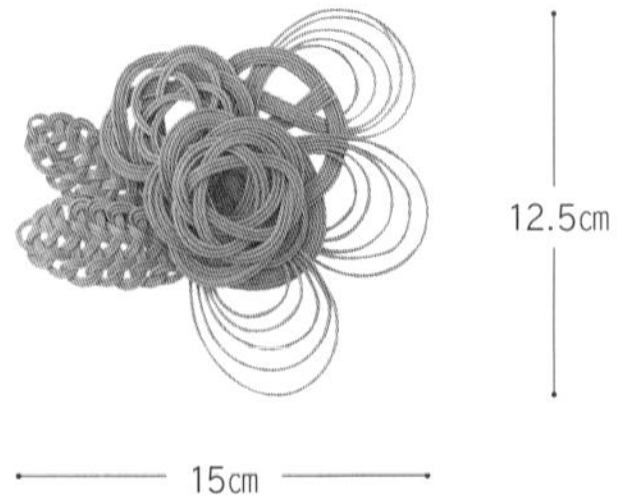

P.69の続き

4.

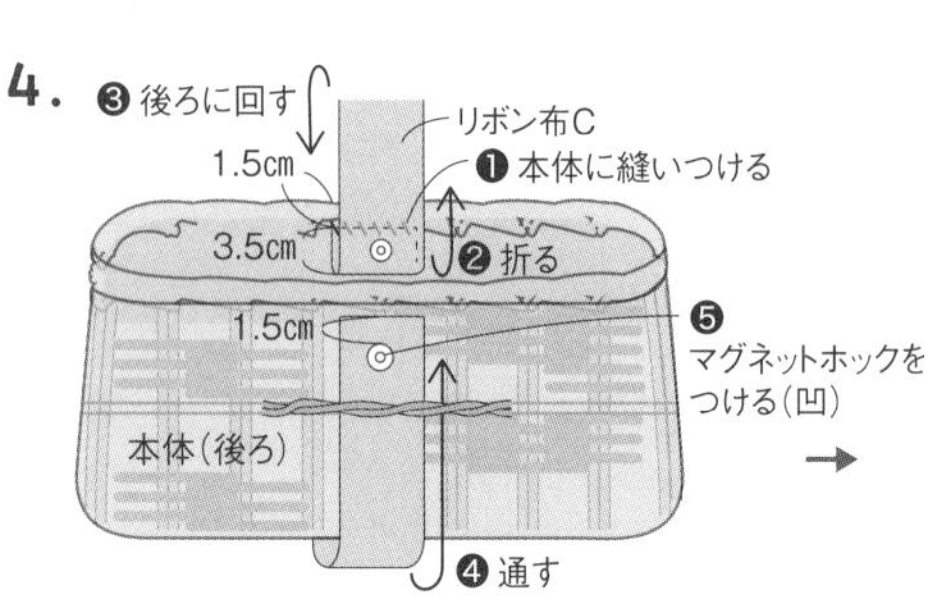

→

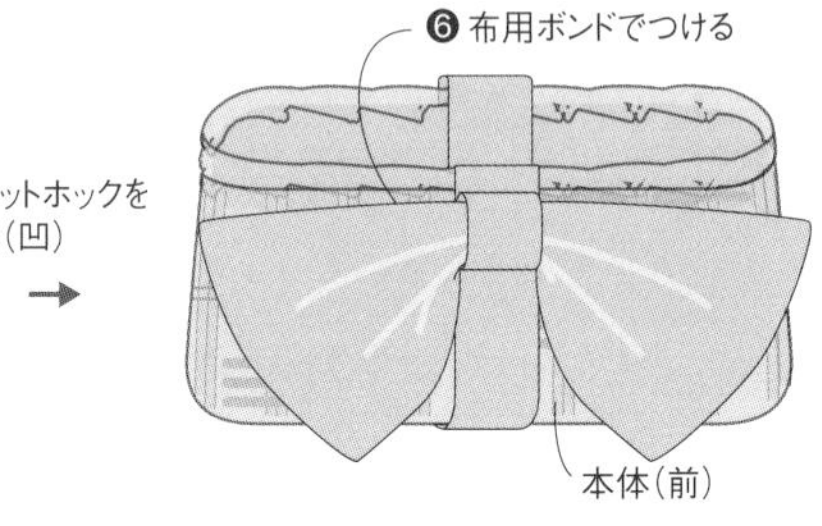

31 PHOTO PAGE 27

クラッチバッグ

材料

丸芯［茶染め］

たて芯（太さ2㎜）……80㎝6本、55㎝18本

編み芯（太さ2㎜）……100g

リボン布（フェイクレザー/ベージュ）……50×60㎝

マグネットホック（直径1.2㎜/黒ニッケル）……1組み

布用ボンド、縫い糸、ミシン糸

編み方・作り方

1. 本体を作る。図を参照してたて芯を配置する（楕円組み）。

2. 編み芯1本の真ん中を輪にしてたて芯に通し、図を参照して2本縄編みを1段編んだ後、たて芯をすべて2本ずつにして追いかけ編みを1段編む。続いて、たて芯を上に向けてゆるやかに立ち上げながら追いかけ編みを6㎝になるまで編む。図を参照して、リボン通しを作りながら追いかけ編みを2段、続けて追いかけ編みを5㎝編み、編み芯をカットする。縁止めCで縁を始末する。

3. リボン布とリボンを作る。

4. 本体にリボン布とリボンをつける。

・2本縄編みは、P.48参照

・追いかけ編みは、P.48参照

・縁止めCは、P.47参照

1. 本体

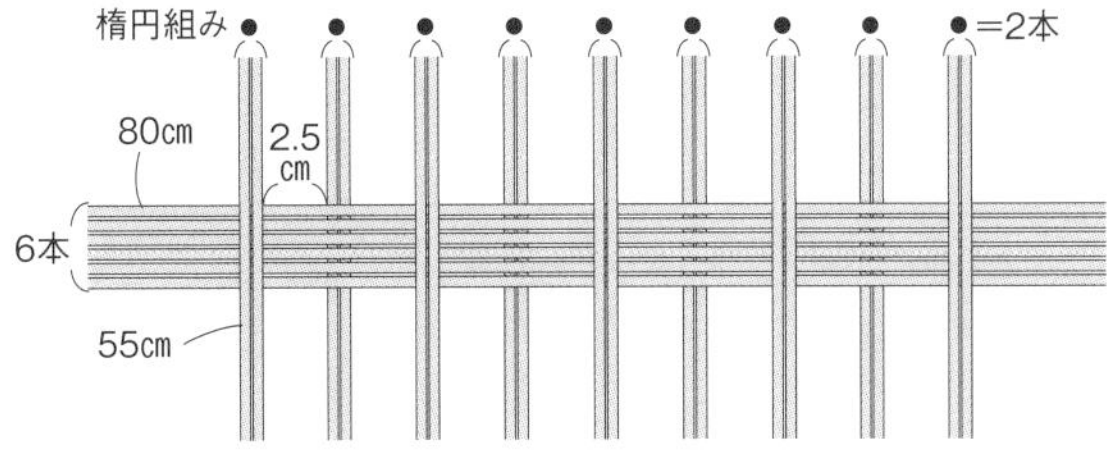

2.

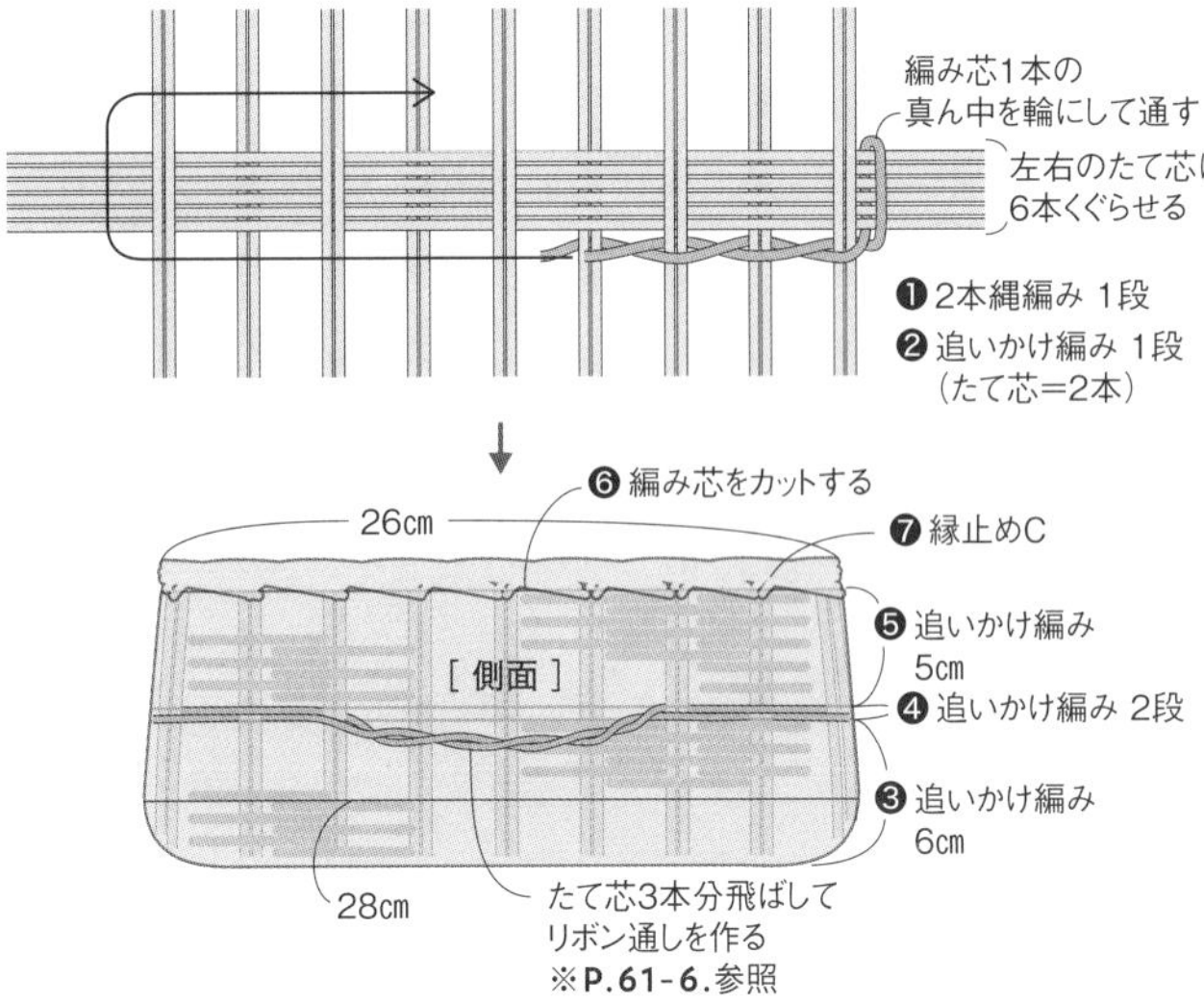

3.

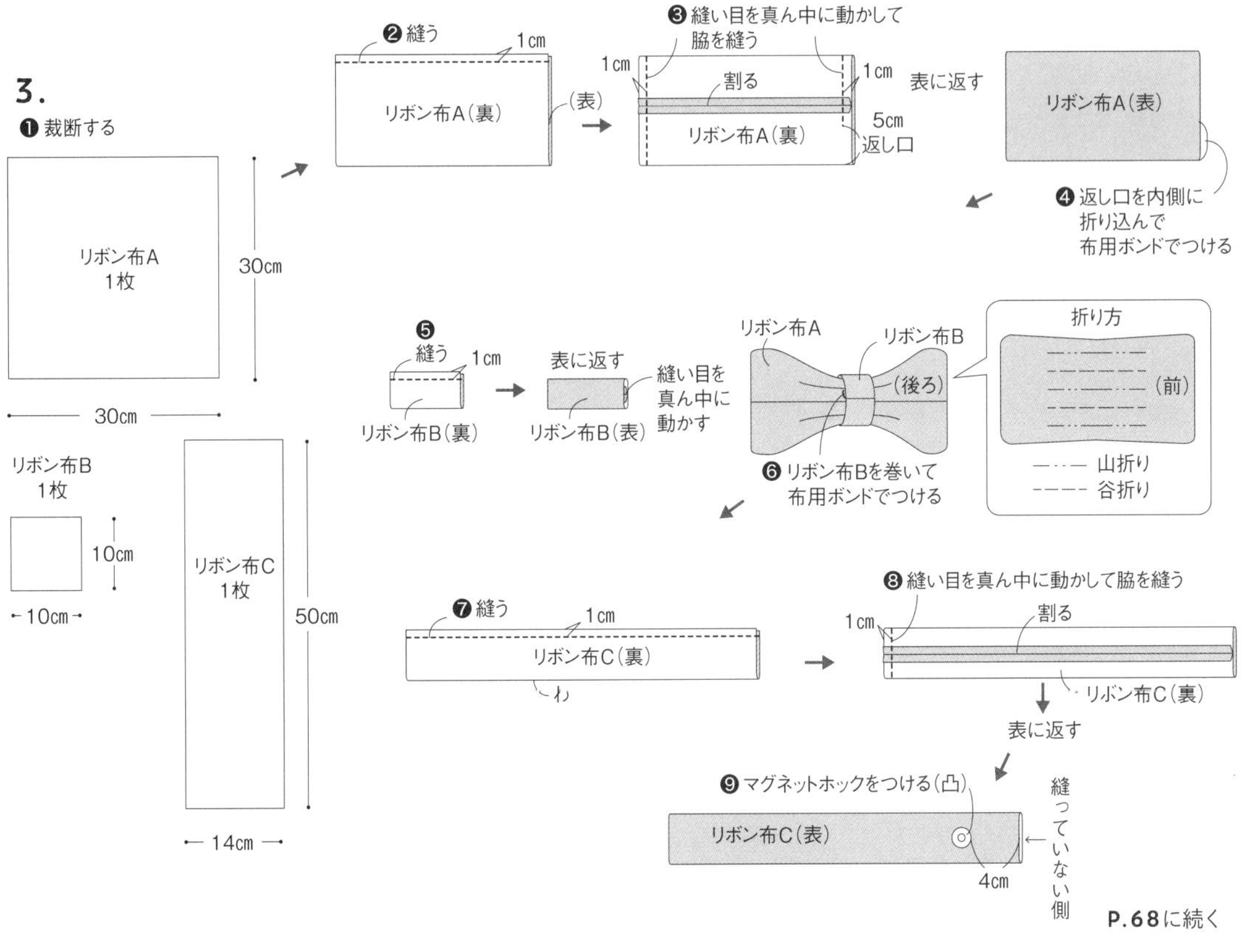

P.68に続く

33 PHOTO PAGE 29

脚つきプレート

材料

丸芯

プレート：たて芯（太さ3㎜）……100㎝24本

脚：たて芯（太さ3㎜）……30㎝24本

編み芯（太さ3㎜）……250g

編み方

1. プレート部分を作る。たて芯6本ずつを米字に重ねる（米字組み）。

2. 編み芯1本でたて芯6本を上下交互にくぐらせて3周編み、次に上下を逆にして3周編む。

3. 編み芯1本を加えて2本縄編みを1段編む。続けて追いかけ編みを5㎝になるまで編む。上にゆるく起こしながらさらに追いかけ編みを5㎝編み、編み芯をカットする。縁止めBで縁を始末する（**P.45**参照）。

4. 脚部分を作る。**P.45-7**を参照して、脚用のたて芯24本をプレートのたて芯の隣に差し込む。編み芯1本の真ん中を輪にしてたて芯に通し、2本縄編みを1段編む。続けて、たて芯を内側に細めながら追いかけ編みを4㎝編む。次に、たて芯を広げながら追いかけ編みを3㎝編み、直径16㎝にする。**P.71**写真の手順で縁止めで縁を始末する。

・米字組みは、**P.48**参照
・2本縄編みは、**P.48**参照
・追いかけ編みは、**P.48**参照
・縁止めBは、**P.47**参照

1. プレート　米字組み

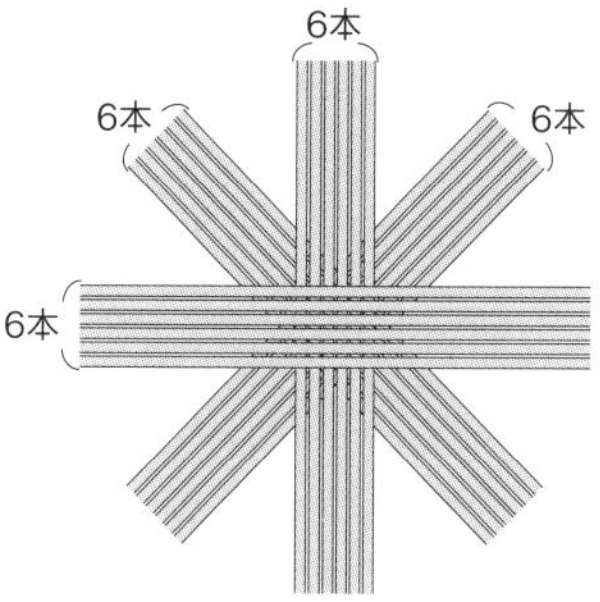

2.

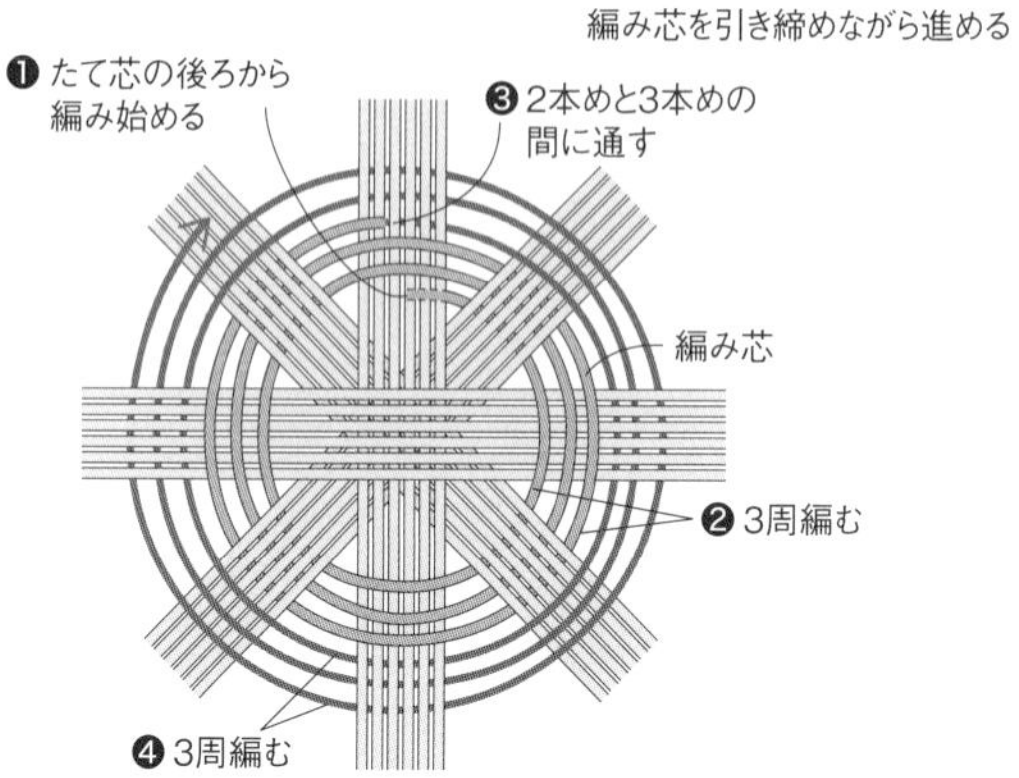

3.

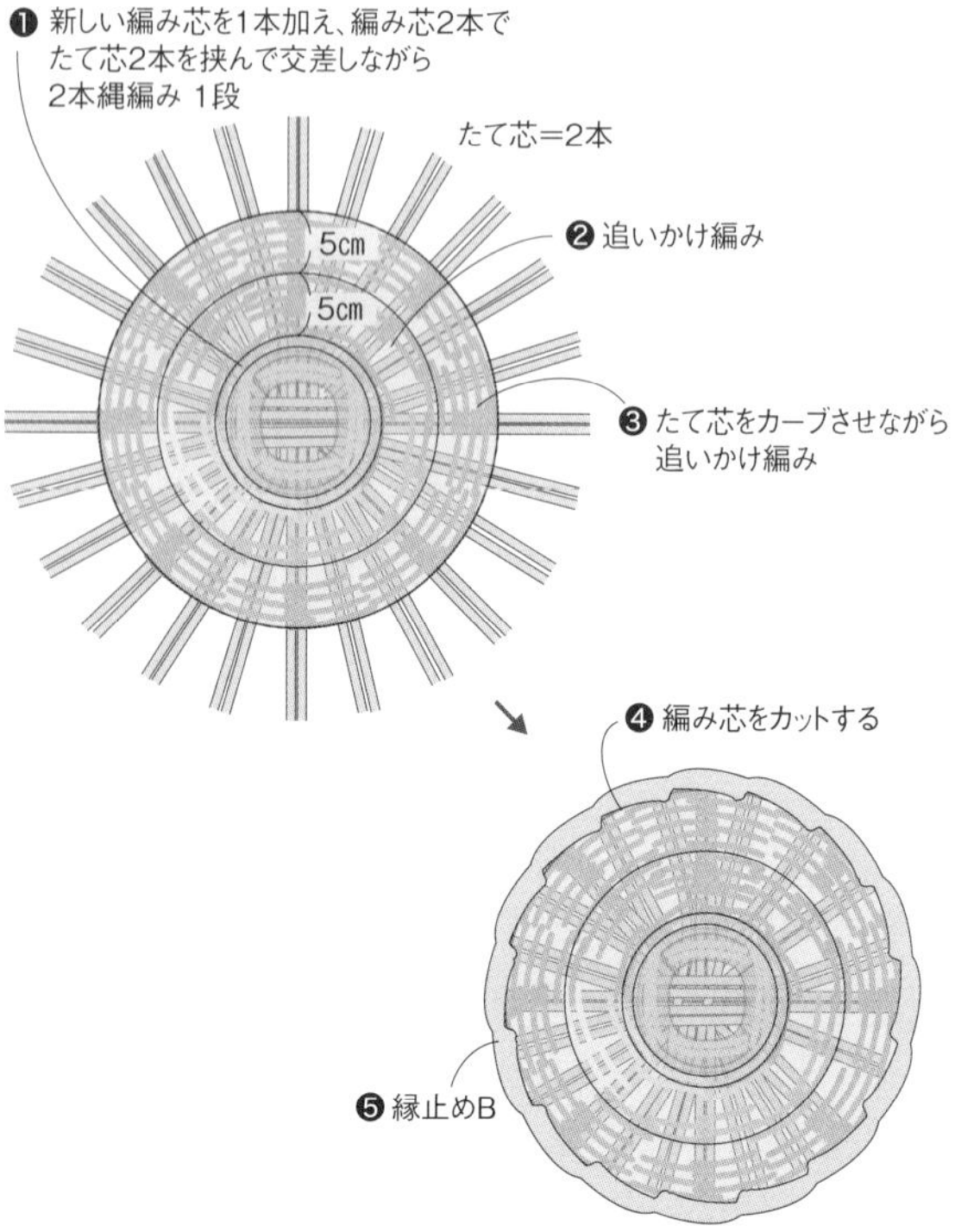

4. 脚

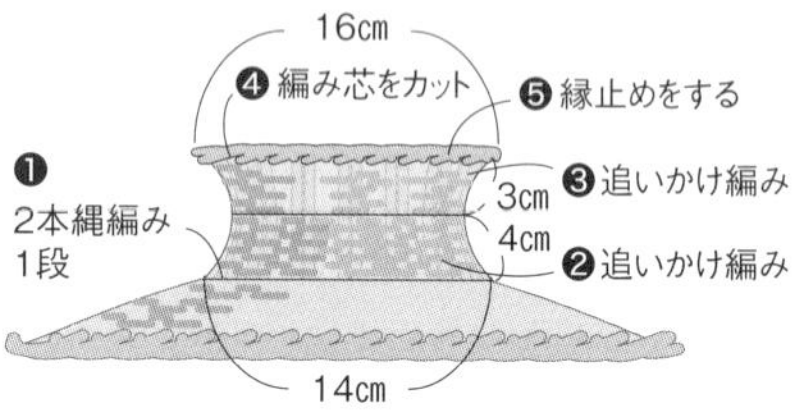

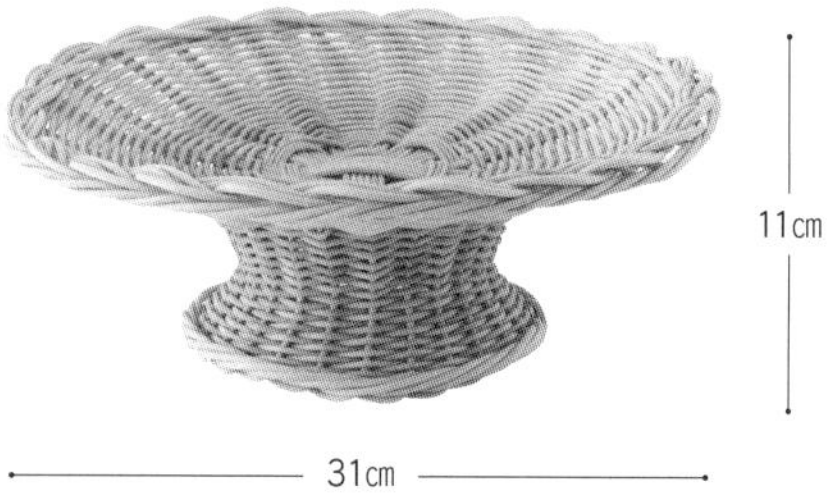

P.71に続く

34 PHOTO PAGE 30

横長小物入れ

材料

丸芯［コーヒー染め］

たて芯（太さ2.5㎜）……60㎝6本、45㎝12本

足し芯（太さ2.5㎜）……20㎝8本

編み芯（太さ2.5㎜）……100g

編み方

1. 図を参照してたて芯を配置する（楕円組み）。

2. 編み芯1本の真ん中を輪にしてたて芯に通し、2本縄編みを1段編む。たて芯2本ずつにして追いかけ編みを2段編む。図のように足し芯を差し、追いかけ編みを2段編む。底の編上り。

3. たて芯を上に向けてゆるやかに立てて追いかけ編みを3㎝編み、編み芯をカットする。縁止めCで縁を始末する。

・2本縄編みは、P.48参照

・追いかけ編みは、P.48参照

・縁止めCは、P.47参照

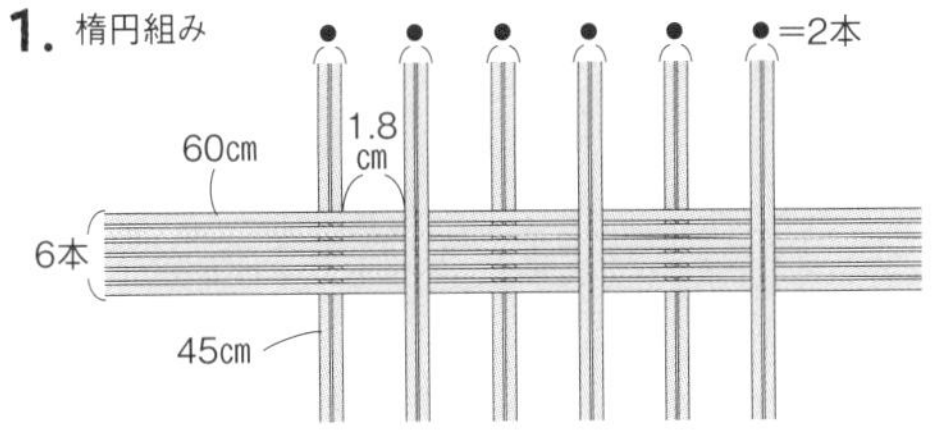

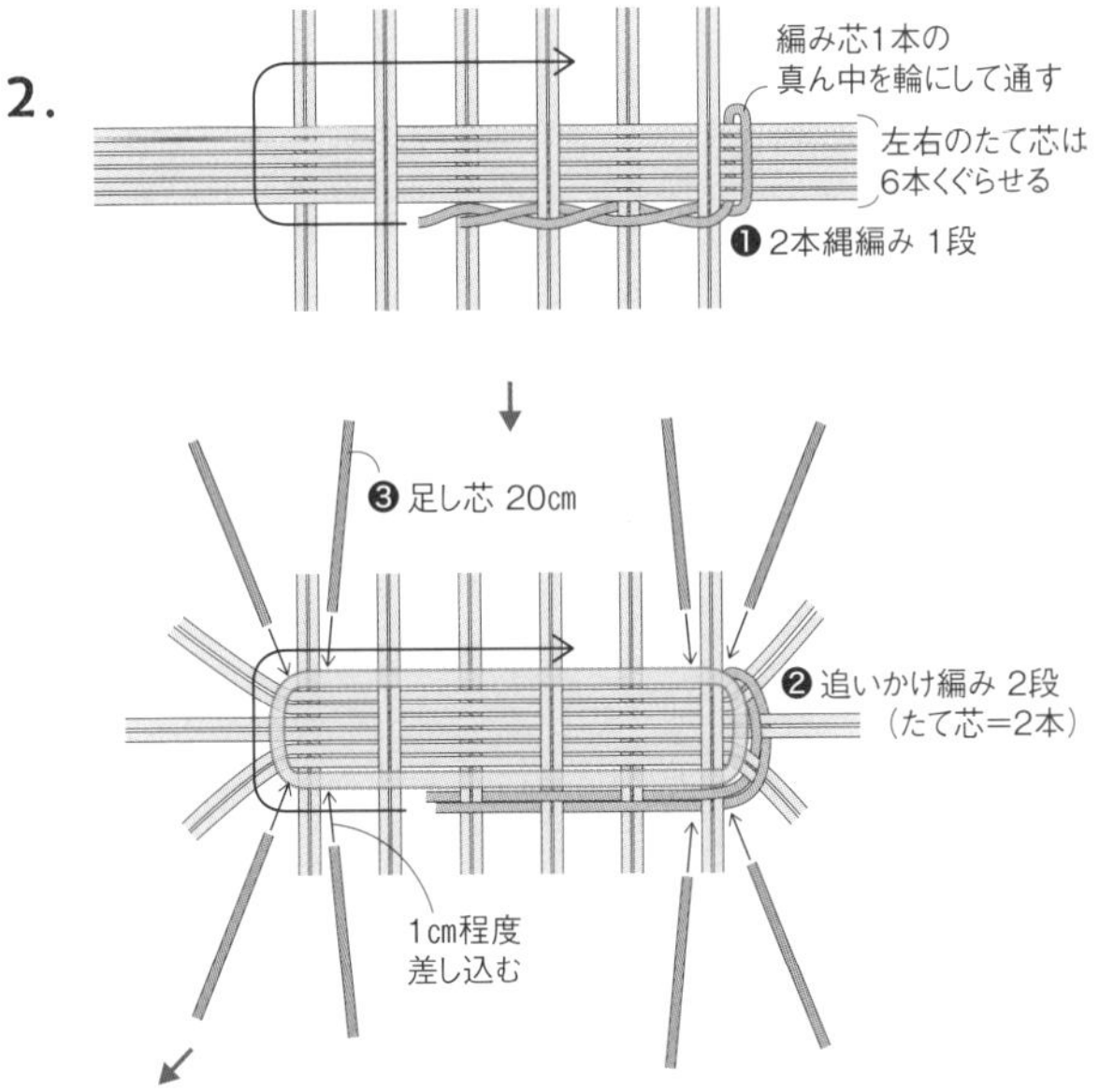

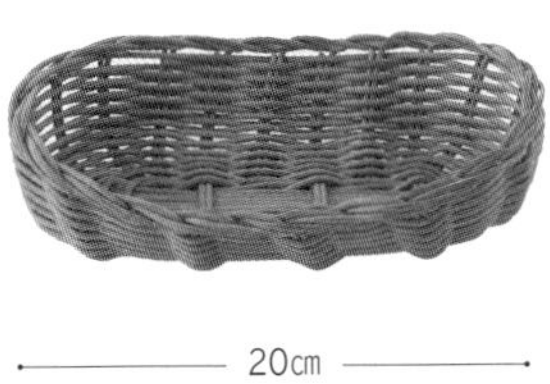

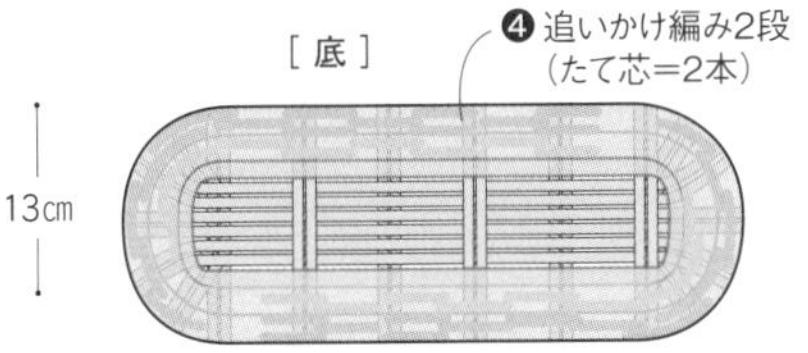

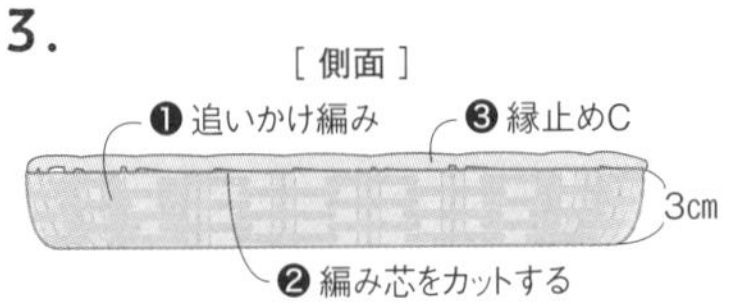

P.70の続き

縁止めの方法

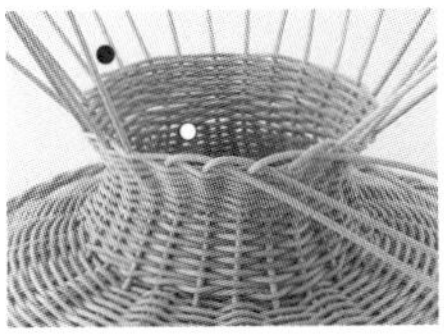

1. たて芯を持ち、右隣のたて芯の後ろを通して手前（外側）に出す。

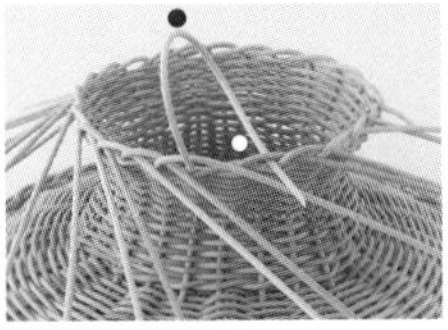

2. 最後のたて芯（●）は、最初のたて芯（○）の山に通して1周めが終了。

3. 手前に出したたて芯を右隣に2本飛ばし、次のたて芯の山に通す。

4. 最後まで同様に繰り返す。

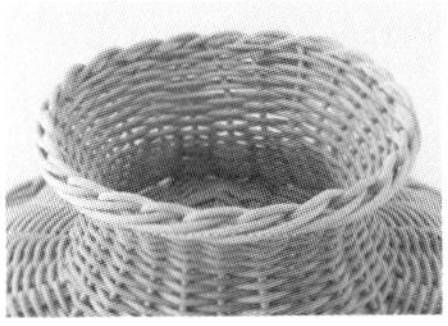

5. 余分なたて芯を1㎝ほど残してカットし、完成。

花のブローチ・耳飾り

材料

28 ブローチ

丸芯［コーヒー染め］（太さ1.25mm）……60cm4本

ウッドビーズ（直径4mm/黒）……18個

フェルト（黒）……3×3cm

フェイクレザー（ゴールド）……3×3cm

ブローチピン（長さ2.5cm/アンティークゴールド）……1個

手芸用ボンド、染色ペン、縫い糸

29 耳飾り

丸芯［コーヒー染め］（太さ1.25mm）……35cm6本

丸大ビーズ（黒）……40個

フェルト（黒）……3×6cm

フェイクレザー（ゴールド）……3×6cm

ピアス金具（ゴールド）……1組み

手芸用ボンド、縫い糸

編み方

28 ブローチ

1. 丸芯4本1組みにして、**P.49-7**を参照して結ぶ。両端を矢印の方向に上げる。❶、❷の順に左右に引っ張り、左端の編み端Aを矢印のとおりに通す。

2. 中央に空間ができるように形を整える。

＊丸芯は休ませておく。

3. ビーズ18個を染色ペンで黒く塗り、フェルトに縫いつける。

4. 中央にビーズがくるようにはめ込み、形を整え、丸芯をカットする。フェルトをボンドで貼り、余分をカットする。

5. フェイクレザーにブローチピンを縫いつけ、本体に接着する。

29 耳飾り ＊**3**、**4**はブローチ参照

1. 丸芯3本1組みにしてあわじ結びを結ぶ。編み端を矢印のとおりに通す（**P.73**参照）。

2. 中央に空間ができるように形を整える（梅結び）。

＊丸芯は休ませておく。

3. ビーズ20個をフェルト（3×3cm）に縫いつける。

4. 中央にビーズがくるようにはめ込み、形を整え、丸芯をカットする。フェルトをボンドで貼り、余分をカットする。

5. フェイクレザー（3×3cm）の中央に目打ちで穴をあけ、ピアス金具をボンドでつけ、ボンドで本体に接着する。同様にして2個作る。

・あわじ結びは、**P.42**参照

28 ブローチ

1.

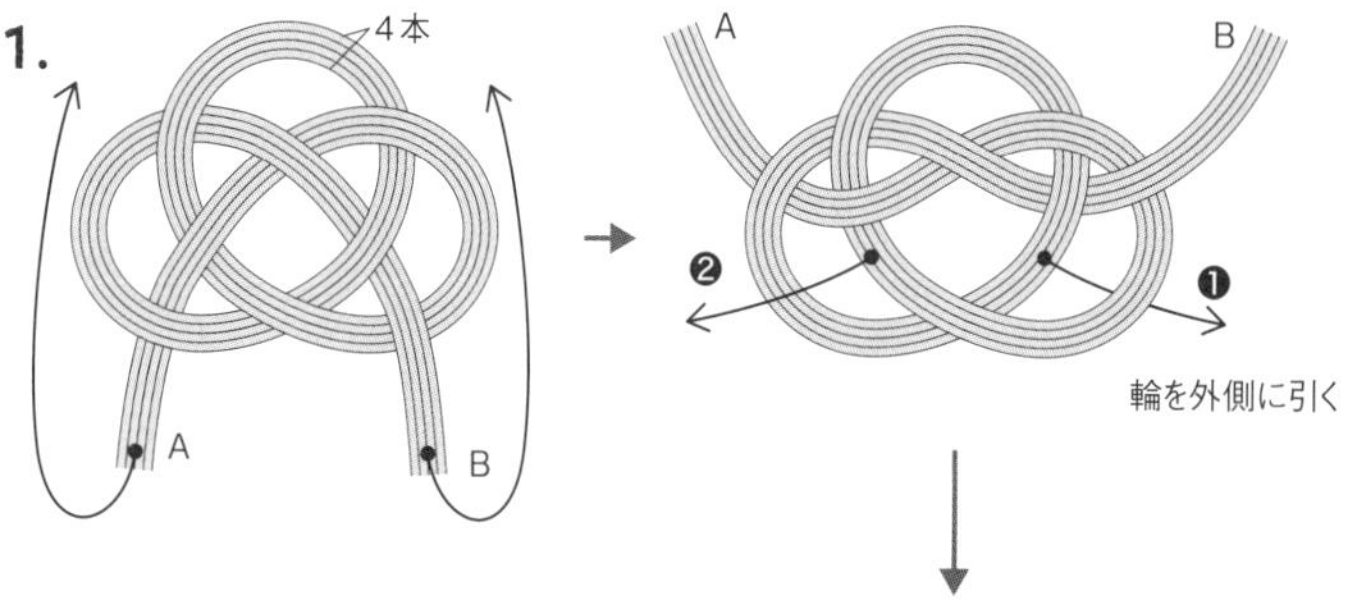

2.

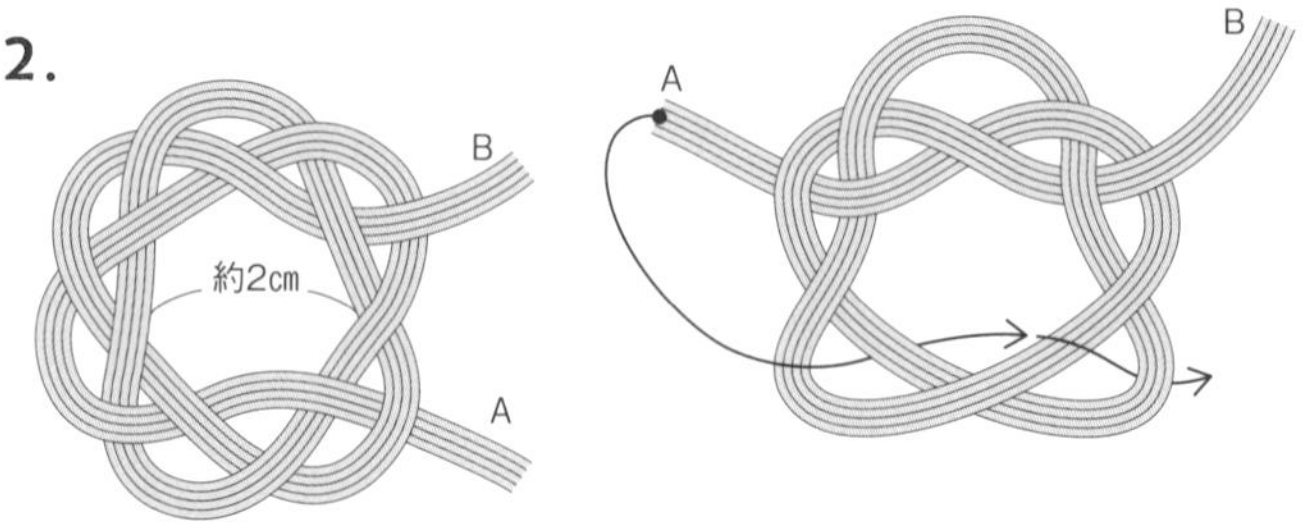

3.

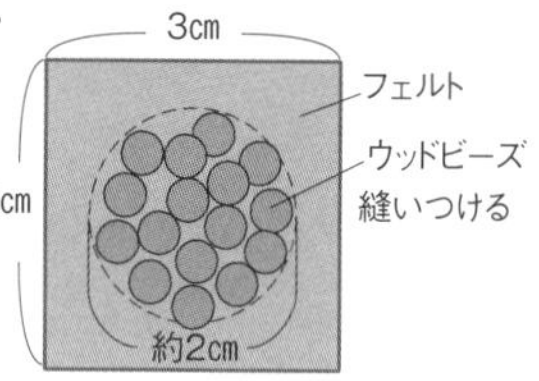

4.

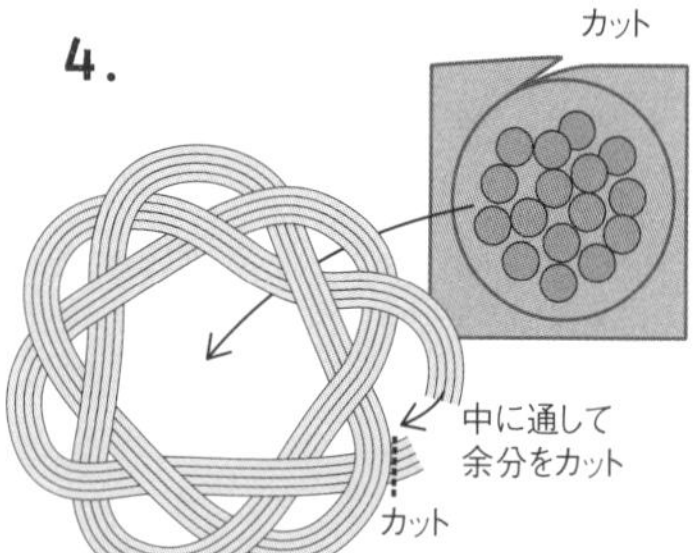

5.

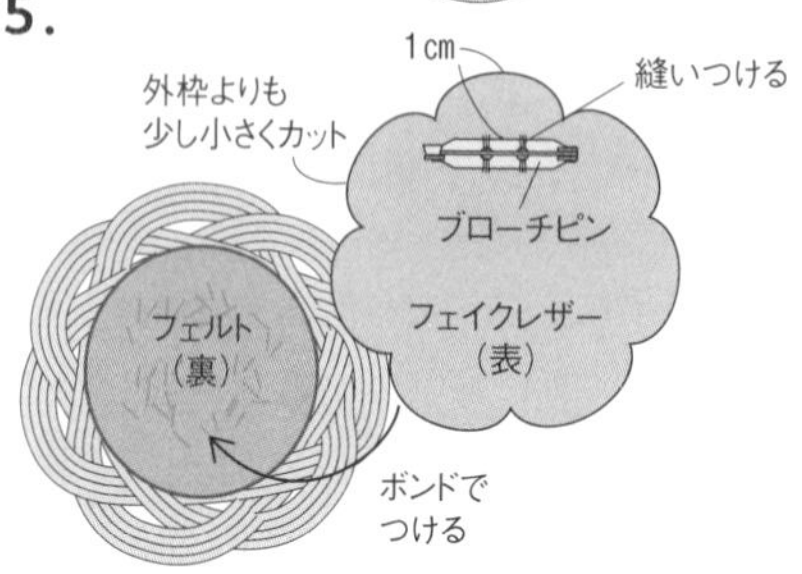

28 ブローチ

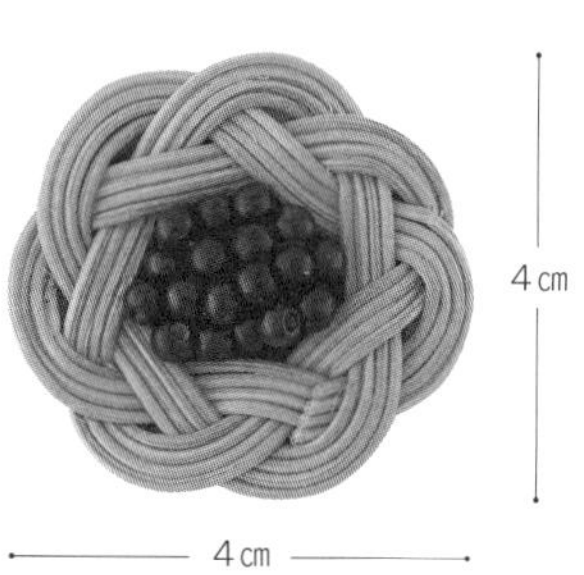

29 耳飾り

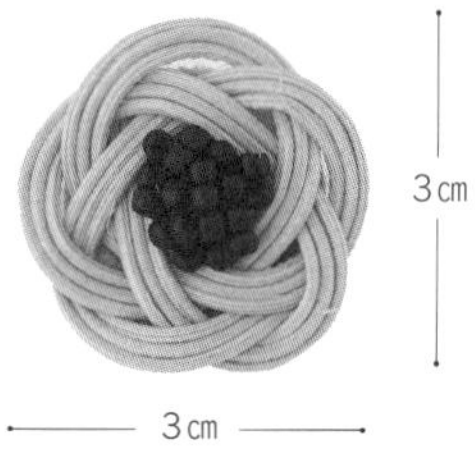

P.73に続く

35 PHOTO PAGE 31

針山

材料
丸芯［コーヒー染め］
たて芯（太さ2㎜）……30㎝8本
編み芯（太さ2㎜）……8g
毛糸（並太/オフホワイト）……適量
タブ布（ウール/グレー）……1.5×8㎝
手芸わた……適量

編み方
1. たて芯4本ずつを十字に重ねる（十字組み）。編み芯1本でたて芯4本を上下交互にくぐらせて2周、次に上下を逆にくぐらせて2周編む。
2. 新しい編み芯を1本加え、たて芯2本ずつにし、2本縄編みを1段編む。続いて、途中でたて芯を上に向けてゆるやかに立ち上げながら追いかけ編みを3㎝編み、編み芯をカットする。縁止めAで縁を始末する。
3. タブ布をカットし、クッション部分を編む。
4. 針山に仕立てる。

・十字組みは、P.48参照
・追いかけ編みは、P.48参照
・2本縄編みは、P.48参照
・縁止めAは、P.47参照

1.

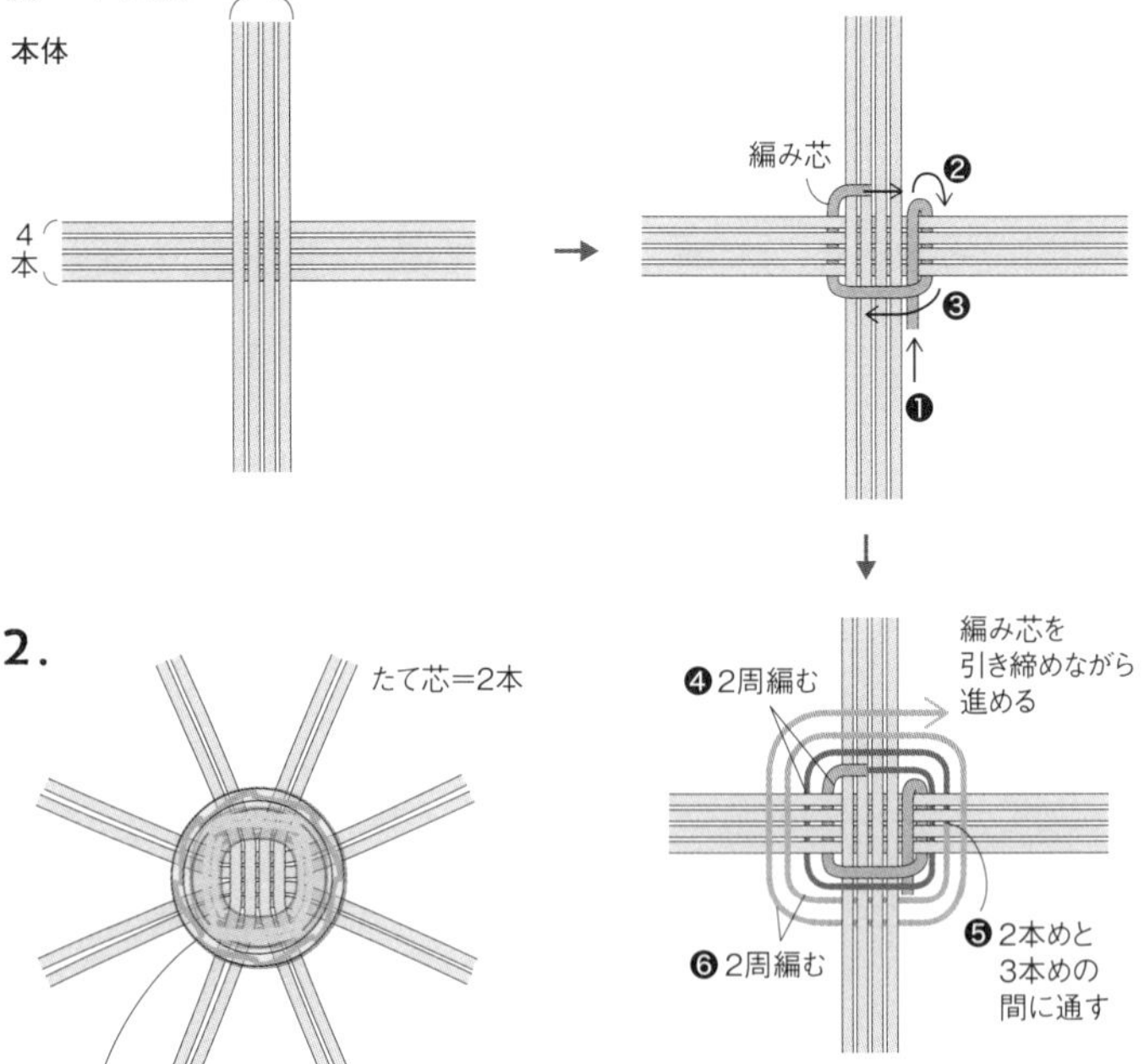

2.

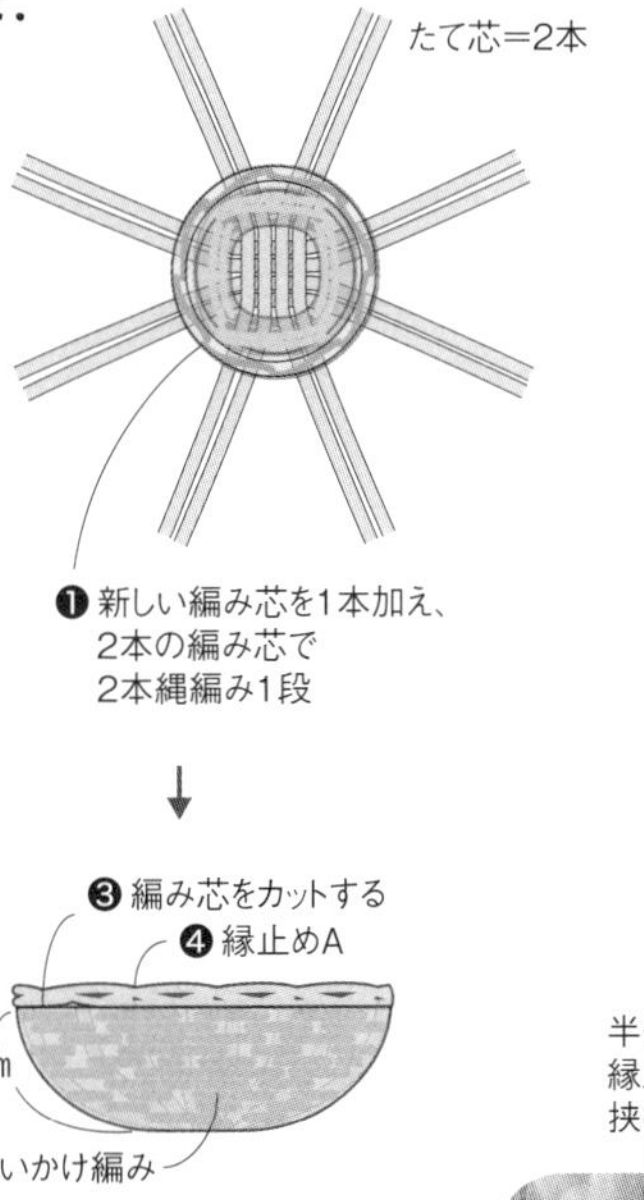

3.

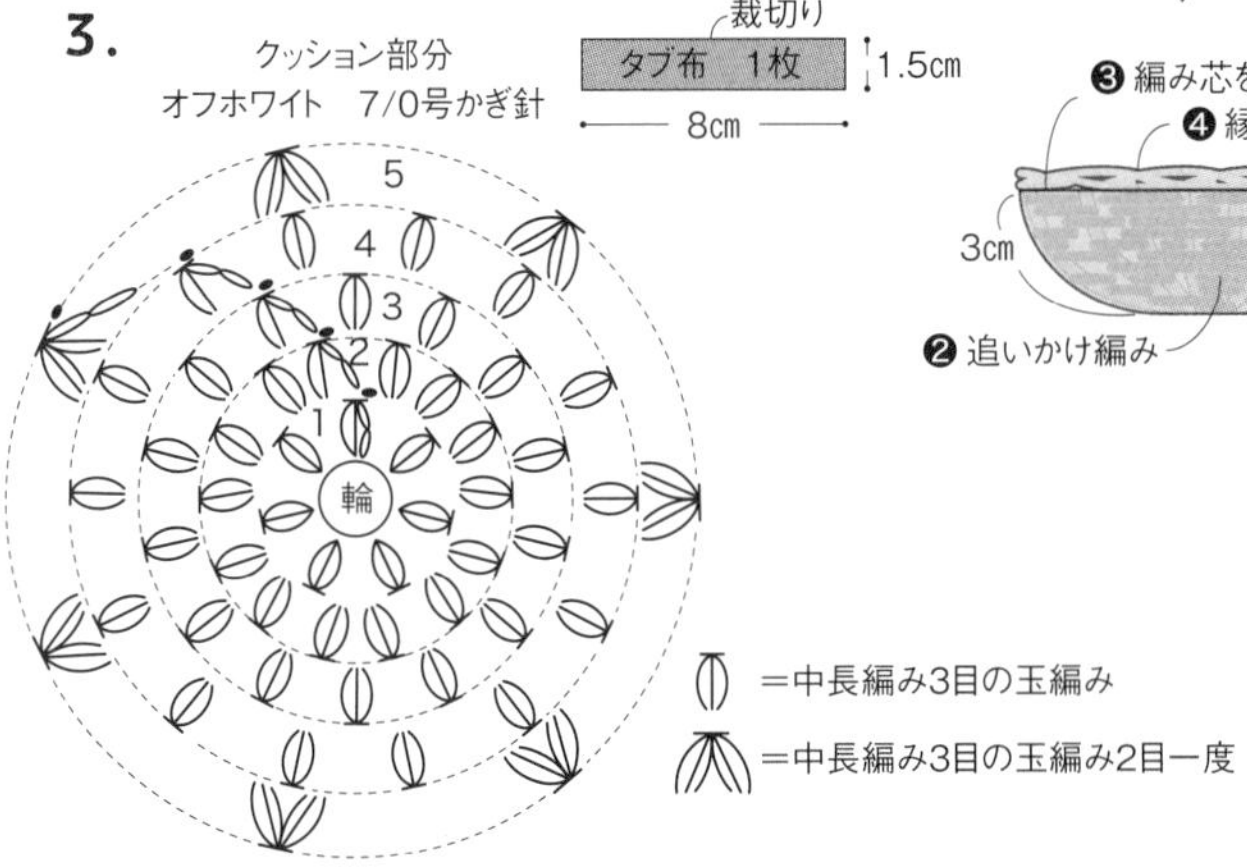

4.

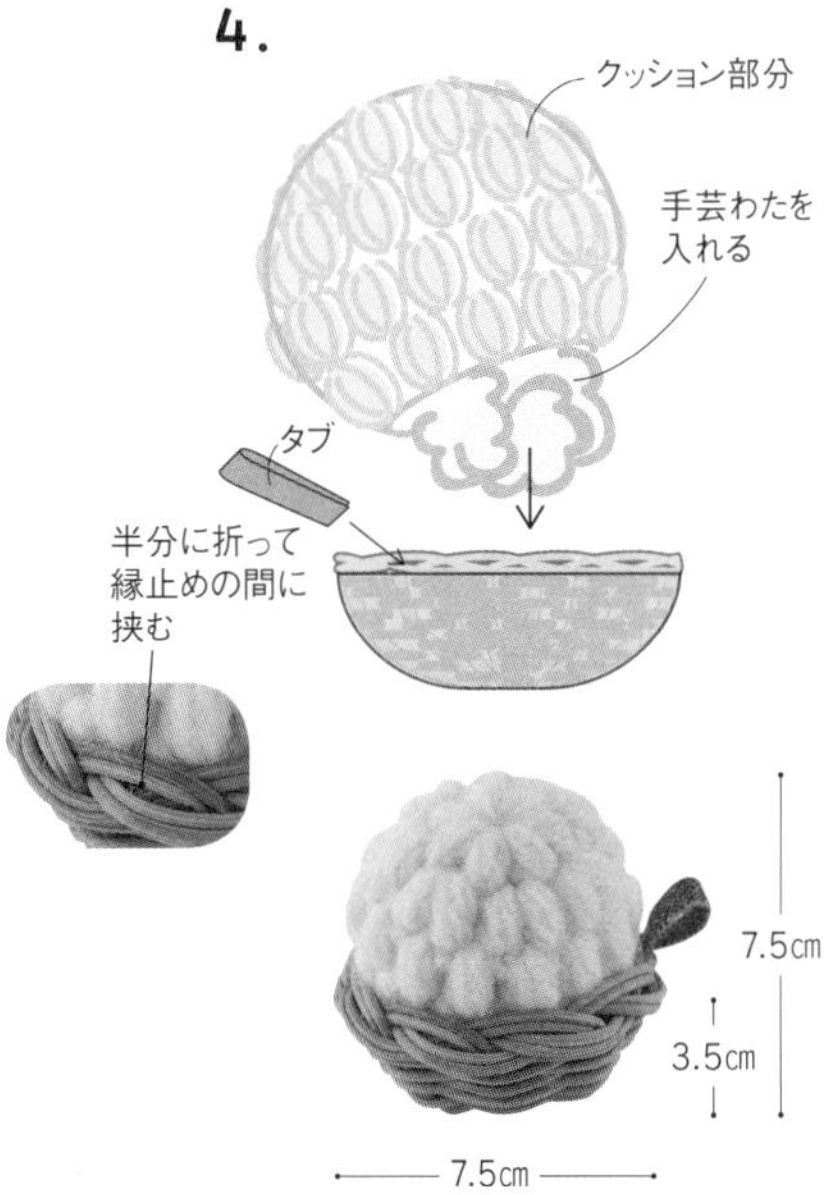

P.72の続き

29 耳飾り

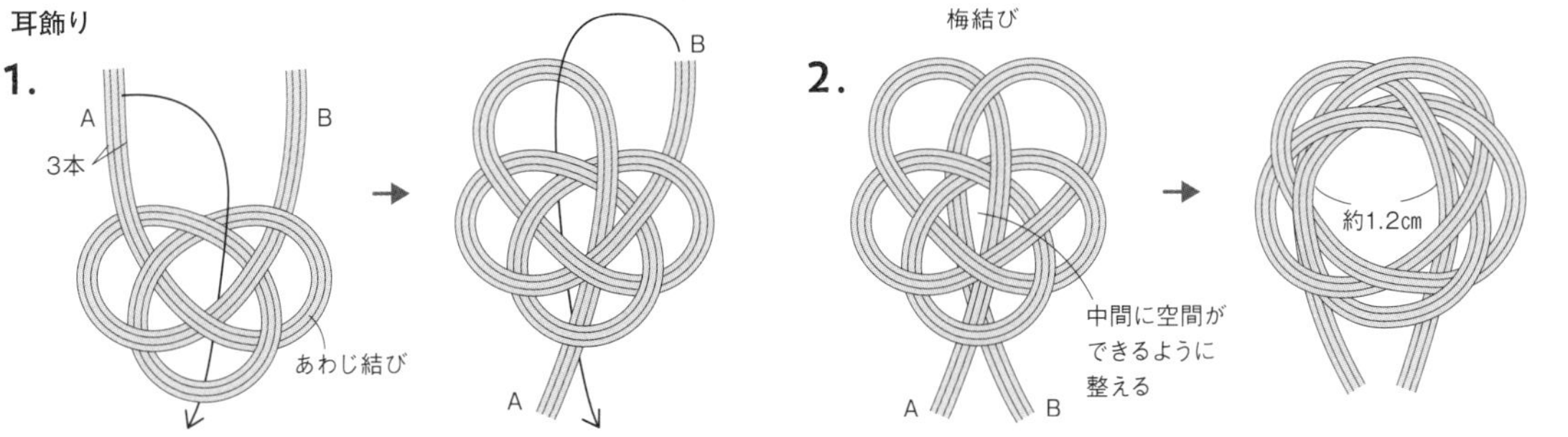

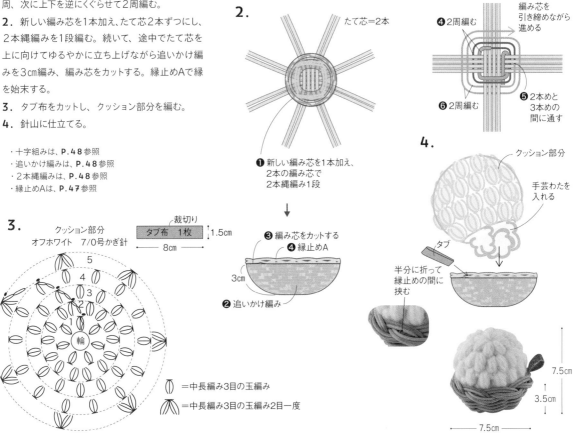

32 PHOTO PAGE 28

脚つき小物入れ

材料

丸芯（太さ2mm）

プレート（共通）：たて芯……………各30cm12本

脚：たて芯……………………………………

……**H**25cm12本、**M**20cm12本、**L**10cm12本

編み芯……………………**H**50g、**M**・**L**各30g

編み方

1. プレート部分を作る。たて芯6本ずつを十字に重ねる（十字組み）。編み芯1本でたて芯6本を上下にくぐらせて3周、次に上下を逆にくぐらせて3周編む。

2. 新しい編み芯1本を加え、たて芯2本ずつにして2本縄編みを1段編み、続いて追いかけ編みを直径6.5cmになるまで編む。たて芯1本ずつにして上にゆるく起こしながらさらに追いかけ編みを5段編み、編み芯をカットする。縁止めAで縁を始末する。

3. 脚の部分を作る。**P.45-7**を参照して、中心から2cmのところにたて芯を12本差し込む。編み芯1本の真ん中を輪にしてたて芯に通し、たて芯1本ずつの2本縄編みを1段する。

H：たて芯1本ずつで少し細めながら追いかけ編みを2cm編む。たて芯2本ずつにしてまっすぐにして6cm、広げながら2cm編む。たて芯を1本ずつに変えて追いかけ編みを1cm編み、直径6cmにする。編み芯をカットし、縁止めAで縁を始末する。

M：たて芯1本ずつにして中心に向けて細めるように追いかけ編みを2cm、まっすぐにして2cm、広げながら2cm編み、直径を5cmにする。編み芯をカットし、縁止めAで縁を始末する。

L：たて芯1本ずつの追いかけ編みを広げながら2cm編み、直径6cmにする。編み芯をカットし、縁止めAで縁を始末する。

・十字組みは、**P.48**参照

・2本縄編みは、**P.48**参照

・追いかけ編みは、**P.48**参照

・縁止めAは、**P.47**参照

1.

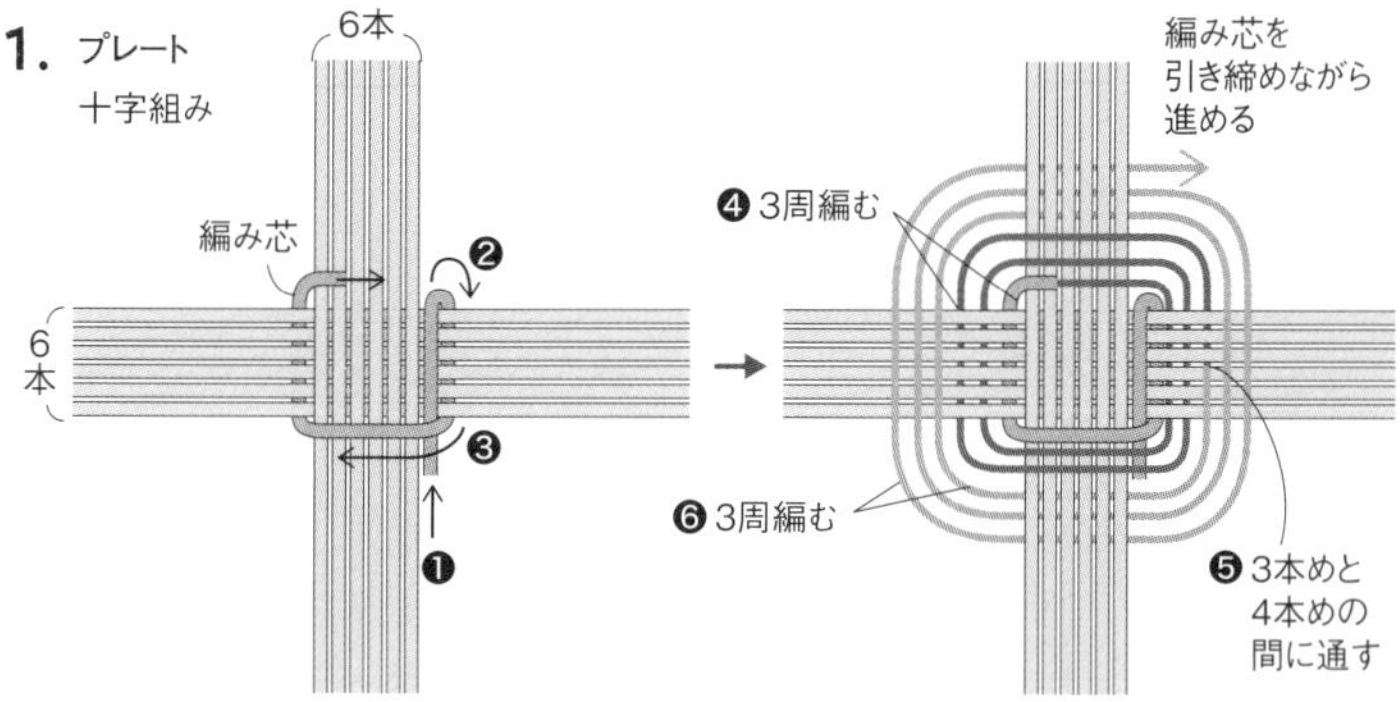

2.

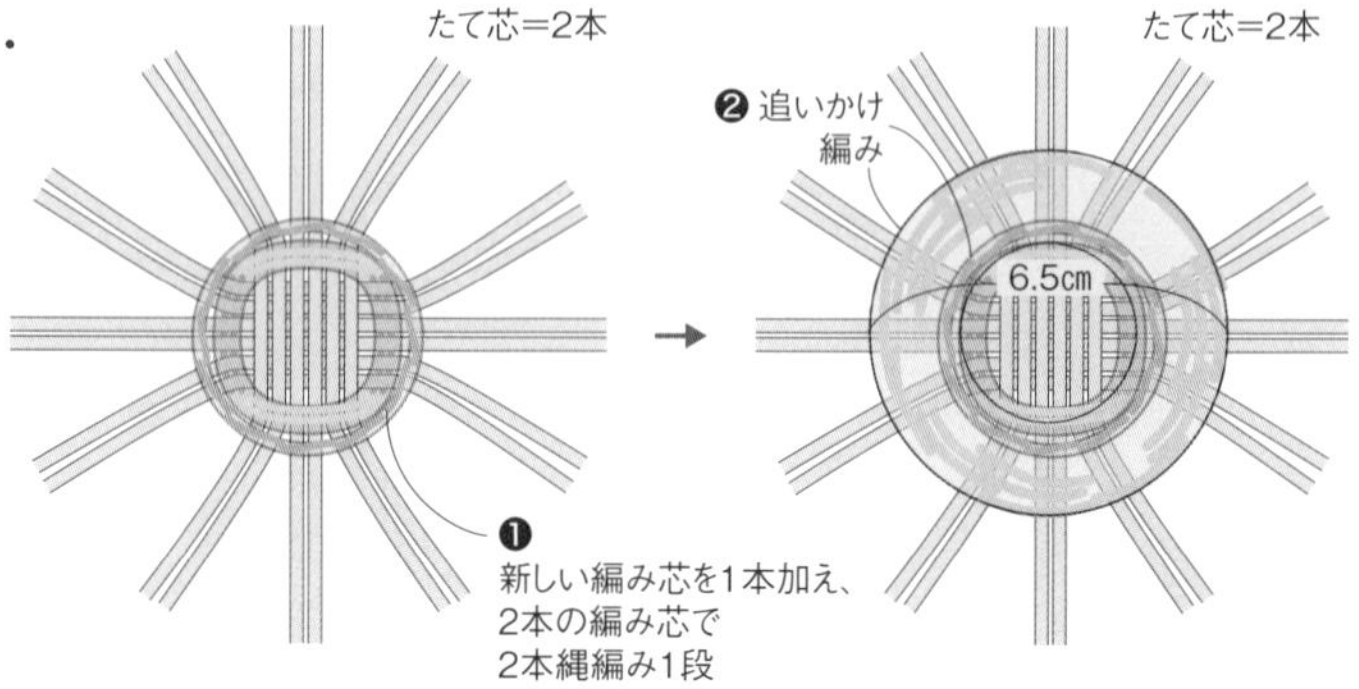

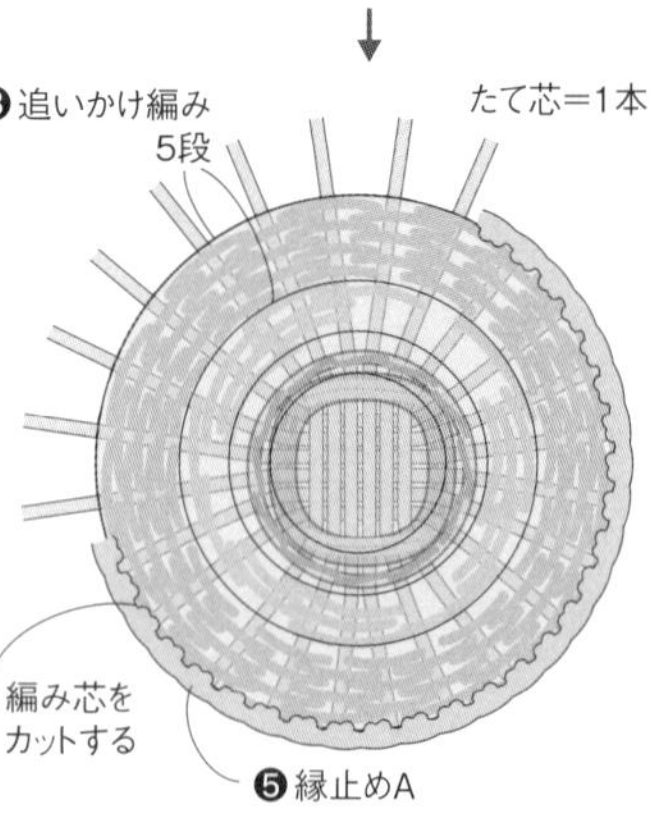

3. 脚

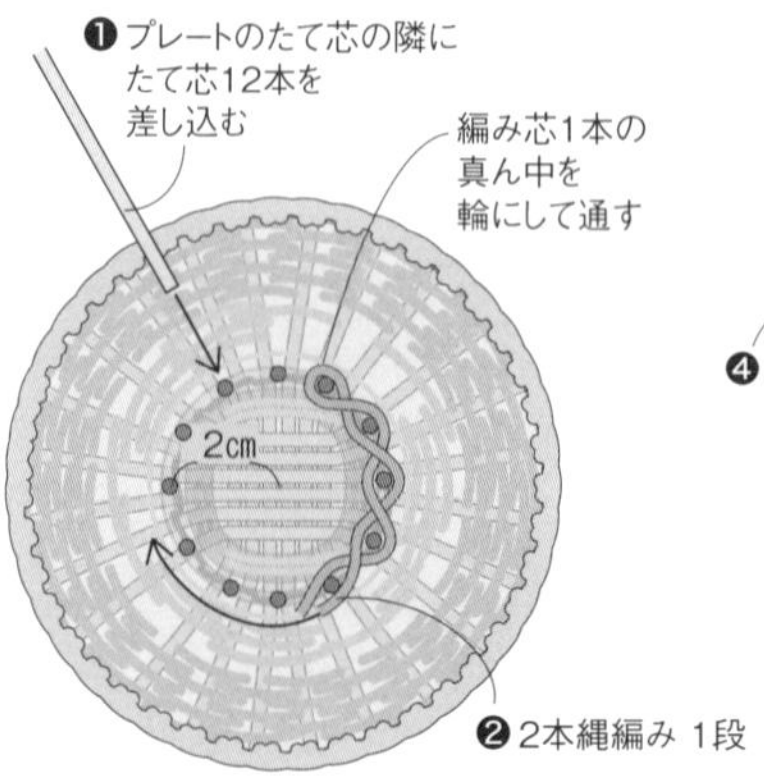

H

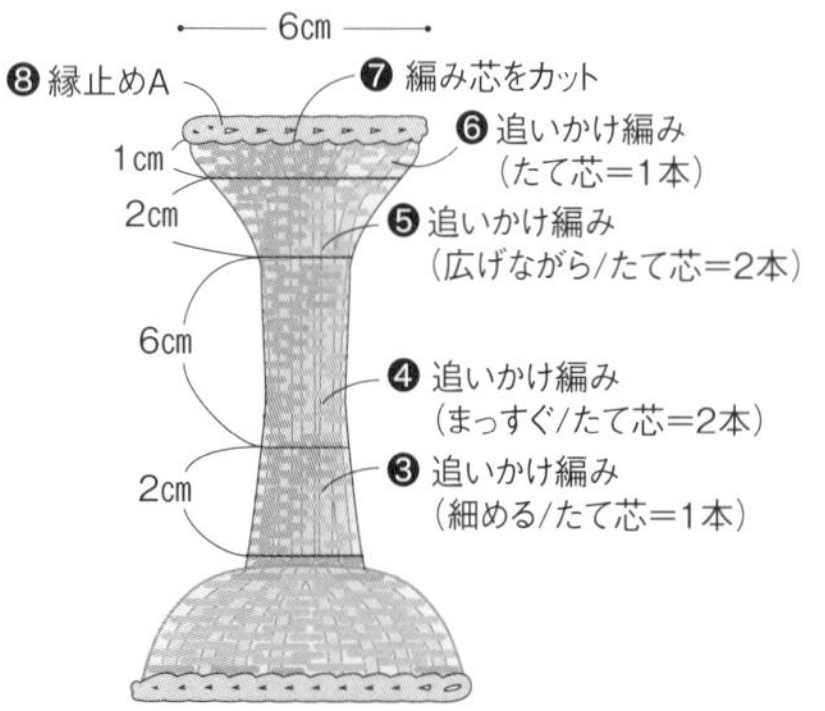

M

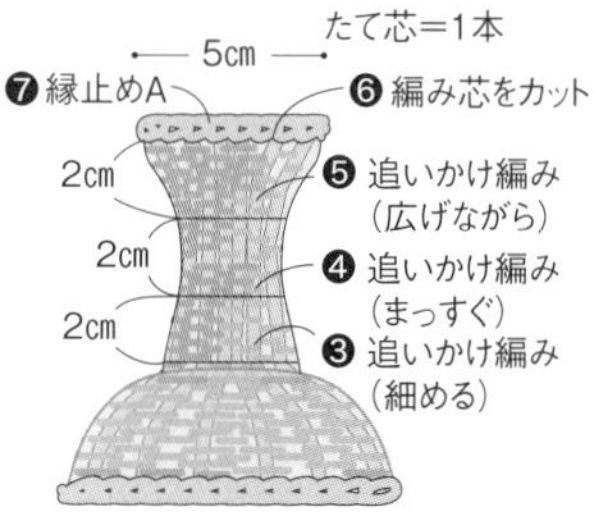

L

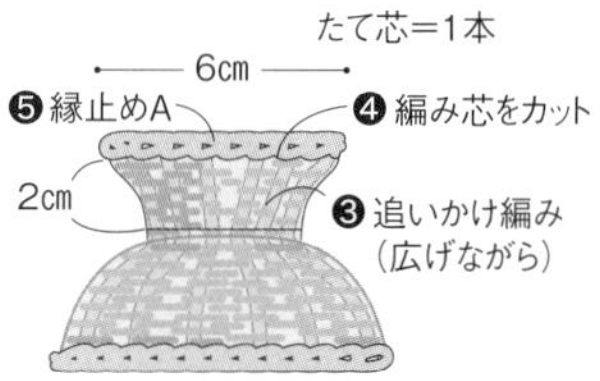

P.75に続く

22 PHOTO PAGE 22

首飾り

材料

丸芯［コーヒー染め］（太さ1.25㎜）……80㎝8本

Cカン（8㎜/ゴールド）……2個

ひも止め金具（ゴールド）……2個

三つ編みコード（5㎜幅/ホワイト）……100㎝

手芸用ボンド

編み方

1. 丸芯を4本1組みにして、抱きあわじ結びを編む。片方の丸芯を図のように引き出す。

2. 右側の輪を約7㎝になるように整えながら連続して4つ編む。編始めと編終りの端の4か所をカットする。

3. 三つ編みコードを50㎝2本カットし、片方の端にはひも止め金具、もう片方の端はボンドをつけてほつれ止めをする。

4. 本体左右にCカンをつけ、三つ編みコードのひも止め金具をつなげる。

1.

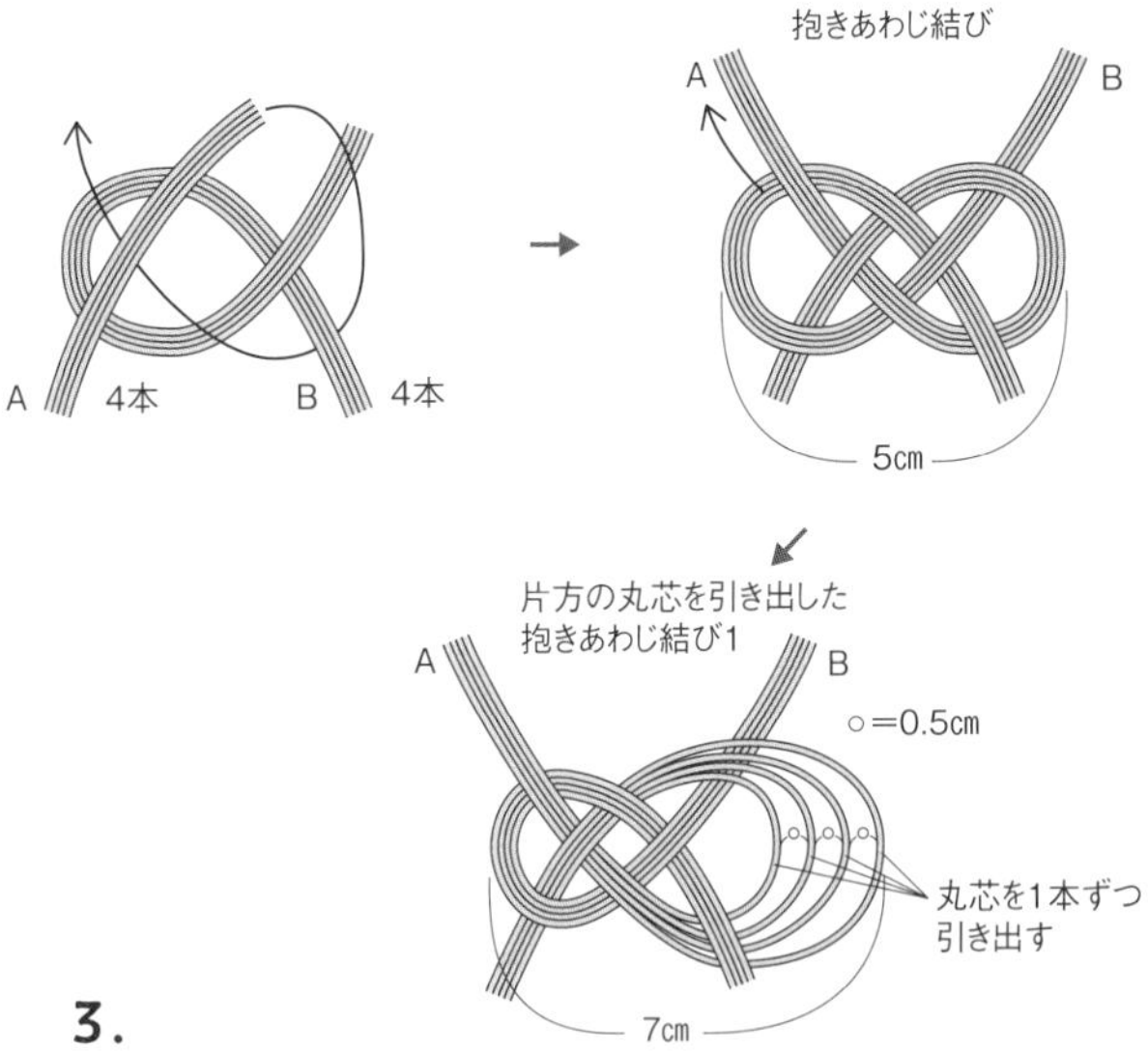

2.

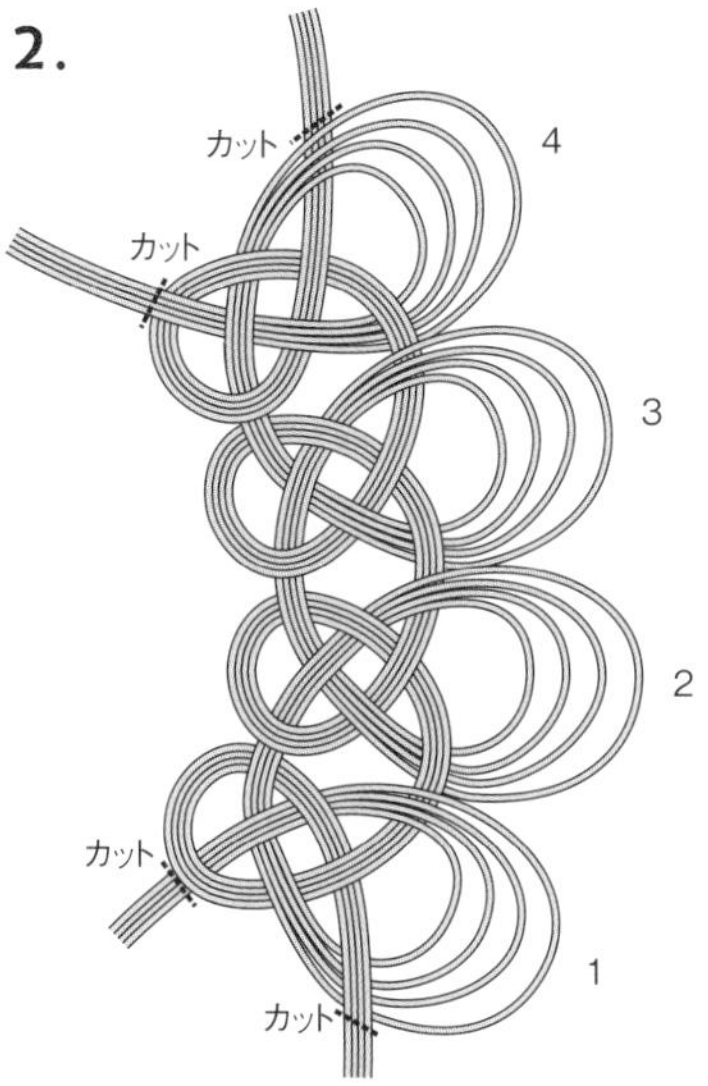

3.

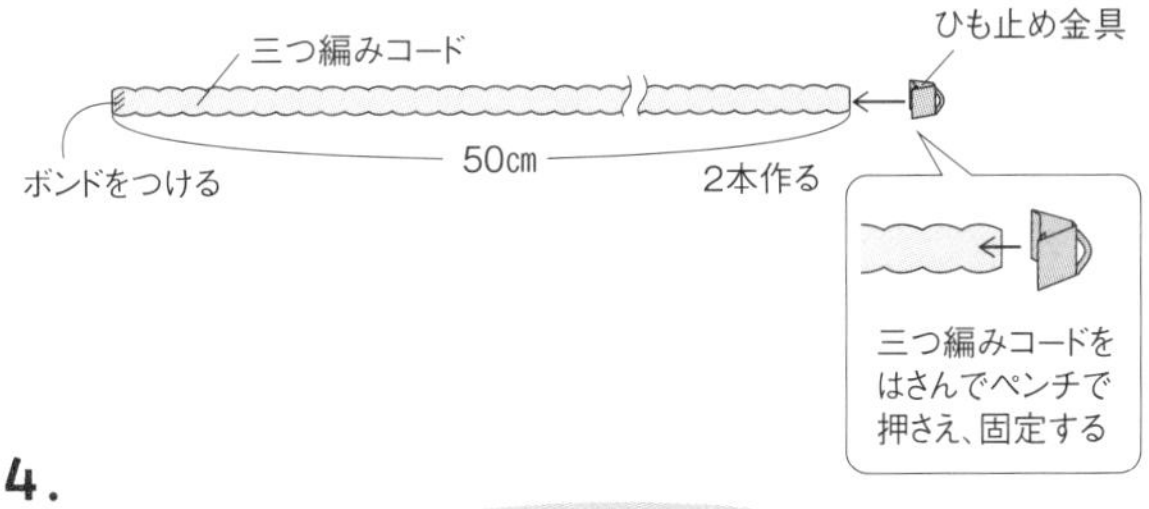

4.

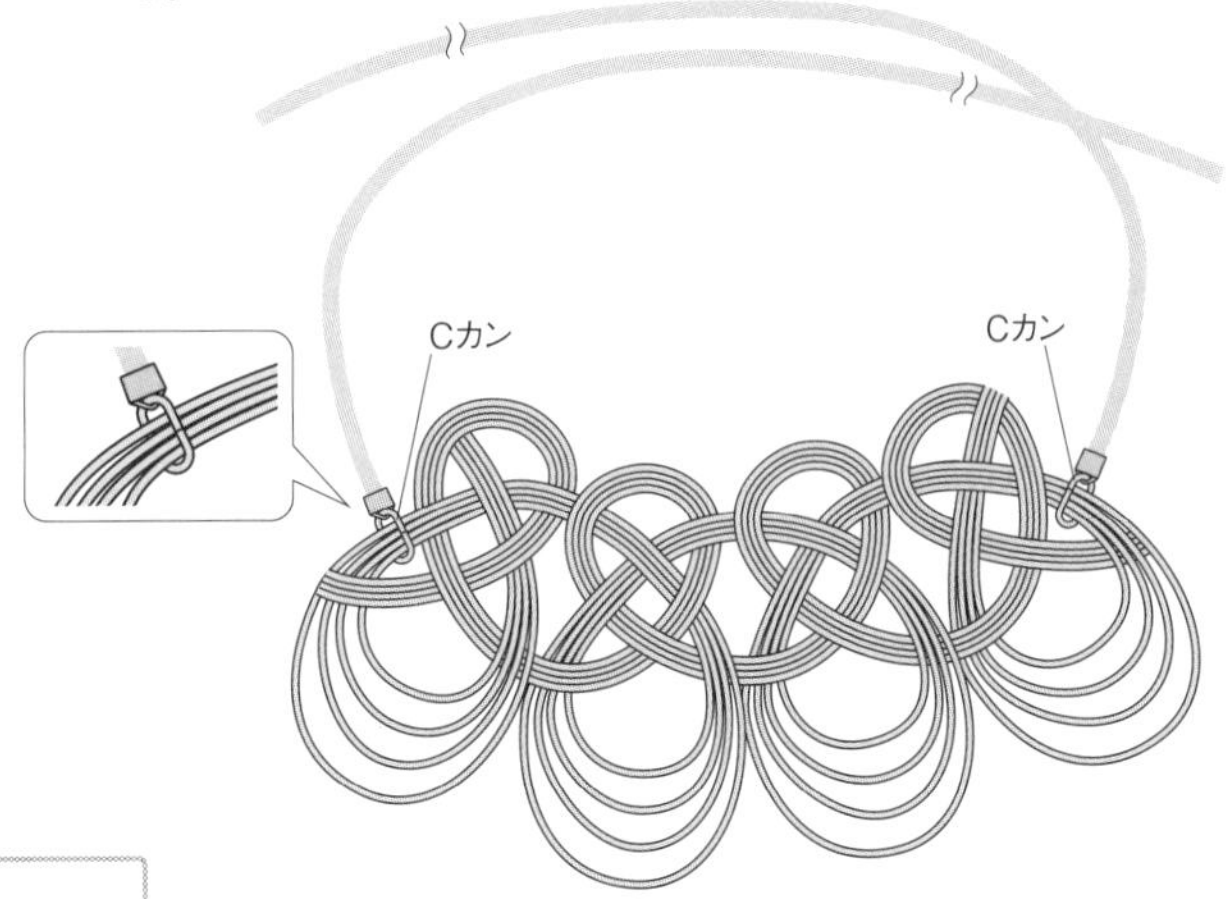

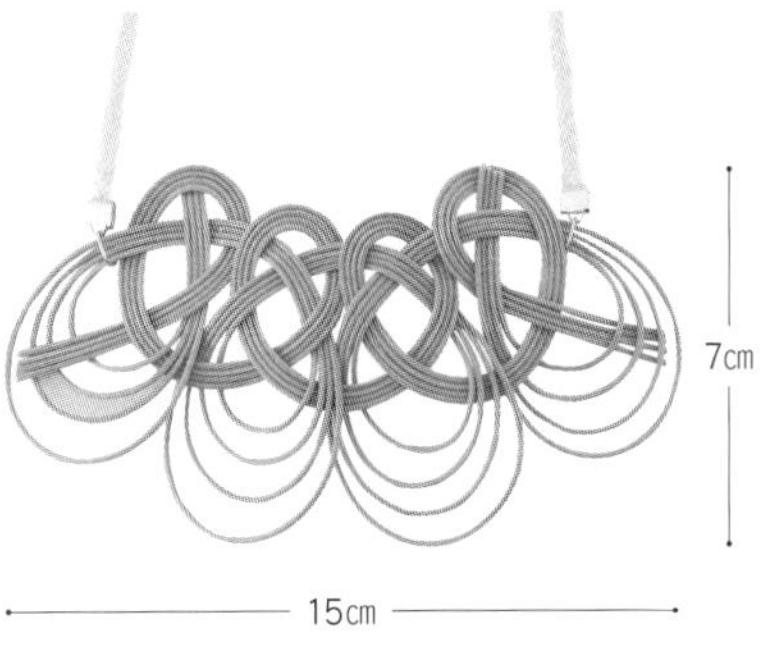

P.74の続き

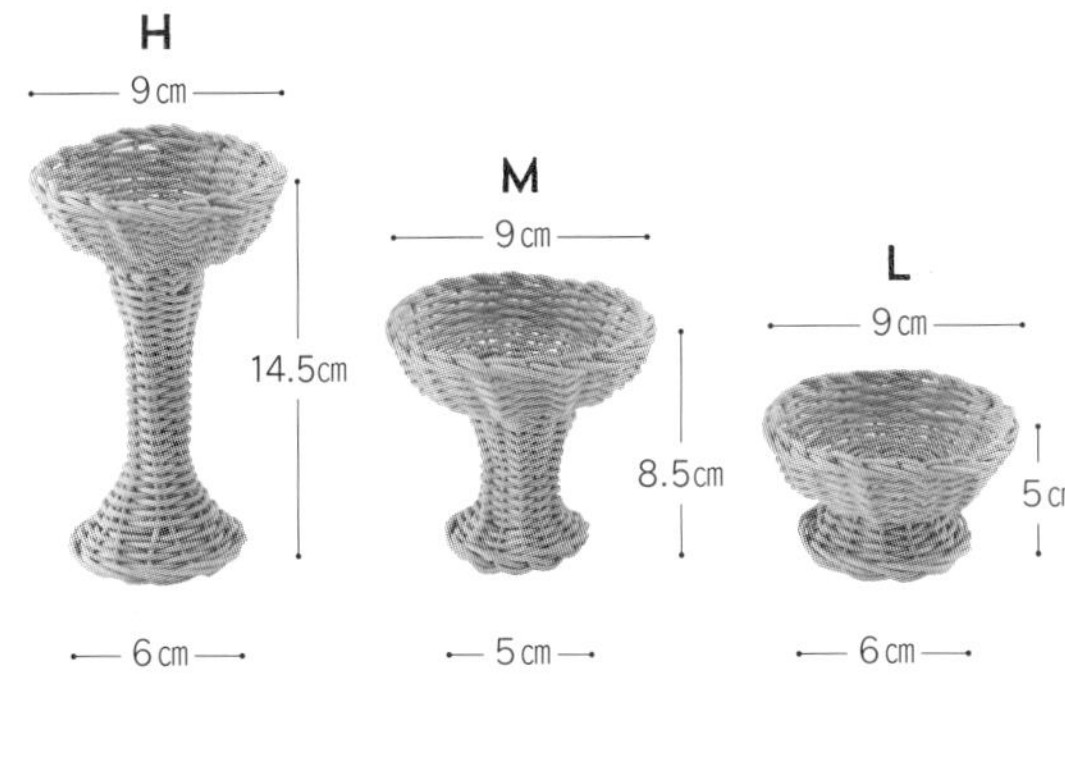

36 PHOTO PAGE 32

手鏡

材料

丸芯［茶染め］

本体：たて芯（太さ2㎜）……50㎝6本、45㎝14本

持ち手：たて芯（太さ3㎜）……50㎝1本

編み芯（太さ2㎜）……50g

厚紙……15×20㎝

ミラーシート……15×20㎝

手芸用ボンド

編み方

1. 図のようにたて芯を重ねる（楕円組み）。

2. 編み芯1本の真ん中を輪にしてたて芯に通し、図を参照して2本縄編みを1段編む。上下のたて芯（★）の中心は6本で、その他のたて芯は2本ずつにして追いかけ編みを1段編み、たて芯をすべて2本ずつにして追いかけ編みを4.5㎝編み、編み芯をカットする。

3. ミラー部分を作る。ミラーシートを厚紙に貼り、型紙のとおりにカットする。本体（前）にミラーをボンドで貼る。前から見て最後から2段めの追いかけ編みの編み目にたて芯を通し、ミラーにかぶせて縁止めAで縁を始末する。

4. 持ち手部分を作る。たて芯を曲げて編み芯を図のように巻く。

5. 持ち手を本体の後ろ側とミラーの間に差し込む。

・楕円組みは、**P.48**参照
・追いかけ編みは、**P.48**参照
・2本縄編みは、**P.48**参照
・縁止めAは、**P.47**参照
・ミラーシート、厚紙の実物大型紙は、**P.64**

1.

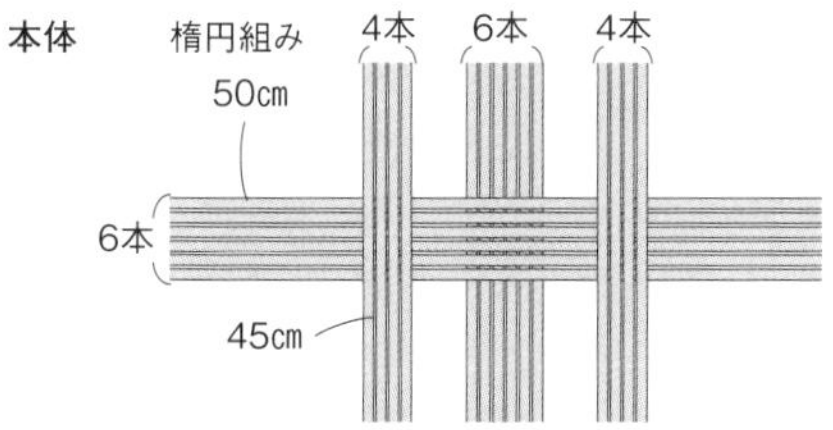

2.

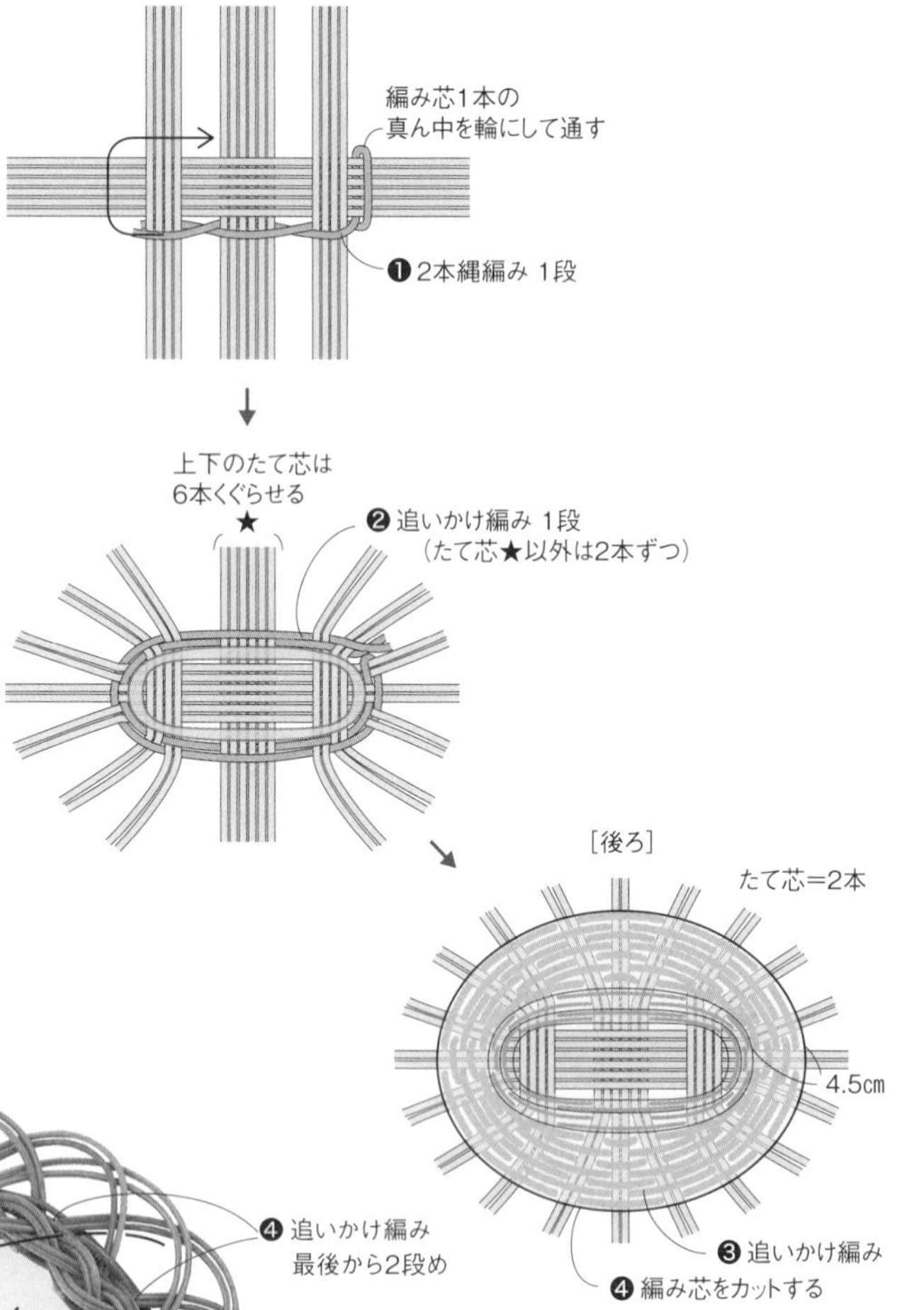

3.

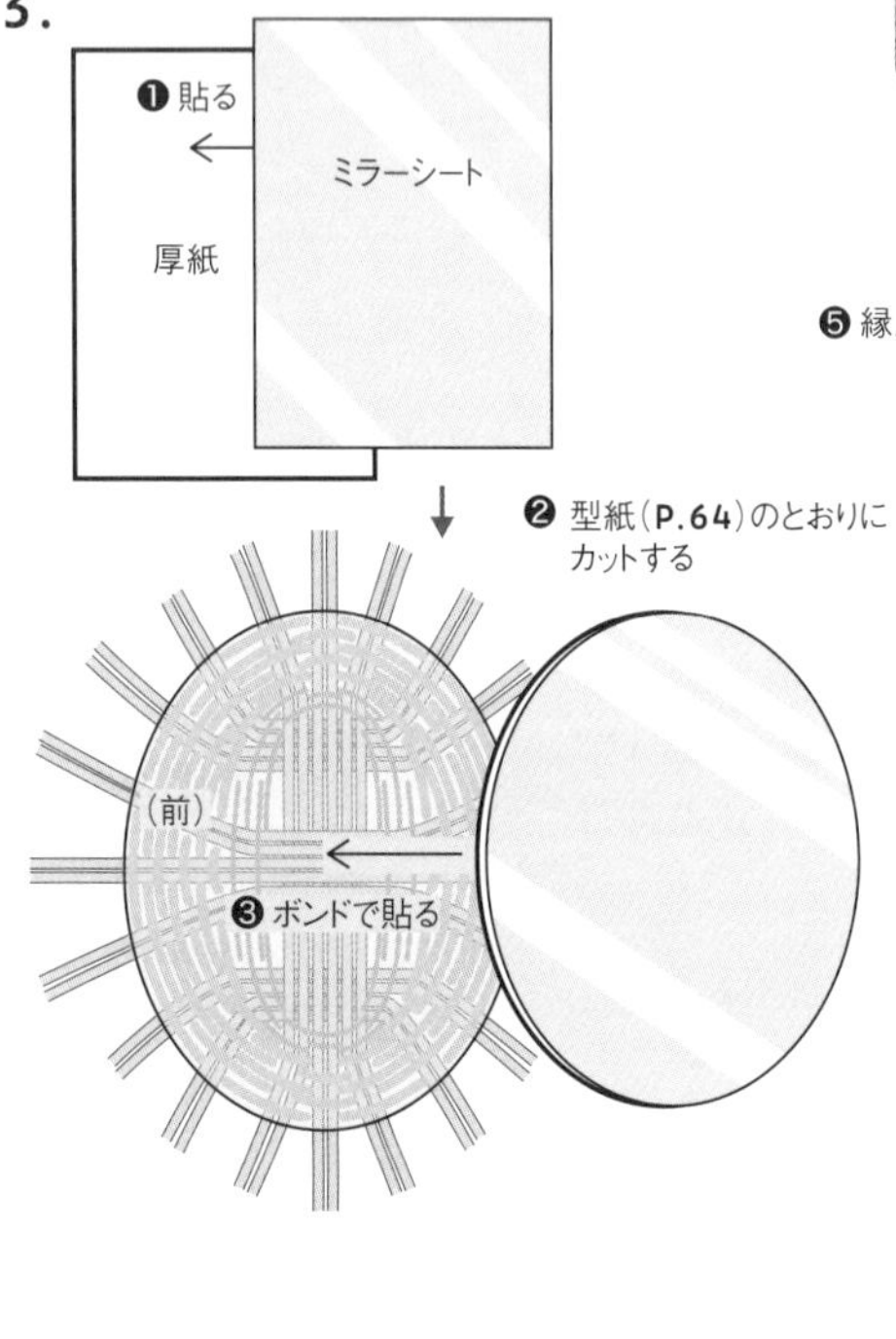

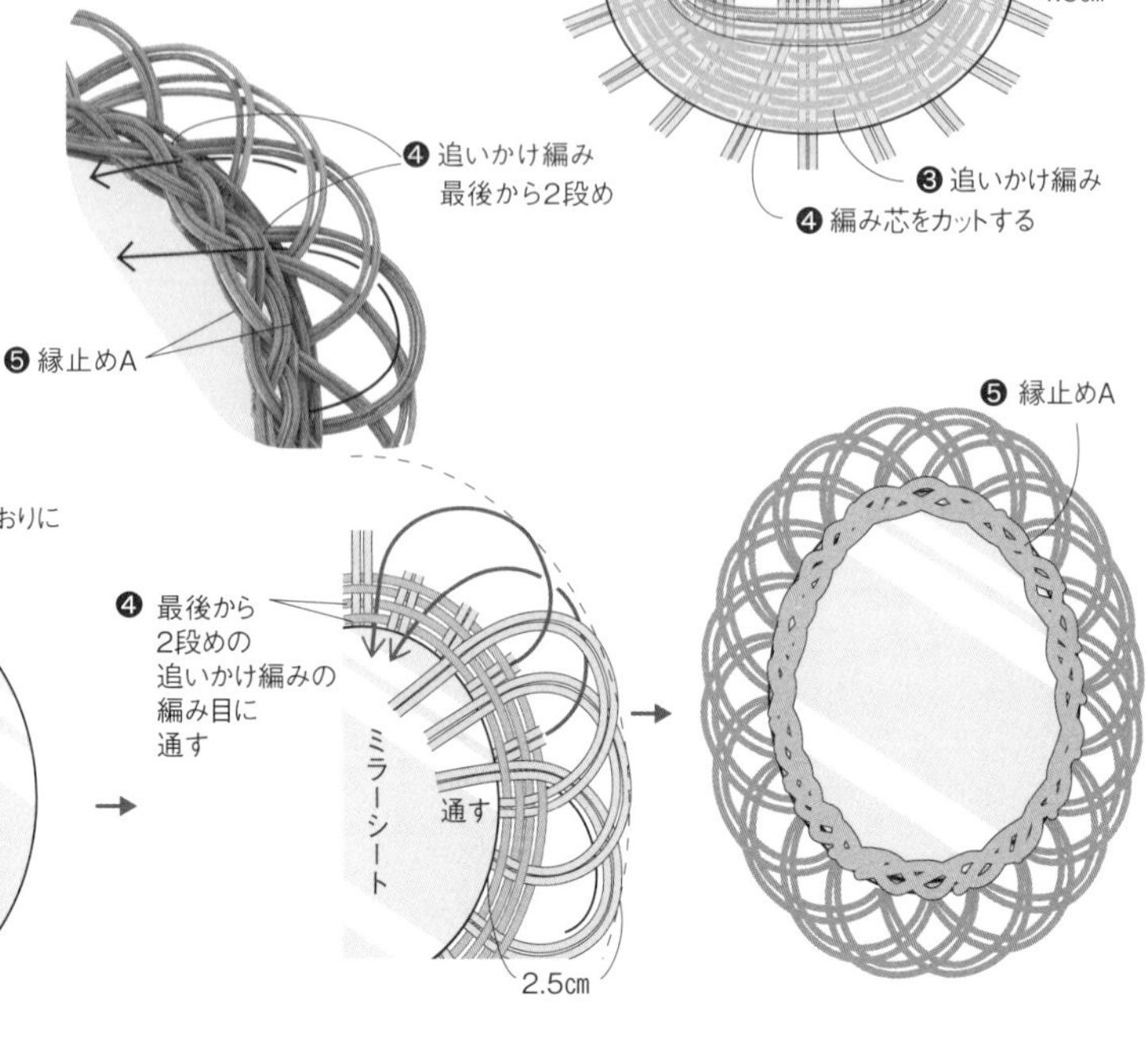

P.77に続く

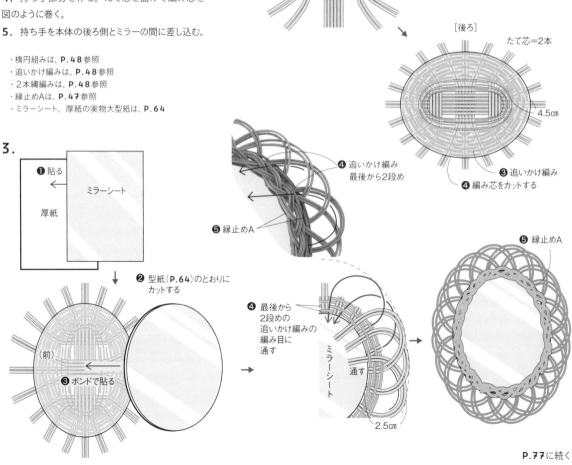

37 PHOTO PAGE 33

カチューシャ

材料

丸芯（太さ1.25㎜）…………50㎝ 14本、適量
クラフトワイヤー（#30/ゴールド）……適量
カチューシャ台（3㎜幅/ゴールド）……1本
手芸用ボンド

編み方

1. 丸芯を4本1組みにして、三つ編みを編み、両端をワイヤーでまとめる。

2. **1**をカチューシャ台にそってボンドでつけ、両端をカチューシャ台の長さに合わせてカットする。

3. 端から2.5㎝程度のところから新しい編み芯を巻きつける。通し終わりは丸芯のすきまに編み端を通して引き抜き、目立たないところでカットする。

＊ すきまは目打ちなどで作る。

1.

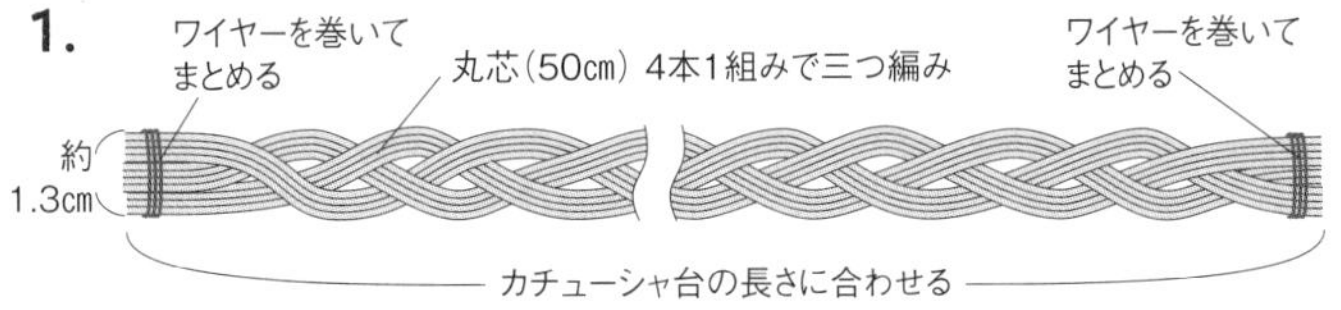

2.

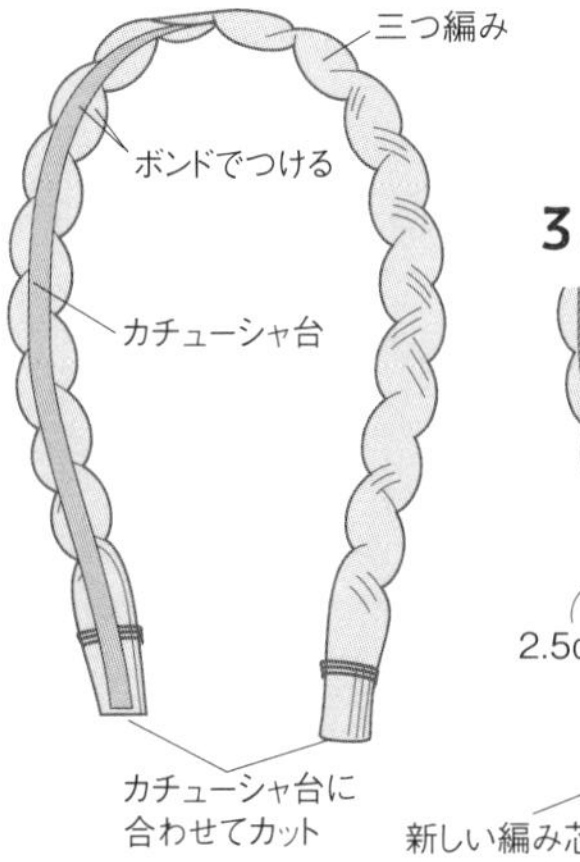

3.

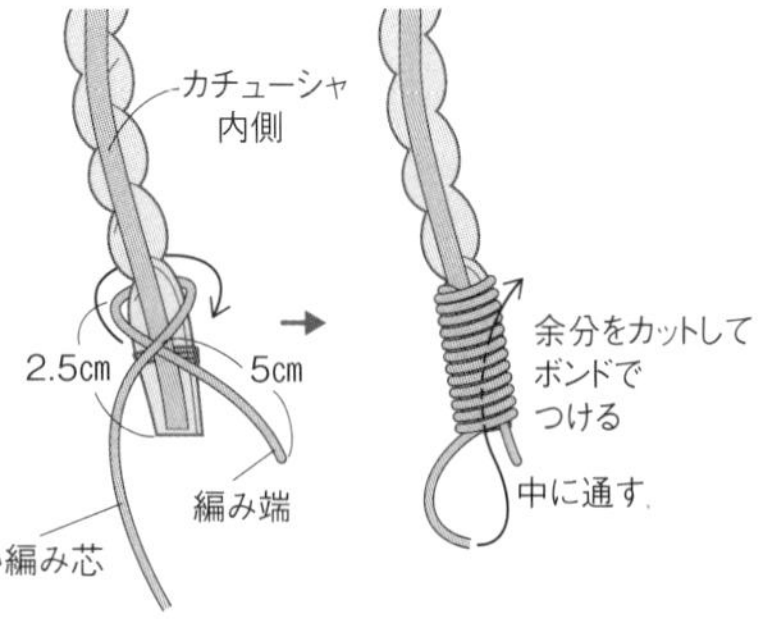

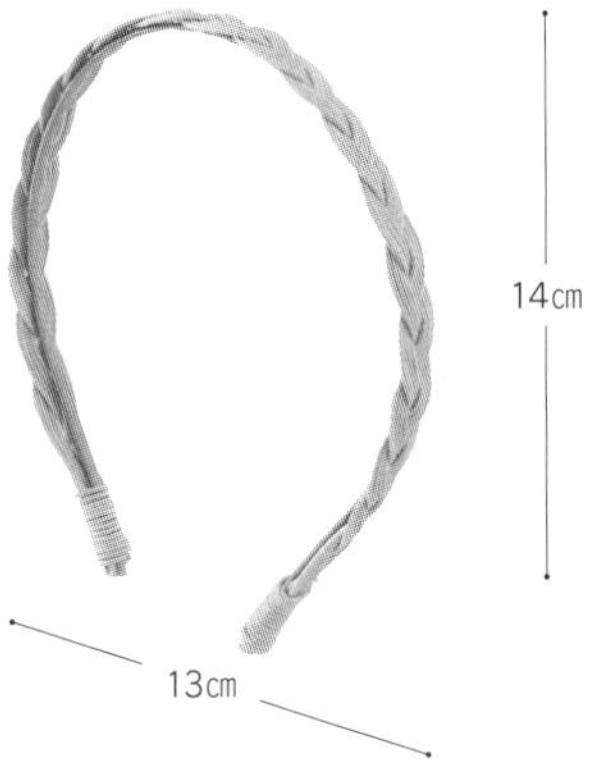

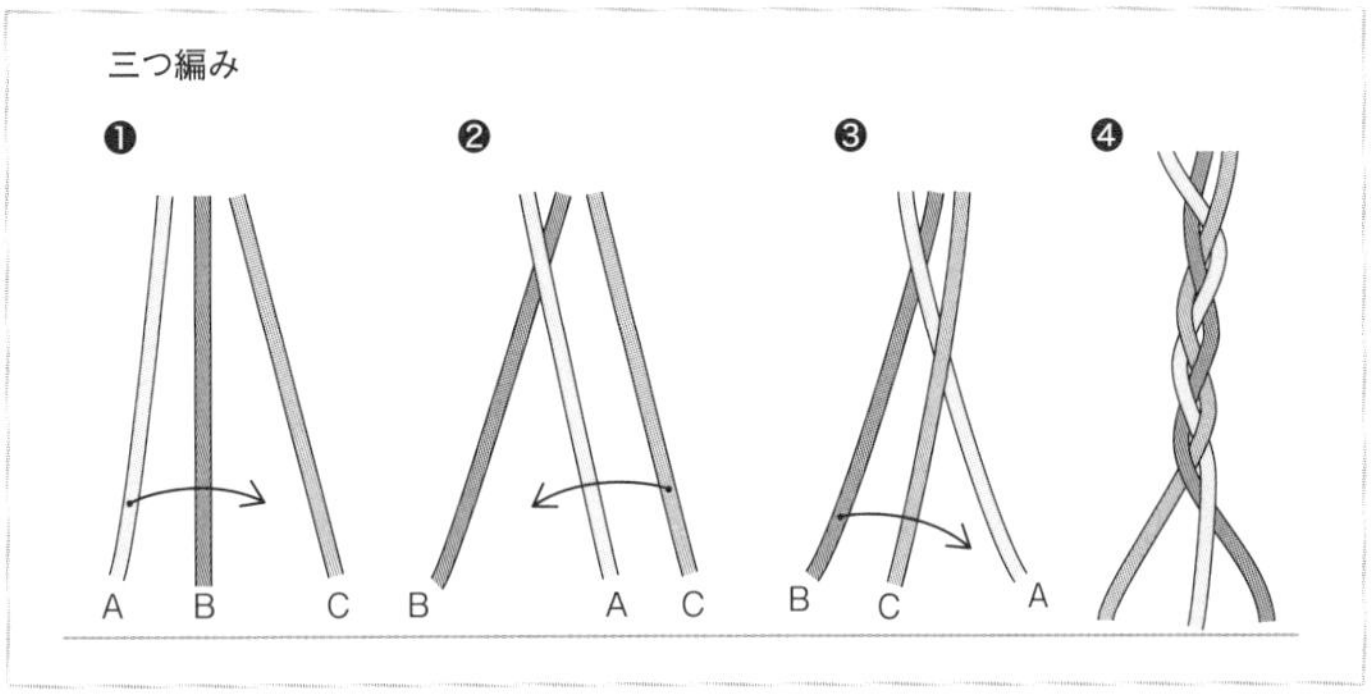

P.76の続き

4. 持ち手

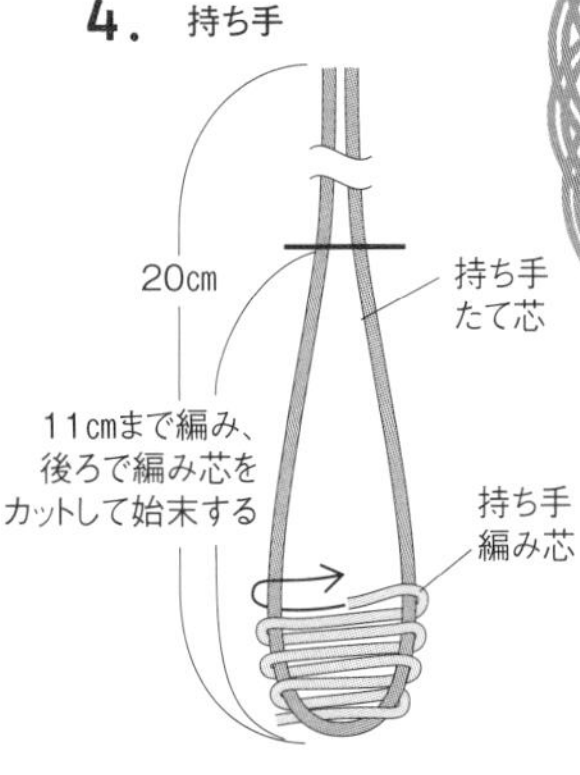

5.

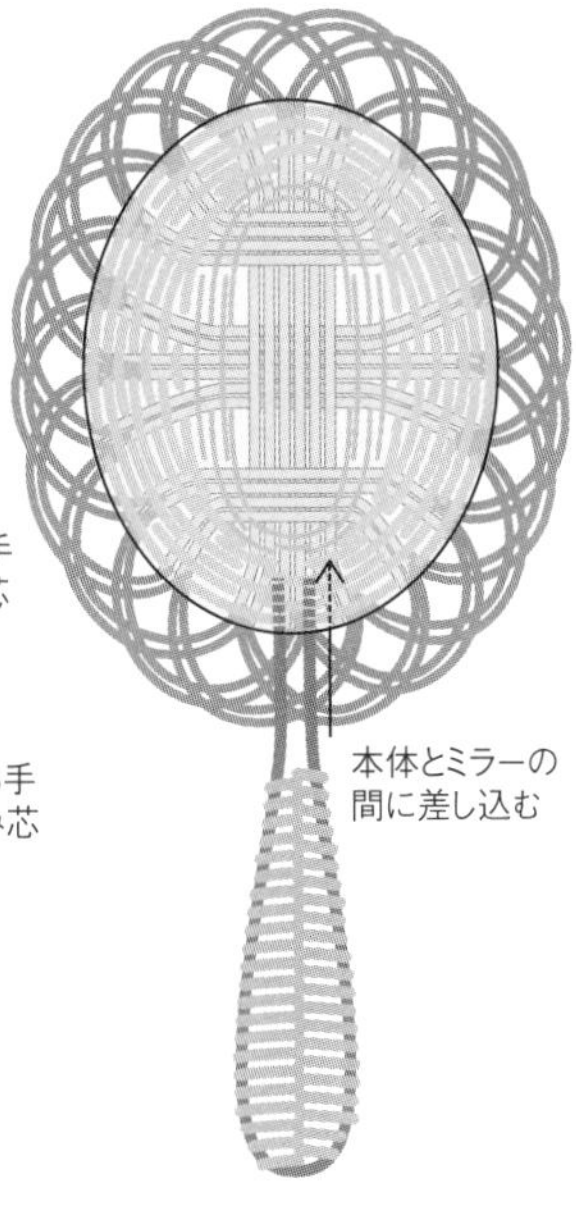

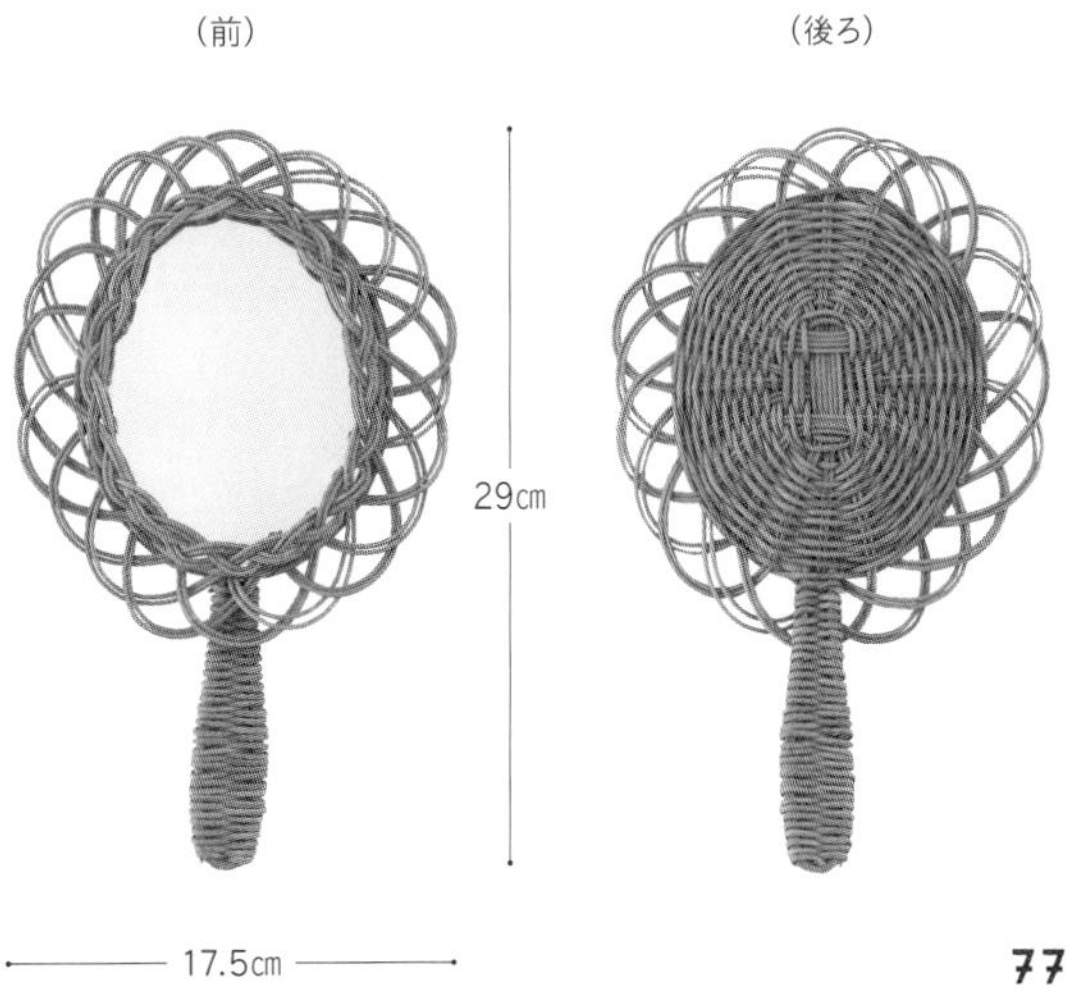

38 PHOTO PAGE 34

花びんカバー

材料

丸芯［茶染め］

たて芯（太さ3㎜）……100㎝12本

足し芯（太さ3㎜）……50㎝24本

編み芯（太さ2.5㎜）……150g

持ち手芯（太さ3㎜）……35㎝2本

巻き芯（太さ3㎜）……180㎝1本

編み方

1. たて芯6本ずつを十字に重ねる（十字組み）。編み芯1本でたて芯6本を上下にくぐらせて2周、次に上下を逆にくぐらせて2周編む。

2. 新しい編み芯を1本加え、たて芯2本ずつにして2本縄編みを1段する。続いて、追いかけ編みを直径14㎝になるまで編む。図のように足し芯を24本差し込む。

3. たて芯の上下をエンマで挟んで垂直に立ち上げる。図を参照して編み芯を増減しながら、3本縄編みを3段編み、追いかけ編み3段、7㎝あけて2本縄編み2段、7㎝あけて2本縄編み1段、追いかけ編みを3段編み、たて芯2本ずつのうち1本ずつをカットする。

4. 縁止めBをしながら注ぎ口を作る。縁止めの1段めを編むときに図のとおりに注ぎ口部分のたて芯を外側に引き出しながら編む。余分なたて芯をカットして始末する。

5. 持ち手を**P.46**を参照して作る。図を参照して持ち手つけ位置に持ち手芯2本を差し込み、巻き芯を巻きつける。

・十字組みは、**P.48**参照
・2本縄編みは、**P.48**参照
・追いかけ編みは、**P.48**参照
・3本縄編みは、**P.48**参照
・縁止めBは、**P.47**参照
・持ち手のつけ方は、**P.46**参照

1.

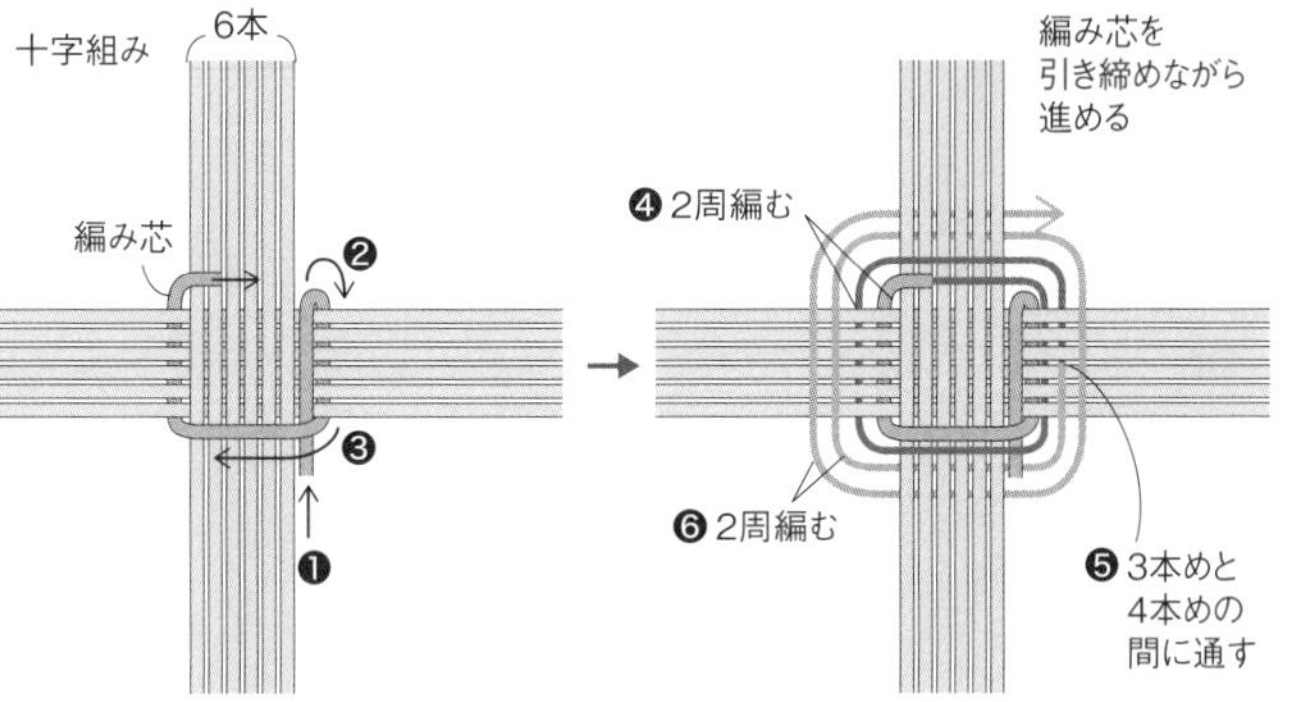

2.

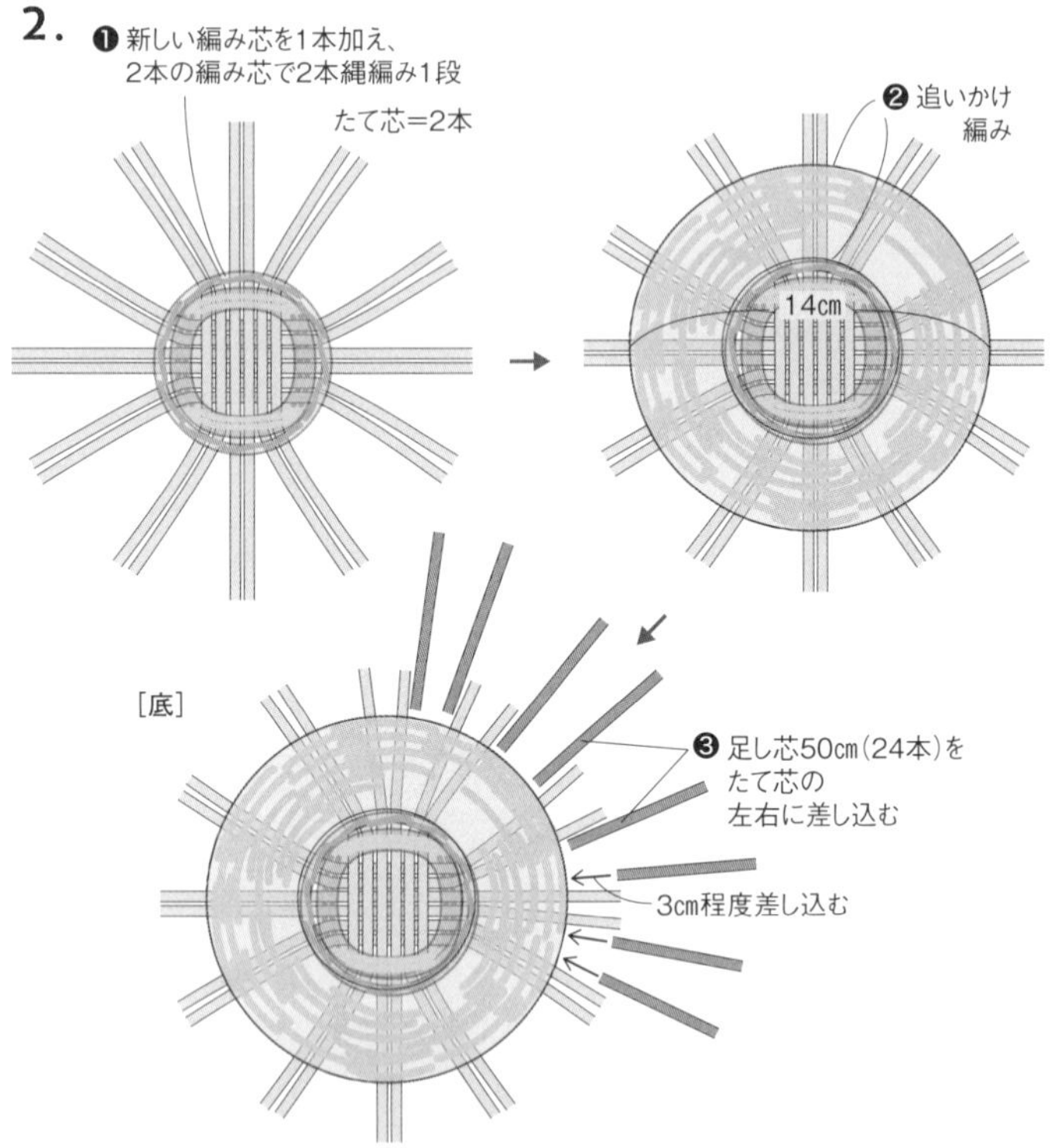

3.

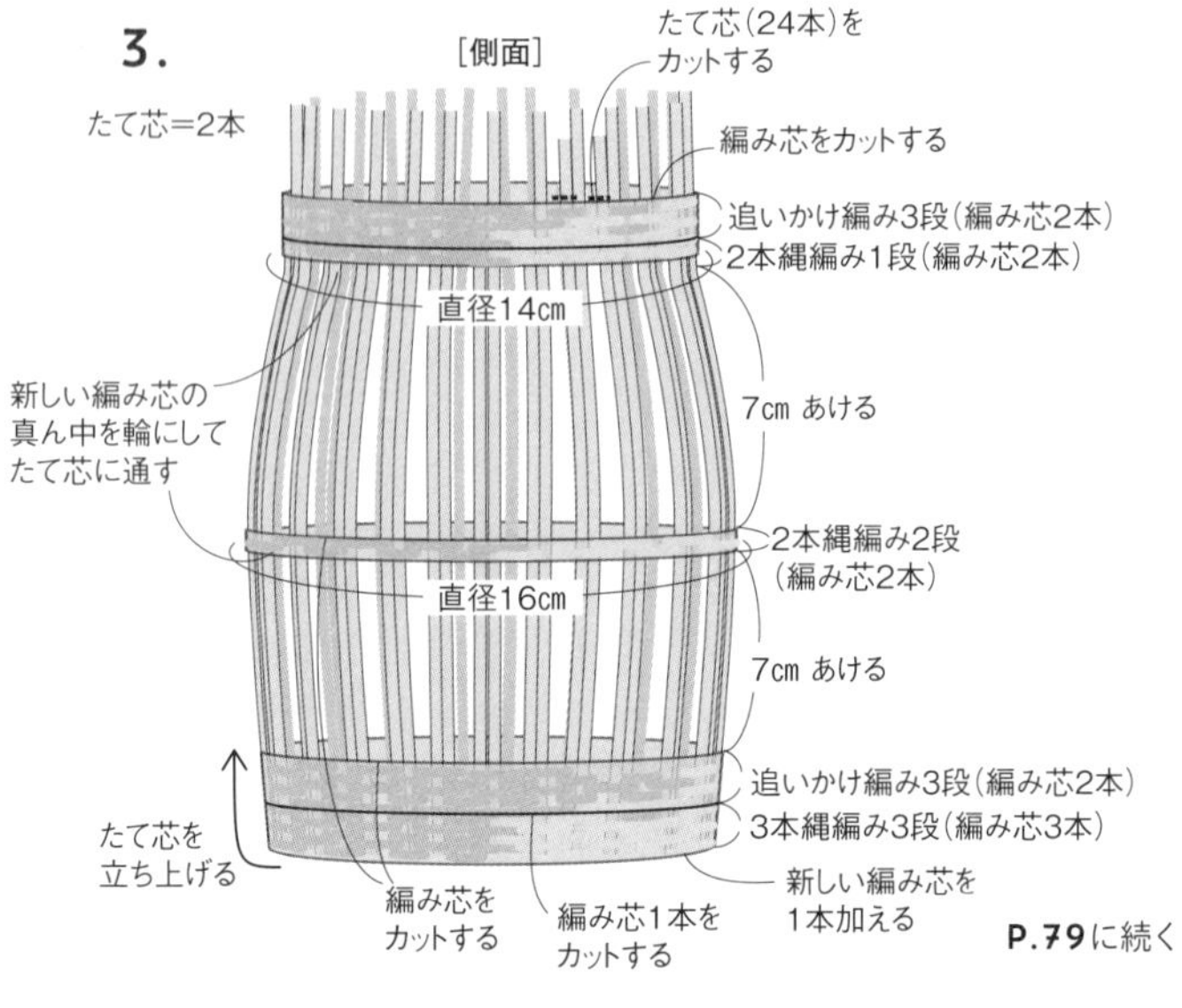

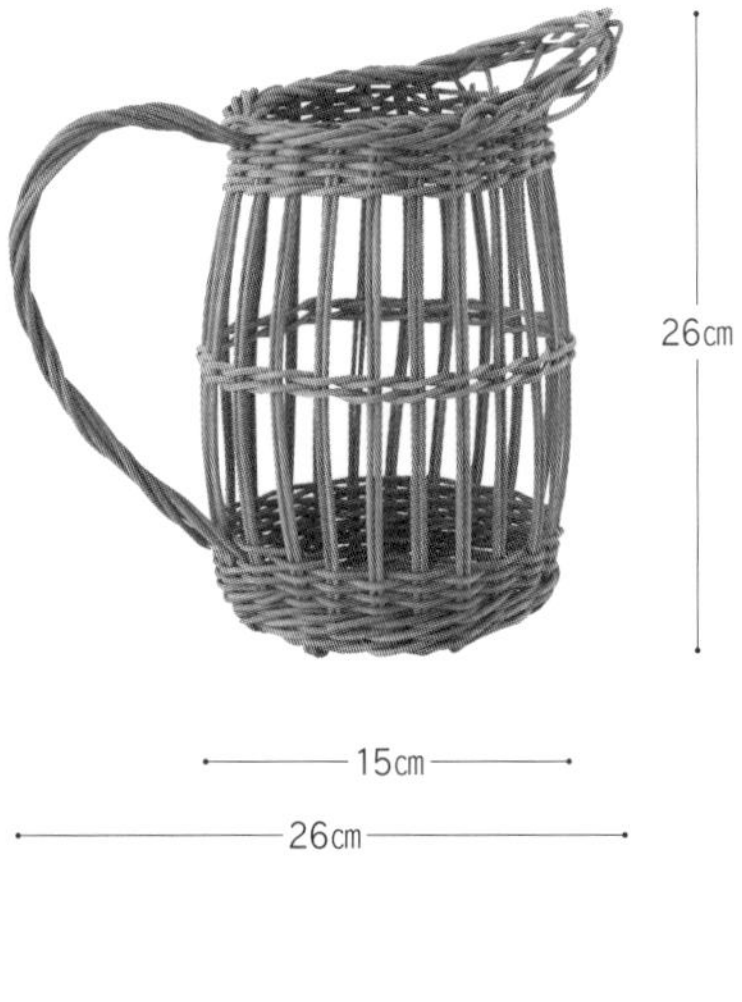

P.79に続く

11 PHOTO PAGE 11

蝶々のブローチ

材料（1個分）

丸芯［コーヒー染め］

土台芯（太さ2㎜）……35㎝1本

編み芯（太さ1.25㎜）…80㎝1本、15㎝1本

ブローチピン（2.5㎜幅/アンティークゴールド）……1個

手芸用ボンド

編み方

1. 土台芯の端を5㎝残して図のように土台を作る。

＊ 端は、カットしたあとまだボンドはつけない。

2. 表にして土台芯をたて芯にして、図のように上下交互に編み芯を通して編む。

3. ブローチピンをボンドで貼る。

4. 触角をつける。新しい編み芯（15㎝）を土台の結び目に通して中央で折り目をつけ、先をひと結びする。余分をカットする。

ひと結び

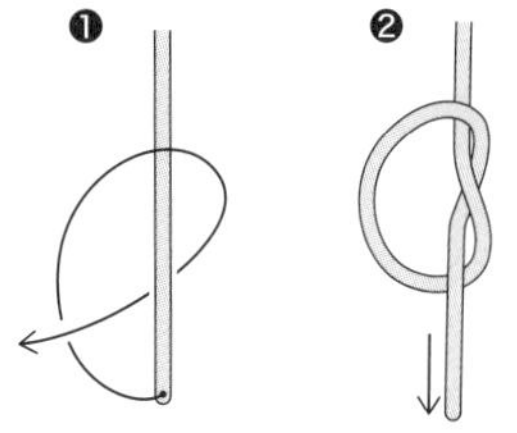

1.

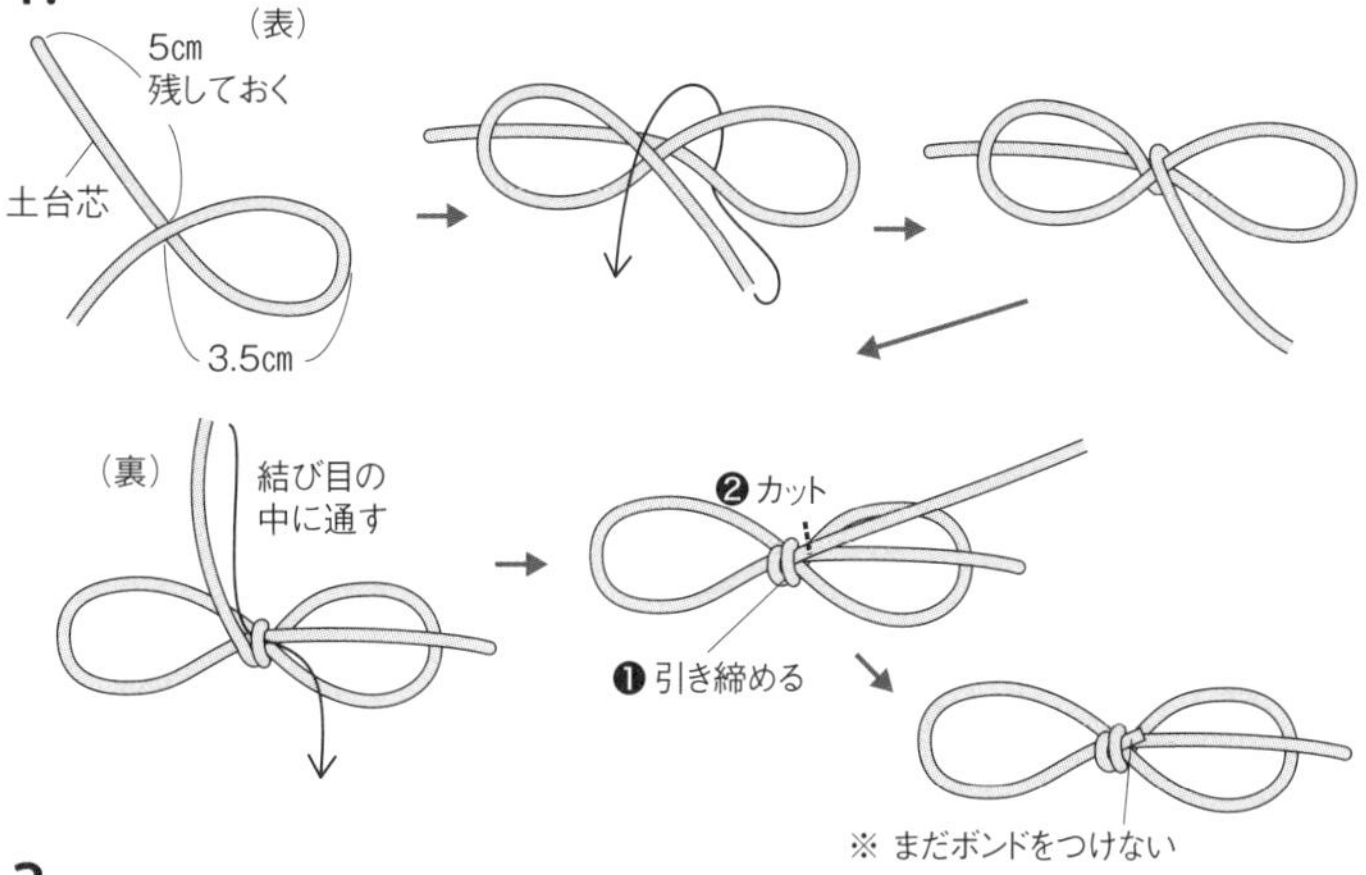

2.

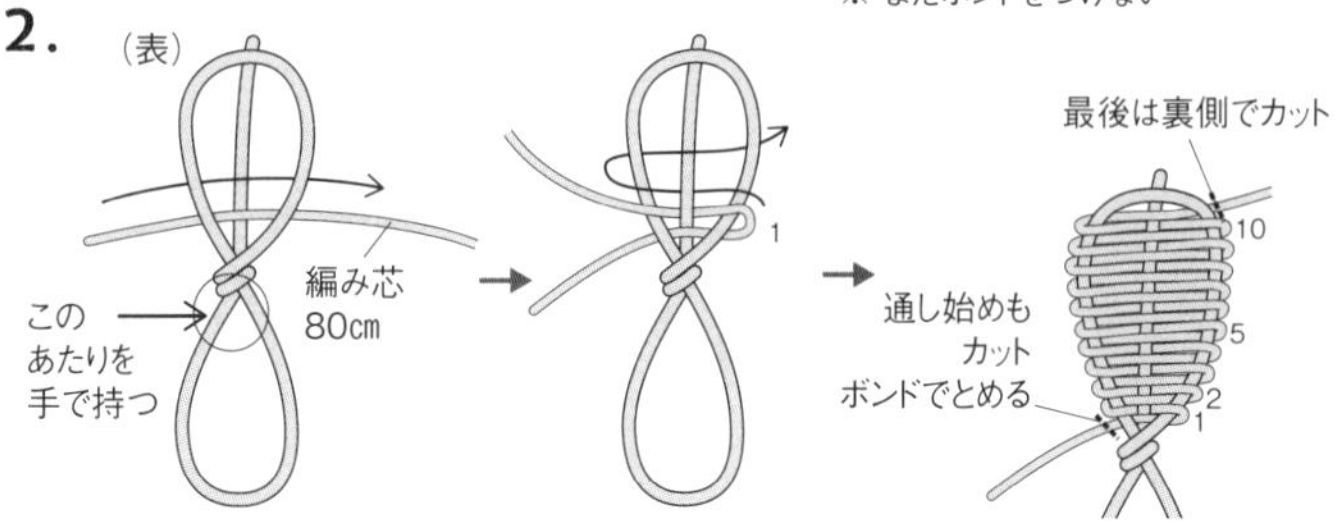

3.

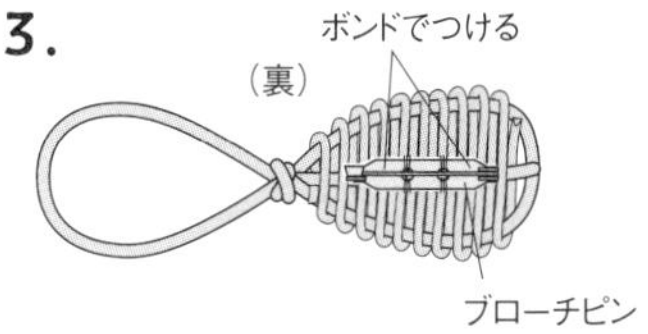

4.

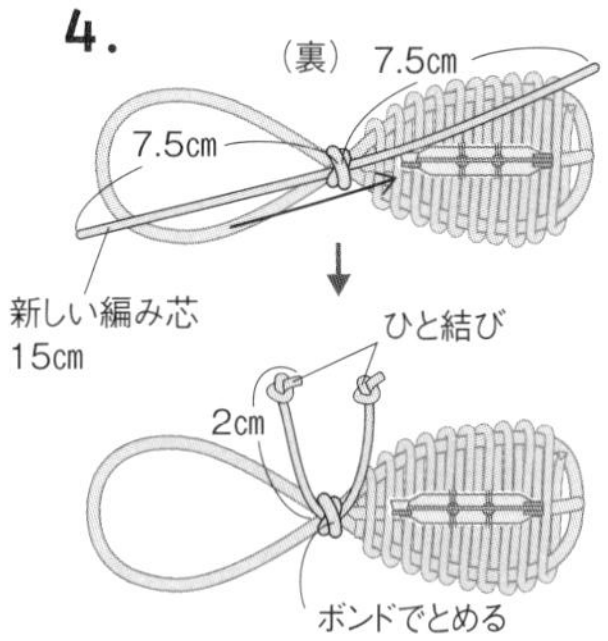

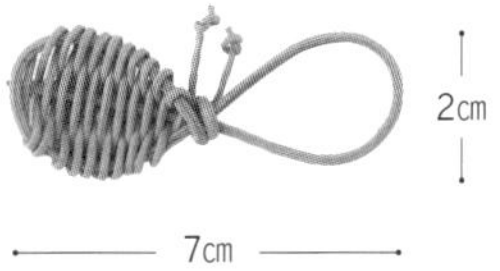

P.78の続き

4.

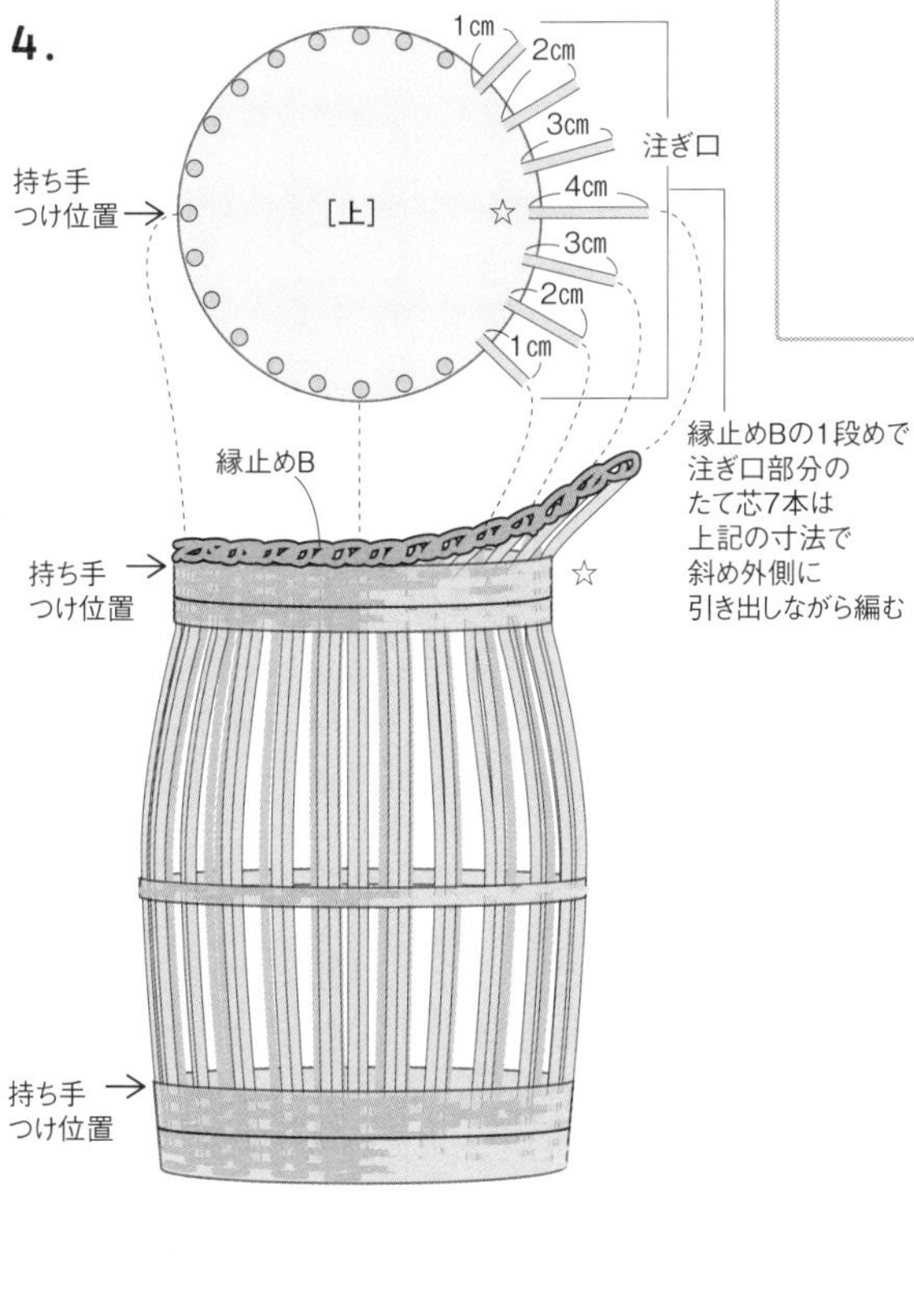

5.

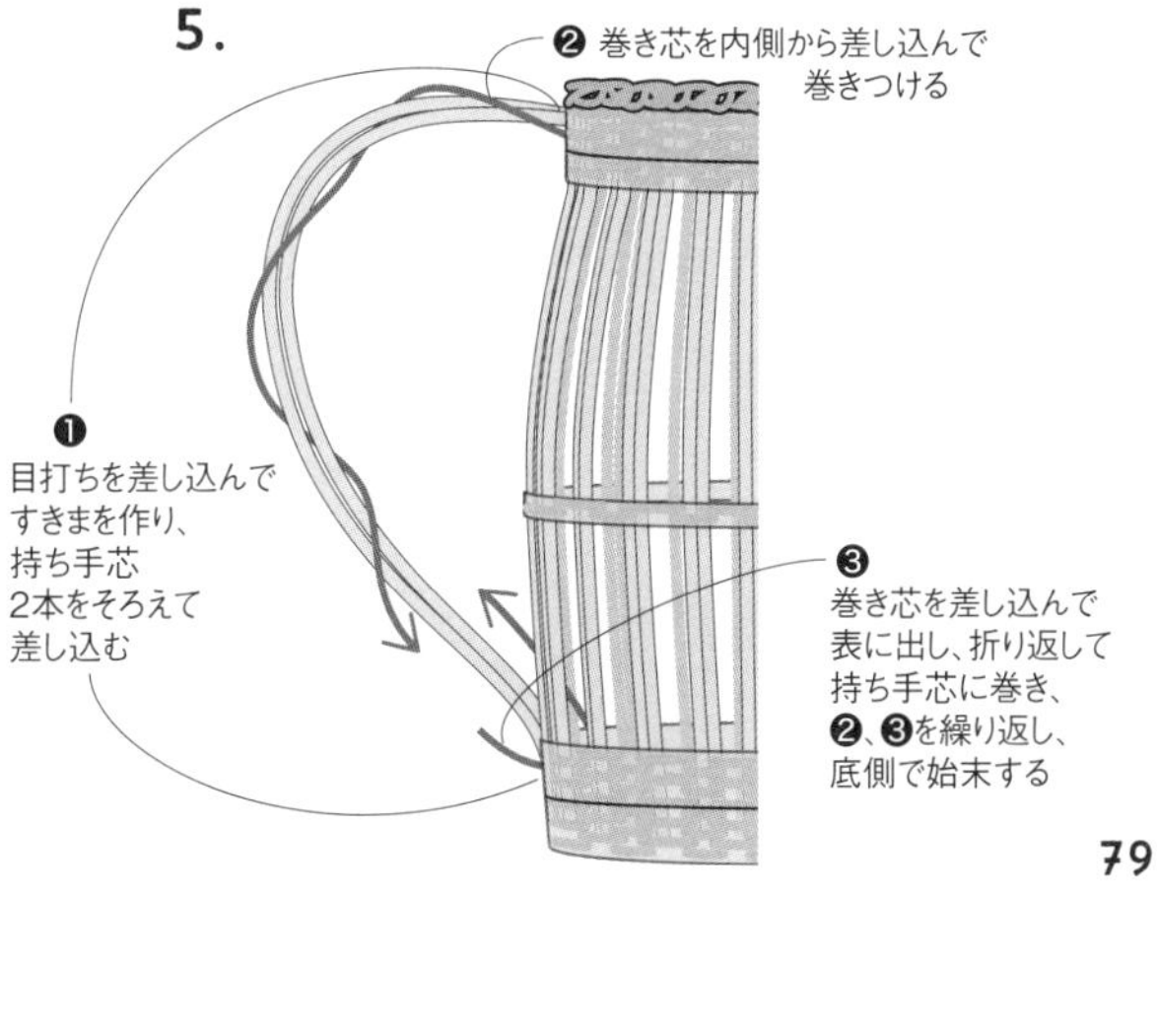

ami girl 朝倉あすか

大阪在住。

2016年より籐編みのアクセサリーや雑貨などの製作販売を始める。

自宅ショップ「In the Entrance」を不定期にオープン。

また自宅アトリエにてワークショップも開催。

HP : http://amigirl.net

オンラインショップ：http://shop.amigirl.net

Twitter : @amigirl_tw

Instagram : @amigirl_official

ブックデザイン	天野美保子
撮影	清水奈緒
プロセス撮影	安田如水（文化出版局）
スタイリング	伊東朋惠
ヘア&メイク	AKI
モデル	中島セナ
作り方解説・トレース	安藤能子（fève et fève）
校閲	向井雅子
編集	望月いづみ
	大沢洋子（文化出版局）

ラタンワークの暮らし小物とアクセサリー

ノスタルジックな籐編み

2019年３月24日　第１刷発行

著　者　朝倉あすか

発行者　大沼 淳

発行所　学校法人文化学園 文化出版局

〒151-8524 東京都渋谷区代々木3-22-1

電話 03-3299-2489（編集）

03-3299-2540（営業）

印刷・製本所　株式会社文化カラー印刷

文化出版局のホームページ　http://books.bunka.ac.jp/

〔用具提供・籐（丸芯）取扱い〕

小西貿易

東京都台東区柳橋1-27-3 1F

tel.03-3862-3101

fax.03-3864-0562

https://www.e-rattan.net

〔撮影協力〕

・ウェア（p.5,8,9,32,33,35のタートルネックとパンツを除く）

Véritécoeur (mt.Roots Co.,ltd)

福岡市中央区高砂1-16-4

tel.092-533-3226

http://www.veritecoeur.com/

・雑貨、食器類

TITLES

東京都千駄ヶ谷3-60-5 原宿ビルディング1F

tel.03-6434-0616

AWABEES

東京都千駄ヶ谷3-50-11 明星ビルディング5F

tel.03-5786-1600

UTUWA

東京都千駄ヶ谷3-50-11 明星ビルディング1F

tel.03-6447-0070